本研究报告编撰、出版得到了中原发展研究基金会、新型城镇化与中原经济区建设河南省协同创新中心项目经费及河南省发展和改革委员会政府购买服务项目资金的支持，在此一并表示感谢！

中原发展研究院
智库丛书

郑州航空港
经济综合实验区发展报告
(2018)

ANNUAL REPORT ON ZHENGZHOU AIRPORT
ECONOMY ZONE (2018)

主　　编◎耿明斋
副　主　编◎王文光　王国安　金　真

社会科学文献出版社
SOCIAL SCIENCES ACADEMIC PRESS (CHINA)

"中原发展研究院智库丛书" 编委会

总　序

由苏联开启，曾经波及半个地球，涵盖几十个国家的计划经济体制模式，是基于某种理论逻辑构建的。而针对这种体制所进行的市场化改革，却是基于经济发展的现实需要。最初，为了证明这种改革的正当性，人们往往采取对理论进行重新解释甚至不惜曲解的办法。而守护原有理论正当性和纯洁性的学者则将这些理论与已经变化了的现实相对照，指出现实中某些变化的非合法性，要求纠正并向原有的符合理论模式的体制回归。1990 年底，我参加了某个当时被认为是全国经济学界最重要的学术会议，强烈地感受到上述两派学者的分歧，也突然悟到他们都有一个共同的错误，即把现实放到了一个从属的地位，将现实的合法性归入某种理论框架，试图用理论的合法性来解释现实的合法性。这显然颠倒了理论与现实的关系。

其实，现实的合法性来源于自身，并不需要用理论来证明。因此，经济研究还有另外一条更为正确的途径，那就是从现实出发，从实际中我们所遇到的问题出发，先弄清楚问题是什么，然后再去寻找可以解释问题的理论。如果找不到现成的可以解释问题的理论，那就说明理论本身有问题，理论发展和创新的突破口也就找到了。自那以后，我就一头扎进了现实中，自觉走上了从现实出发、从问题出发的研究轨道。

还有一个问题也是经过长期琢磨和争论才弄清楚并坚持下来的，那就是我们研究的切入点和主攻方向究竟是涉及全局还是局部的问题；究竟是关注看起来更大、更重要但距离我们更遥远的事情，还是看起来更小也没那么重要但意义更深远的身边的事情。我们最终选择了后者，那就是发生在我们身边的看起来渺小但对整个中国的现代化进程都具有深远影响的事情，即传统平原农区工业化与经济社会转型。时间已证明当初我们的选择是正确的，相信其将继续证明我们的正确性。

十多年来，我们围绕传统平原农区工业化与经济社会转型这个主题进行了卓有成效的探索，主持了"欠发达平原农业区产业结构调整升级与工业化发展模式研究""传统平原农区工业化与社会转型路径研究""黄河中下游平原农区工业化与社会转型路径研究""中西部地区承接产业转移的重点与政策研究"等多项重大、重点、一般国家社科基金项目，以及一系列教育部、省政府、相关地方政府和企业委托项目的研究，完成了《关于建设中原城市群经济隆起带若干问题的思考》《河南省协调空间开发秩序和调整空间结构研究》《鹤壁现代城市形态发展战略规划》等多个区域发展研究报告，编撰出版了《传统农区工业化与社会转型丛书》一套，出版《中国农区工业化道路研究》《人口流动、制度壁垒与新型城镇化》等专著数十种。2004 年初提出论证并被河南省委、省政府采纳，写入河南省"十一五"、"十二五"和"十三五"规划及历次省域经济发展重要文件的"郑汴一体化"战略，成为我们这个团队的品牌之作。

为了更好地凝练方向，聚集人才，积累资料和成果，早在 1994 年 1 月，我们就成立了"改革发展研究院"。2009 年 9 月，更是促成了河南省人民政府研究室与河南大学合作共建了"中原发展研究院"①。中原发展研究院的宗旨是更好地践行从现实出发、从身边的问题做起的研究理念，围绕传统平原农区工业化与经济社会转型这个主轴，以河南这个典型区域为对象，从宏观到微观、从经济结构到社会结构，把每个细枝末节都梳理清楚，在更基础的层面把握经济和社会演进的方向，为政府提供有科学依据的决策建议，为经济学术尤其是发展经济学、制度经济学和区域经济学提供有价值的思想素材，在传统的政府系列和高校及科研院所之外打造一个高端的智库机构。

2011 年 9 月，适逢中原发展研究院成立两周年之际，《国务院关于支持河南省加快建设中原经济区的指导意见》（国发〔2011〕32 号）的出台，标志着中原经济区正式上升为国家战略，同时，也意味着以河南省，即以中原为研究对象的中原发展研究院真正是应时而生的。中原发展研究院多位学者作为全程深度参与中原经济区上升国家战略研究谋划团队的核心成员，从一开始就意识到，作为较早就有意识地将自己的研究领域锁定在河南也就是

---

① 2013 年河南省发展和改革委员会也加入了共建序列。

中原的专业团队，我们应该为中原经济区的研究和建设做点什么。为此，从2011 年 3 月开始，中原发展研究院启动了一项计划，就是全面梳理中原经济区经济社会发展的现状，比较其优势和劣势，分析其发展过程中遇到的问题，提出解决问题的思路，构成一个能够反映中原经济区经济社会发展运行状况的完整体系，成果冠以《中原经济区竞争力报告》名称，作为中原发展研究院的系列年度出版物之一，每年一本，连续编撰出版，首份报告于2012 年 4 月面世。

2012 年，适逢河南大学百年庆典，深圳海王集团总裁刘占军博士和北京汉唐教育集团张晓彬董事长两位校友得知我们的研究计划后，不仅非常赞赏，而且乐于施以援手，分别资助了《中原经济区发展指数报告》和《中原经济区金融竞争力报告》两个项目，这两个项目的首份年度报告于 2013 年 11 月面世。从 2014 年开始，河南财政金融学院则资助《中原经济区财政发展报告》的编撰与出版。

上述三种报告的编撰和出版，不仅使我们收获了知识和经验，也为我们赢得了社会声誉。2013 年 6 月，我们又获得了新一轮高水平大学建设工程项目，即 2011 工程项目——新型城镇化与中原经济区建设河南省协同创新中心——的支持，并以中原发展研究院为依托单位。同年，中原发展研究院获批为河南省高校人文社会科学重点研究基地。① 为了将"中原发展研究"这一主题做深做细做透，2013 年下半年我们就开始酝酿谋划更大规模的研究出版计划。该计划的基本思路是：在继续编撰出版《中原经济区竞争力报告》和《中原经济区发展指数研究报告》等综合性报告的基础上，将"中原发展"问题按不同的经济社会活动领域分解成若干个专题，分别进行研究，并于每年定期出版专题报告，形成系列，冠以"中原发展研究院智库丛书"名称。

"中原发展研究院智库丛书"实际上是自 20 世纪 90 年代初开启的传统平原农区工业化与经济社会转型研究的继续和升华，也是前述国家社科基金

---

① 作为智库建设的先行者，中原发展研究院于 2015 年 7 月被确定为河南省委、省政府重点支持的智库机构之首（中共河南省委办公厅、河南省人民政府办公厅发豫办〔2015〕32 号文《关于加强中原智库建设的意见》），同时被吸收为国家智库中国国际经济交流中心的理事单位。

重大招标项目"中西部地区承接产业转移的重点与政策研究"（项目编号：11&ZD050）、新型城镇化与中原经济区建设河南省协同创新中心以及河南省人文社会科学重点研究基地中原发展研究院系列专题等多个课题研究成果的有机组成部分。同时融汇了中央相关部委、河南省委省政府及相关部门、相关基层政府与企业委托的各类专项研究课题及提交报告和政策建议的内容。

需要特别说明的是，该项研究成果也是河南省高等学校重点科研项目计划"中原经济区新型城镇化引领城乡统筹发展的路径与对策研究"（项目编号：16A790003）的阶段性成果之一，同时该项研究和出版计划得到了郑州宇通集团公司、河南投资集团公司、河南民航发展投资公司、河南铁路投资公司、中原信托公司、中原证券公司、河南恒通化工集团公司等企业及河南省中原发展研究基金会的赞助。河南省发展和改革委员会、河南省财政厅也以政府购买服务的方式给予了支持，在此一并表示感谢，对这些企业、高校及政府部门领导强烈的社会责任感和使命感表示深深的敬意。

"中原发展研究院智库丛书"为年度出版物，其所含所有报告均为每年一期，连续出版。

该丛书是中原发展研究院的重点项目和拳头产品，我们为其研究和撰写投入了大量精力，力求无憾。但因项目工程浩大，问题和瑕疵必然在所难免。期待着关心中原经济区建设的各级领导和专家及广大读者提出宝贵意见，以使该丛书能够不断改进，日臻完善。

耿明斋

2016 年 5 月 8 日修订

目 录

第一章
航空枢纽建设进展

郑州航空港经济综合实验区（简称"航空港实验区"）的总体发展思路为"建设大枢纽、发展大物流、培育大产业、塑造大都市"，即通过打造大型航空枢纽带动航空物流业发展和产业聚集，进而构建现代化航空大都市。航空枢纽建设作为郑州航空港经济综合实验区发展的基础和前提，是航空港建设的重中之重。

第一节　基础设施建设

郑州机场位于郑州市东南，于 1997 年 8 月建成通航，2007 年底机场改扩建工程竣工后，T1 航站楼建筑面积达 12.8 万平方米，机坪面积为 25.6 万平方米，机位 43 个，年旅客保障能力 1200 万人次；2012 年 12 月，机场二期工程正式开工建设，2015 年 12 月 22 日，郑州机场二期工程建成投运，建设有 48.6 万平方米的 T2 航站楼，79 个机位的客机坪（71 个近机位、8

图 1-1　郑州机场二期扩建工程规划设计

个远机位）、4个机位的货机坪，3600米×60米的4F级第二跑道和滑行道系统，27.4万平方米的机场综合交通换乘中心（GTC），新增年旅客保障能力2900万人次、货邮保障能力50万吨。机场二期工程的投入运营标志着郑州机场迈入了新的发展阶段，成为国内为数不多拥有双跑道、双航站楼的重要枢纽机场，此外郑州机场还成为继上海虹桥机场之后，全国第二个集航空运输、城际铁路、高速铁路、高速公路等多种交通方式于一体的现代综合交通枢纽。

第二节　航空运输规模

2016年，郑州机场共完成旅客吞吐量2076.32万人次，在全国民航机场排名第15位，同比增长20%，在全国前30大客运机场增速居第3位；完成货邮吞吐量45.67万吨，在全国民航机场排第7位，同比增长13.2%，在全国前30大客运机场居第5位。具体从表1-1、表1-2和图1-2可以看出，自2013年航空港设立以来，郑州机场的客货运输均呈现快速发展的良好态势，2016年郑州机场的旅客吞吐量较2012年增长了908.96万人次，年均增速达15.48%，而郑州机场航空货运增长更为迅猛，2016年实现货邮吞吐量较2012年增长30.55万吨，增长了两倍有余，年均增速达31.83%，增速在同时期全国主要民航机场居第1位。

表1-1　1997~2016年郑州机场客货运输量变化情况

年份	旅客吞吐量（万人次）	旅客吞吐量增长率（%）	旅客吞吐量在全国位次	货邮吞吐量（万吨）	货邮吞吐量增长率（%）	货邮吞吐量在全国位次
1997	144.56	—	23	1.73	—	27
1998	145.92	9.5	22	1.97	13.8	25
1999	145.06	-0.6	21	2.44	23.8	26
2000	151.67	4.6	21	2.01	-17.7	21
2001	152.34	0.4	25	1.90	-5.5	28
2002	166.77	9.5	25	2.10	10.6	25
2003	186.86	12	25	2.24	6.8	25

续表

年份	旅客吞吐量 （万人次）	旅客吞吐量 增长率(%)	旅客吞吐量 在全国位次	货邮吞吐量 （万吨）	货邮吞吐量 增长率(%)	货邮吞吐量 在全国位次
2004	257.27	37.7	24	2.76	23.2	24
2005	296.93	15.4	26	4.47	62.0	26
2006	387.99	30.7	22	5.08	13.7	22
2007	500.21	28.9	21	6.56	29.1	21
2008	588.76	17.7	20	6.47	-1.4	21
2009	734.24	24.7	20	7.05	9.1	21
2010	870.79	18.6	20	8.58	21.6	21
2011	1015.01	16.6	21	10.28	19.8	20
2012	1167.36	15	18	15.12	47.1	15
2013	1313.99	12.6	18	25.57	69.1	12
2014	1580.54	20.3	17	37.04	44.9	8
2015	1729.73	9.4	17	40.33	8.9	8
2016	2076.32	20.0	15	45.67	13.2	7

资料来源：历年全国机场生产统计公报。

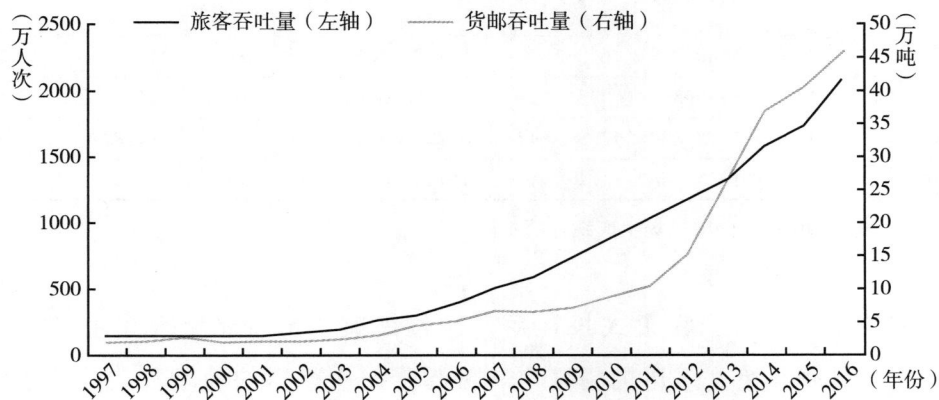

图 1 - 2 1997～2016 年郑州机场旅客吞吐量、货邮吞吐量发展趋势

表1-2　2016年全国主要民航机场吞吐量情况

机场	旅客吞吐量			货邮吞吐量			起降架次		
	名次	本期完成（人次）	同期增减（%）	名次	本期完成（吨）	同期增减（%）	名次	起降架次（架次）	同期增减（%）
北京/首都	1	94393454	5.0	2	1943159.7	2.8	1	606081	2.7
上海/浦东	2	66002414	9.8	1	3440279.7	5.0	2	479902	6.8
广州/白云	3	59732147	8.2	3	1652214.9	7.4	3	435231	6.2
成都/双流	4	46039037	9.0	5	611590.7	9.9	5	319382	8.8
昆明/长水	5	41980339	11.9	9	382854.3	7.7	4	325934	8.5
深圳/宝安	6	41975090	5.7	4	1125984.6	11.1	6	318582	4.3
上海/虹桥	7	40460135	3.5	8	428907.5	-1.1	9	261981	2.1
西安/咸阳	8	36994506	12.2	14	233779.0	10.5	7	291027	9.0
重庆/江北	9	35888819	10.8	10	361091.0	13.3	8	276807	8.4
杭州/萧山	10	31594959	11.4	6	487984.2	14.8	10	251048	8.2
厦门/高崎	11	22737610	4.2	12	328419.5	5.7	13	183546	1.9
南京/禄口	12	22357998	16.7	11	341267.1	4.7	12	187968	12.7
长沙/黄花	13	21296675	13.8	21	130276.1	6.8	18	167910	9.5
武汉/天河	14	20771564	9.7	16	175294.8	13.3	16	175669	6.8
郑州/新郑	15	20763217	20.0	7	456708.8	13.2	14	178054	15.3
青岛/流亭	16	20505038	12.7	15	230747.8	10.9	17	168537	8.4
乌鲁木齐/地窝堡	17	20200767	9.2	17	157508.7	0.7	19	162265	6.0
海口/美兰	18	18803848	16.3	20	148814.2	9.5	21	135523	11.2
三亚/凤凰	19	17369550	7.3	29	86846.8	1.7	26	114581	5.6
天津/滨海	20	16871889	17.9	13	237085.2	9.1	20	143822	14.4
全国合计	—	1016357068	11.1	—	15104056.7	7.2	—	9238291	7.9

资料来源：2016年全国机场生产统计公报。

郑州机场二期工程正式投运后，经过民航局方面的评估和批准，自2016年6月底开始，郑州机场日均航班起降架次得以快速增加，旅客吞吐量屡创新高。2016年7月1日至7月24日，郑州机场日均航班量保持在550架次，日均发送人数6.3万人次。2017年8月10日，郑州机场单日旅客客运量首次突破8万人次，达到80706人次，达到了一个新的发展高度。

2017 年前三季度，郑州机场客、货运量在中部机场首次实现"双第一"，郑州机场累计完成旅客吞吐量 1799.17 万人次，同比增长 16.91%，全国行业排名上升至第 14 位，其中国际地区 92.24 万人次；完成货邮吞吐量 33.69 万吨，同比增长 10.31%，其中国际地区 22.18 万吨，同比增长 22.42%，全货机承运货邮量 24.36 万吨，同比增长 12.03%。

第三节　航线网络布局

郑州机场航线网络不断完善，辐射能力日益增强。客运方面，截至 2017 年第三季度，在郑州机场运营的客运航空公司达 47 家（国际地区 13 家），开通客运航线 175 条（国际地区 25 条），客运通航城市 97 个（国际地区 22 个），基本形成了覆盖全国及东亚、东南亚主要城市以及连接温哥华和迪拜的航线网络；货运方面，在郑州机场运营的货运航空公司 21 家（国际地区 14 家），开通全货机航线 34 条（国际地区 29 条），通航城市 37 个（国际地区 27 个），在全球前 20 位货运枢纽机场中，已开通 15 个航点，基本形成了横跨欧、美、亚三大经济区，覆盖全球主要经济体的枢纽航线网络，成为中部地区融入"一带一路"的开放门户。

在新增重要国际航线方面，2016 年 5 月 3 日，阿联酋航空公司开通郑州—银川—迪拜航线，每周二、周三、周五、周六执飞，波音 777 – 200LR 机型，该机型同时具备 14 吨的腹舱载货能力。2016 年 6 月 28 日，新加坡虎航开通郑州至新加坡直飞航线，每周二、周四、周日执飞，空客 A320 机型，航班号为 TR2938。2016 年 11 月 11 日，四川航空公司开通郑州至温哥华洲际航线，该航线是郑州机场开通的第一条洲际直飞航线，航班号为 3U8501，每周二、周五执飞。2017 年 5 月 25 日，俄罗斯维航空公司开通郑州至莫斯科洲际直飞包机航线，每周四执飞，机型为波音 B777 – 200，航班号为 NN827/828。2017 年 7 月 5 日，埃及航空公司开通阿斯旺至郑州包机直飞航线，执飞机型为空客 A340 – 200，航班号为 ALD807/808。

货运航线方面，2017 年 8 月 9 日，郑州航空港实验区迎来首架进口服装包机，本次到港货机为西班牙 Inditex 集团郑州分拨中心的首架进口服装包机，该批服装共计 83 吨，货值 1700 万元人民币；2017 年 11 月 9 日，中国邮政"郑州—芝加哥"国际邮件包机正式启动，中国邮政将原来北京、上海、江苏、浙江、广州等省（市）国际邮件互换局出口至芝加哥、纽约的国际总包邮件，调运至郑州机场出境，该包机使用 N8638 航班，机型为波音 747 – 400，满载邮件量在 85 吨以上。

第四节　综合交通体系

长久以来，郑州依托优越的区位优势，已经成为全国铁路网、高速公路网的重要枢纽，2017 年 3 月 1 日，国务院发布《"十三五"现代综合交通运输体系发展规划的通知》，首次明确郑州为全国十二个最高等级的国际性综合交通枢纽之一。伴随着当前多项重点工程的推进，郑州航空港以航空为核心，"航空 + 高铁 + 城际铁路 + 地铁 + 公路"的多式联运综合交通枢纽正不断强化，根据 2017 年 8 月 16 日复旦大学在第二届长江发展论坛上发布的《2017 中国空港经济区（空港城市）发展报告》，郑州航空港综合交通体系竞争力居全国第 2 位，仅次于上海。

高铁：郑州南站是在郑州航空港实验区新设的高铁枢纽站，位于郑州机场东南约 6 公里，北距郑州市中心城区约 30 公里，是河南省"米"字形高速铁路网和中原城市群城际铁路网的重要枢纽站。2016 年 10 月 25 日，郑州高铁南站站场规划方案敲定，2017 年 7 月 29 日，郑州南站枢纽工程正式开工，工程总投资 181 亿元，主要包括郑万及郑合铁路正线和车场、郑阜联络线、动车走行线及动车所、站房及配套房屋，以及地铁 9 号线、13 号线相关工程等，车场总规模 32 条到发线、30 个站台面；站房部分建设规模约 15 万平方米。郑州南站建成后，预计年旅客发送量近期为 840 万人次，远期达 1160 万人次。近期，郑州南站将引入郑万、郑阜高铁和郑州机场至郑州南站城际铁路，远期预留郑州南站至兰考城际铁路、郑州南站至太原高铁联络线接入条件，其中郑州机场至郑州南站城际铁路计划于 2019 年 11 月通车，开通后由南站抵达郑州机场只需 8 分钟。

郑州的"米"字形高铁网以京广高铁、徐兰高铁为骨干，其余四方则有郑州至济南、郑州至重庆万州、郑州至太原、郑州至合肥的高速铁路。其中，京广高铁于 2012 年 12 月 26 日全线开通运营，徐兰高铁的郑州至西安段于 2010 年 2 月 6 日开通运营，徐兰客运专线东段的组成部分郑徐高铁于 2016 年 9 月 10 日正式开通运营。目前郑合高铁、郑万高铁、郑太高铁和郑济高铁正在规划建设中，郑合高铁线路长度为 521 公里，全线共投资约 422 亿元，完工后合肥到郑州只需 2 小时，2016 年初先期段在周口开工建设，有望在 2019 年 9 月 30 日全线建成通车；郑万高铁全长约 818 公里，投资估算 1180 亿元，开通后郑州到重庆只需 4 个多小时，郑万高铁河南段于 2016 年 4 月全线开工，预计河南段将于 2019 年 9 月底完工，2016 年 11 月 21 日，郑州至万州铁路湖北、重庆段工程初步设计得到批复，郑万高铁湖北段、重庆段进入全线施工阶段；郑太高铁线路总长度 440 公里，工程投资预估算总额为 523 亿元，其中焦作至郑州段已于 2010 年开工建设，2015 年 6 月 26 日投入运营，2016 年 6 月 16 日，太原至焦作铁路工程在山西高平市正式动工，预计 2020 年建成通车；郑济高铁全长约 447 公里，总投资约 635 亿元，2016 年 8 月 31 日，国家发改委正式批复了《新建郑州至济南铁路郑州至濮阳段可行性研究报告》，郑济高铁河南段正式获批，2016 年 11 月 1 日，郑济高铁河南段正式开工建设，河南段总工期四年，计划于 2020 年 10 月 31 日建成通车。

城际铁路：郑州航空港实验区中的郑州南站是河南全省城际铁路中心站。机场至市区，机场至开封、焦作，机场至许昌，机场至登封—洛阳、漯河等多条城际铁路线将从此始发。郑机城际铁路从郑州东站引出，终点郑州机场，全线设郑州东、南曹、孟庄、新郑机场站，整条线路为双线，设计时速为 200 公里/小时。2015 年 12 月 31 日，郑州至机场城际铁路正式开通运营，运营初期每天开行图定列车 22.5 对，一站直达列车运行时间 19 分钟。2014 年 12 月 28 日，郑州至开封城际铁路正式开通运营，2015 年 6 月 26 日，郑州至焦作城际铁路开通运营。2016 年 10 月 24 日，河南省住建厅对郑登洛城铁选址意见书进行批前公示。除此之外，机场至许昌、郑州至新乡城际铁路也在加快开展前期工作。根据规划，未来郑州航空港经济综合实验区城际铁路 1 小时出行圈可抵达中原城市群所有城市（见图 1-3）。

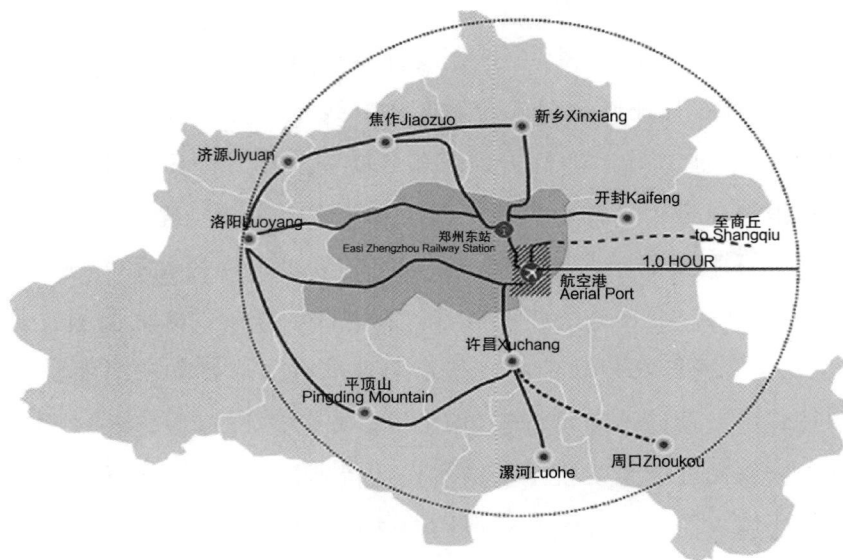

图1-3 郑州航空港经济综合实验区城际铁路1小时出行圈

轨道交通：郑州航空港实验区将建设8条城市轨道线路，且与郑州市内轨道交通有机衔接，形成网络状轨道线网。其中，地铁2号线南延工程一期于2017年1月12日正式开通，实现了航空港实验区与郑州中心城区快速对接，同时连接机场与郑州南站的2号线南延工程二期也于2017年6月正式开工，预计将于2019年9月底正式完工。此外，2017年11月郑州轨道交通17号线开始进行施工招标，将于年底动工，2020年建成通车，郑州轨道交通17号线北起实验区东北部的商贸商业次中心的港区北站，南端止于"双鹤湖"片区的工业十路站，出工业十路站后线路继续向南敷设，接入实验区至许昌市域铁路（许昌段）。

高速公路：航空港实验区周边高速由"两横两纵"组成，"两横"即郑民高速和商登高速（在建），向东联系开封市、商丘市，向西联系登封市、洛阳市；"两纵"即机场高速—京港澳高速和机西高速，向北联系郑州中心城区、新乡市，向南联系新郑市、许昌市。

除了以上综合交通体系外，还有一项重要举措为郑州航空枢纽发展特别是货运枢纽发展提供了重要的支撑——"中欧班列（郑州）"。2013年7月

18 日，首趟中欧班列（郑州）从郑州始发，当时每月仅为"一去一回"，自 2016 年 8 月开始，实现每周"三去三回"，截至 2017 年 11 月，中欧班列（郑州）已经实现每周"八去七回"，成为国内唯一一家实现高频次、常态化、均衡化开行的中欧国际班列，综合运行指标保持全国前列。2016 年，中欧班列（郑州）全年开行达 137 列，2017 年，中欧班列（郑州）全年计划开行 500 列，集货半径超过 1500 公里，与国内其他中欧班列不同的是，中欧班列（郑州）不仅运输大批量中国各地出口的商品，而且有超过 1/5 货源是来自日本和韩国的转口货物，其货源地遍布包括日、韩在内的欧亚近 30 个国家和地区，货物集疏网络延伸最广。

第五节 基地航空公司

2014 年 9 月 19 日，中国南方航空河南航空有限公司正式开始运营，成为郑州机场第一家基地航空公司。2015 年 11 月 12 日，河南机场集团与西部航空公司在郑州签署战略合作协议，西部航空公司将在郑州机场设立分公司成为郑州机场的第二家客运基地航空公司。2016 年 3 月 27 日，东海航空在郑州设立运营基地。2016 年 10 月 28 日，云南祥鹏航空公司郑州运营基地成立。此外，2017 年 5 月 14 日，亚洲航空（马来西亚）公司与光大银行、河南省政府工作组签署了谅解备忘录，计划合资组建亚洲航空（中国），于郑州机场运营低成本航空公司。

第二章

郑州—卢森堡"空中丝绸之路"建设

中共十八届三中全会明确提出,我国将加强丝绸之路经济带、21 世纪海上丝绸之路建设,形成全方位对外开放新格局;支持内陆城市增开国际货运航线,发展多式联运,形成横贯中东西、联结南北的对外经济走廊。"一带一路"倡导立体的互联互通交通网络,打造陆海空网"四位一体"格局、铁路港区贸"五位一体"的发展态势,通过民航加强"一带一路"建设的基础交通支撑,为"一带一路"插上"翅膀"。2017 年 6 月 14 日,国家主席习近平在会见卢森堡首相贝泰尔时强调,要深化双方在"一带一路"建设框架内金融和产能等合作,中方支持建设郑州—卢森堡"空中丝绸之路"。编织"空中丝绸之路",令"一带一路"建设覆盖的维度愈加广泛,不仅连接大陆与海洋,还在蔚蓝天空中架起新的合作桥梁。

第一节 豫卢合作为中欧互通打开新大门——河南航投 肩负起引领试验区发展的重任

河南民航发展投资有限公司(简称"河南航投")是 2011 年 8 月 29 日经河南省委、省政府批准成立的省管重点骨干企业,注册资本金 60 亿元,主要承担着加快河南民航产业发展、参与国内外航空公司重组合作、引领带动郑州航空港经济综合实验区建设发展的责任使命。河南航投根据《国务院关于促进民航业发展的若干意见》及《郑州航空港经济综合实验区发展规划(2013~2025 年)》精神,明确提出做大航空运输业、做强航空物流业、做优航空相关产业的发展战略,重点发展航空运输、航空物流、航空金融、航空制造、地产开发、通用航空、文化旅游等七大产业板块，努力构建重点突出、多元发展、特色鲜明、综合竞争力强的航空产业集团。2014～2016年，河南航投连续三年被河南省委、省政府授予"全省经济社会改革发展全局性重大任务攻坚突出贡献单位"荣誉称号。

组建以来，河南航投认真按照中央和河南省委、省政府关于"一带一路"建设的战略部署，加快推进航空经济发展，架起郑州—卢森堡"空中丝绸之路"，成功收购欧洲最大的全货运航空公司——卢森堡国际货运航空公司（简称"卢森堡货航"）35%的股权，确立以郑州为亚太物流中心、以卢森堡为欧美物流中心的"双枢纽"发展战略。2017年6月，习近平总书记明确表示"中方支持建设郑州—卢森堡'空中丝绸之路'"，李克强总理与贝泰尔见证了河南航投与卢森堡货航签署在郑州成立货运航空公司——河南中原捷运航空有限公司（简称合资货航）的合资合同。组建河南首家客运基地航空公司，投资24亿元与亚洲最大的客运航空公司——中国南方航空股份有限公司携手合作，占股40%，成立中国南方航空河南航空有限公司；设立河南第一家飞机融资租赁公司，与立陶宛AviaAM租赁集团合作成立阿维亚（中国）融资租赁有限公司，挂牌当日与俄罗斯航空公司签署金额约8.01亿美元的16架全新飞机售后回租订单，成立未满9个月履约完成8架飞机（分别为5架A320和3架A321）的交付任务；构建支撑河南融入"一带一路"建设的金融平台，与中航工业集团旗下中航信托联合发起中原丝路基金，该基金按照母子结构设计，母基金为200亿元，首期100亿元，投资并支持河南参与"一带一路"建设中的基础设施、产业投资、经贸合作和民航产业项目，引领带动河南民航产业发展；推动卢森堡签证中心落地郑州，2017年6月13日，在河南省委书记谢伏瞻与贝泰尔的见证下，河南航投与卢森堡驻华使馆签订《关于在河南开展签证便利业务谅解备忘录》，预计2017年底签证中心可正式运营；开展"新鲜卢森堡"双向跨境E贸易，建立线上"航投臻品"网站和覆盖全省的O2O直销平台，形成线上零售、线下批发及线上线下联动的销售模式，并积极谋划在卢森堡、德国汉堡建立海外仓；建立豫卢商贸互惠互利的新机制，2017年9月13日，河南航投与卢森堡商会举办河南—卢森堡"一带一路"经济合作论坛，约定将论坛发展为定期机制，以双年交替的形式举办，逐步拓宽论坛范围，适时举行金融推介会、电子商务推介会、旅游文化推介会等，为中卢双方及其他"一带一路"沿线国家搭建互利互惠的新平台。

（一）河南航投收购卢森堡货航

卢森堡货航是卢森堡国有企业。2013年初，出于为企业引入长期战略合作伙伴的目的，卢森堡政府面向全球启动出售卢森堡货航35%股权交易计划。河南航投为加快河南省国际航空货运产业发展，积极推进郑州航空港经济综合实验区建设，按照省政府总体规划部署，迅速启动与卢森堡政府接洽，提出对卢森堡货航股权收购意愿及相关合作计划。河南方面与卢森堡政府确立基本合作意向后，双方代表团多次互访，对卢森堡机场和郑州机场进行考察及调研。

2014年1月，在时任河南省委副书记、省长谢伏瞻的见证下，双方签署股权买卖协议及商业合作协议，确定构建以郑州为亚太物流中心、以卢森堡为欧美物流中心的"双枢纽"发展战略。

（二）货运航线网络不断完善

卢森堡货航在郑州运营以来，先后开通郑州至卢森堡、郑州至米兰、郑州至芝加哥至亚特兰大等多条国际货运航线，每周定期航班由开航时每周两班逐步加密至16班，2017年旺季加开临时包机航班至23班，开通卢森堡、米兰、新西伯利亚、阿拉木图、伦敦、安克雷奇、芝加哥、亚特兰大、土库曼巴希、第比利斯、新加坡、吉隆坡、小松、萨拉戈萨等14个通航点，覆盖欧、美、亚三大洲23个国家100多个城市，集疏货物达十余类200多个品种，构建"一点连三洲、一线串欧美"的航空国际货运网络。航线开通5个月，货运量突破1万吨；时隔一年，货运量突破6.5万吨，对郑州机场货运增长量贡献率达155%，实现净利润3.2亿元；2016年，全年货运量累计突破10.7万吨，对郑州机场货运增长量贡献率达78%；2017年，截至10月底，货运量达11.1万吨，同比增长38%，占郑州机场货运总量的约1/4，累计国际货运量、国际货运航线数、航班数量、国际通航点等主要指标稳居郑州机场首位，成为郑州机场国际货运的"领头羊"（见图2-1）。

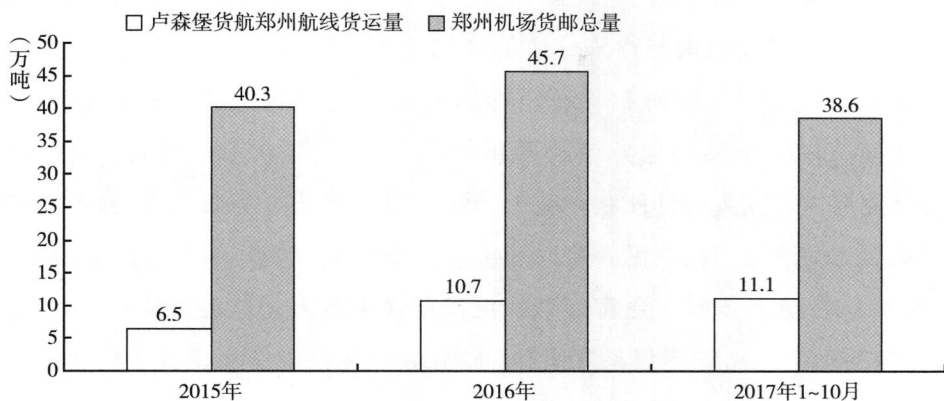

图2-1 卢森堡货航郑州航线货运量逐年递增

（三）为河南全面融入"一带一路"建设格局打开新的窗口

目前，河南航投正全面深化"双枢纽"战略实施，促进豫卢共振发展，在加快推动卢森堡货航不断加密航线航班、实现航线良好运营的基础上，大力借鉴和复制卢森堡货航的专业技术、先进经验、优势资源，积极推动与卢森堡货航成立本土合资货运航空公司（航线覆盖环太平洋地区及南亚和非洲，与卢森堡货航现有航线形成无缝衔接）、设立飞机维修基地（建成拥有3座双湾机库，可同时检修6架747-8F或12架波音737，拥有D检资质的大型航空维修企业），加快航空产业优势资源在实验区的集聚，完善郑州国际航空枢纽功能，全面推动郑州成为"一带一路"建设核心支撑点，带动和促进中国与卢森堡乃至欧亚各地经济、文化、旅游的交流和发展。

开展"新鲜卢森堡"双向跨境E贸易。依托卢森堡货航稳定的货运航线及在质量控制、高价值货物运输、危险品运输、冷链运输等方面的先进经验和独特优势，河南航投开展"新鲜卢森堡、幸福河南人"的双向跨境E贸易项目，建立线上"航投臻品"网站和覆盖全省的O2O直销平台，形成线上零售、线下批发及线上线下联动的销售模式，并积极谋划在卢森堡、德国汉堡建立海外仓，推动河南特色产品走向世界，让"空中丝路"向买卖全球迈进。同时，借助航空铜牌资质，积极发展航空货代业务，提升"多式承运人"服务能力，开展平行进口汽车、水果包机等业务。

设立卢森堡签证中心。为提升河南对外开放水平，加快郑州国际中心城市建设，河南航投积极与卢森堡政府高层对接。2017 年 6 月 13 日，在河南省委书记谢伏瞻与贝泰尔的见证下，河南航投与卢森堡驻华使馆签订《关于在河南开展签证便利业务谅解备忘录》。飞行签证中心落地后，可为中原人民直接提供赴欧盟签证便利化服务，同时持该签证可畅通无阻游览 26 个申根国家，为中欧两地构建民心相通的桥梁，2017 年底签证中心可正式运营。

（四）在更大范围、更宽领域、更高层次上融入全球经济体系

"空中丝绸之路"不仅是郑州和卢森堡两点间的空中通道，还是通过"双枢纽"战略的实施，促进航空物流、跨境电商、金融合作、人文交流等全方位的合作发展，实现在更大范围、更宽领域、更高层次上融入全球经济体系。

探索了合作深化的"新模式"。以郑州—卢森堡空中货运大通道为基础，豫卢双方不断开辟更多领域的合作，探索出了投资与贸易相结合、"走出去"与"请进来"相结合、技术引进与培育新兴产业相结合的"卢森堡模式"。2015 年河南航投与卢森堡货航、沃龙宝物流公司签署了在郑州成立合资货运航空公司、合资飞机维修基地、卡车航班公司等三项协议；2016年卢森堡国铁多式联运股份公司与郑州国际陆港公司签署合作备忘录。

带来了丰富的外延合作机会。河南航投以与卢森堡货航的合作为战略突破口，将其作为河南与全球行业先锋展开合作的桥梁与纽带，积极与国内外知名企业联系对接，通过对外交流合作，实现借鉴和学习国际领先企业的网络搭建、市场资源和技术经验，推动郑卢"空中丝绸之路"建设。2014 年，通过卢森堡货航引荐，先后邀请并接待德铁信可、瑞士空港、史带集团等企业来访，探讨深度合作；2015 年，卢森堡货航分别在郑州召开第三季度董事会、全球经理人大会，世界航空货运大佬齐聚郑州；2017 年，卢森堡商会在郑举办河南—卢森堡"一带一路"经济合作论坛，卢森堡货航、卢森堡 GSK、欧亚申根集团等 21 家企业到访，与河南企业洽谈合作。

第二节　郑州—卢森堡"空中丝绸之路"探索实践

"一带一路"是以习近平同志为核心的党中央统筹国内、国际两个大局，为构建人类命运共同体、实现共赢共享发展而提出的一项中国方案，意义极为重大。河南充分发挥经济发展、内陆开放等优势，并结合区位特点，在陆上和海上积极融入"一带一路"建设格局的同时，另辟蹊径，选择向"天"突破，在"空中丝绸之路"建设上进行积极探索，取得了一定的成效。

（一）河南的基础与禀赋，选择"向天"突破

河南与"一带一路"沿线国家和地区经济发展互补性强、合作交流潜力巨大，具有很强的优势和有利条件。经济发展优势，河南早已成为中国的经济大省和新兴工业大省，经济规模稳居全国第5位，地区生产总值、社会消费品零售总额、进出口总额等主要经济指标相当于西北五省的总和，投资和消费需求空间广阔。中原腹地优势，河南地处我国中心地带，长期是我国政治、经济、文化中心，在古丝绸之路发展繁荣中发挥了重要支撑作用。在新的历史条件下，河南实施粮食生产核心区、中原经济区、郑州航空港经济综合实验区、郑洛新国家自主创新示范区、中国（河南）自由贸易区"五大国家战略规划"，形成了新的战略组合，作为我国东西部结合的战略支点，辐射周边、活跃全局的腹地效应和优势更加凸显。内陆开放优势，河南是目前我国指定口岸最多、种类最全的内陆省份。电子口岸平台上线运行，关检合作"三个一"通关模式全面推行。综合交通优势，河南承东启西、连南接北，是全国重要的综合交通枢纽，高速公路里程长期位居全国前列。航空枢纽功能显著提升，基本形成覆盖欧美、连接亚澳的枢纽航线网络。近年来，河南省发展观念转变创新，战略举措层级提升，综合经济实力显著增强，开放型经济的发展态势高度契合"一带一路"。2015年5月10日，习近平总书记在河南考察时特别强调，河南要建成联通境内外、辐射东中西的物流通道枢纽，为丝路经济带建设做出更大贡献。发挥自身综合优势，落实核心任务、把握国家战略定位，河南既面临跨越发展的重大机遇，又面临河南不沿江不沿边不靠海、对外开放化程度不高等瓶颈制约。在这种形势下，河南选择"空中"作为战略突破口，努力构筑对外开放的全新大格局，形成我国内陆腹地支撑"一带一路"的"空中板块"。

（二）借力顶级资源，实现跨越发展，选择卢森堡货航

作为省属航空经济投融资平台，河南航投积极领悟河南融入"一带一路"

的指示精神，在全球航空货运市场严重低迷，大量航空货运企业破产、重组和削减规模的大背景下，主动寻找"弯道超车"的发展机遇，先后与南方航空、东方航空、TNT航空、联合包裹（UPS）、敦豪快运（DHL）、俄罗斯空桥航空等国内外优秀的货运航空对接洽谈，以期通过股权合作的方式，为河南引进基地货运航空公司，发挥航空经济引领带动作用，实现河南跨越式发展。最终，卢森堡货航进入了河南航投的视野。卢森堡货航作为欧洲最大的定期货运航空公司，占有全球空运市场3.8%的份额，具有以下优势。①拥有覆盖全球的航线网络和市场资源。在全球有90个通航点，在55个国家和地区设有85家分支机构，通过卡车网络辐射超过250个城市，尤其在欧美拥有领先的市场份额及长期稳定的客户基础。②拥有先进的航空货运机队。由13架波音747-400F全货机和14架波音747-8F全货机组成。③拥有完善的航空物流系统。其航空物流配套设施可满足各类货物的仓储及运输要求，当地地面分拨系统货物处理能力居欧洲第一位，可将航空货物通过公路运往欧洲的177个目的地。④拥有丰富的航空货运经验。多项业务指标均高于行业平均水平，拥有一系列质量控制、高价值货物运输、危险品运输、冷链运输等国际资质认证，并具有独立的飞机维修能力及完善的飞行员培训体系。

河南航投选择与卢森堡货航合作，对于河南发展郑州国际货运枢纽具有重要意义。①支撑航空货运发展。机场枢纽建设与基地航空公司发展相辅相成，完善网络覆盖和物流支撑，提升竞争力。②带动临空经济发展。通过引进卢森堡货航专业技术、管理系统和客户资源，适应河南省发展食品物流、冷链物流、医药物流、活体动物和贵重品物流等各种特色物流产业的需求，促进高端制造业在实验区的聚集。③成功连接两个市场。卢森堡位于欧洲腹地，河南位于中国中部，河南航投与卢森堡货航的合作将发展中市场与发达市场相结合，打通了"空中丝绸之路"的重要通道，各种资源得以聚集融通，实现双方的互利共赢。④打造空中丝路对外开放重要窗口。通过股权合作，实现与卢森堡政府的全面深度合作，是河南民航事业走向世界的重要一步。

（三）融合式发展，以共同利益基础驱动"双枢纽"战略构想

卢森堡与河南在发展航空经济上具有共同的利益诉求，河南航投与卢森堡货航在合作之初就确定了建立以郑州机场为亚太枢纽、以卢森堡机场为欧美枢纽的"双枢纽"战略。打造"双枢纽"战略区位优势得天独厚,郑州是中国的腹地,卢森堡则是欧洲腹地,是欧洲法院、欧洲投资银行、欧洲议会等多家欧盟机构所在地,同时是全球的金融中心、欧洲的交通枢纽和货运转运中心,是进入欧洲市场的门户。二者地理区位相似,机场定位和发展战略相近,联手打造覆盖欧美、亚太的双航空枢纽,具有得天独厚的地理条件。豫卢双方利益诉求一致,卢森堡货航通过以河南航投为平台,以战略合作为基础,顺利进入中国内陆市场,进而与中方建立更加稳固长期的合作机制,为卢森堡货航甚至卢方企业在亚太地区的发展提供良好机遇;建立一个跨越中欧的双枢纽机场模式,为河南架起了一条横贯空中的亚欧大陆桥,既可完善郑州机场航线网络,迅速提升航空物流集散能力、持续提高郑州机场货运吞吐量,推动郑州国际航空枢纽的打造,也有利于促进河南省民航优先发展战略的实现,发挥航空经济带动区域经济发展效应。豫卢双方经济互补性强,卢森堡产业体系成熟、经济基础雄厚、综合配套能力强,以卢森堡货航为代表的卢方企业在诸多领域具有不可比拟优势,以期在全球范围占领更多新兴市场,增添经济发展的新动能;河南作为中国内陆省份,产业结构相对单一,经济增长主要依赖粮食、能源等传统性产业,在经济进入新常态下,亟须承接产业转移,构建合理的产业分工体系,推动产业结构调整,改变粗放型经济发展模式,构建"双枢纽"合作模式为其对接世界一流产业打开了一扇窗口。

(四)产融联动,多领域协同发力支撑构建"空中丝绸之路"

在国家对外开放战略指引下,河南全面落实中央战略要求和指示精神,多领域协同发力,在航空经济这片河南当前发展的热土之上,全面构建"空中丝绸之路",推动"一带一路"快速发展。实验区辐射带动作用日益显现。2013 年 3 月,国务院批复《郑州航空港经济综合实验区发展规划(2013~2025 年)》,郑州航空港经济综合实验区成为全国唯一一个以航空港经济为引领的实验区。发挥国家战略平台优势,实验区初步形成横跨欧、美、亚三大经济区,覆盖全球主要经济体的枢纽航线网络,郑州新郑国际机场(简称"郑州机场")客、货运行业全国排名分别由 2012 年的第 18 位和第 15 位，上升至 2016 年的第 15 位和第 7 位，郑州新郑综合保税区进出口额跃居全国第一位，为建设郑州—卢森堡"空中丝绸之路"提供了载体支撑。以实验区为核心的多式联运体系逐渐成熟。多式联运是一种集约高效的运输组织方式，能够充分发挥各种运输方式的比较优势和组合效率。在"空中丝绸之路"建设的过程中，河南始终坚持以实验区为核心，发展多式联运，民航、铁路、公路"三网融合"和航空港、铁路港、公路港、出海港（国际陆港）"四港联动"的集疏运体系基本形成，为建设郑州—卢森堡"空中丝绸之路"提供了基础支撑。口岸、仓储、通关等功能日益完善。目前，河南已拥有 8 个指定口岸，已成为功能性口岸数量最多、功能最全的内陆省份，一个多层次、全覆盖、立体化的口岸体系正在形成。口岸周边交通运输物流体系、各类物流通道建设、基础设施建设、电商仓库与过境中转仓库等配套设施日益完善、共同发力，郑州机场海关与"空中丝绸之路"沿线国家和地区通关合作逐渐增强，为建设郑州—卢森堡"空中丝绸之路"提供了基本保障。

第三节　郑州—卢森堡"空中丝绸之路"
建设的实践体会

郑州至卢森堡"空中丝绸之路"的建设有效发挥了航空经济在区域经济发展中的引领带动作用，提升了内陆地区的对外开放水平，为河南构筑区域竞争优势，融入"一带一路"提供了重要载体和支撑。

（一）航空经济特点

航空经济涵盖高端制造业、现代服务业、战略性新兴产业等众多领域，产业层次高、关联性强。随着经济全球化深入发展和国际产业分工的深度调整，航空经济正在逐步发展成一种新的经济形态，充分利用航空运输的高效、无视地形和安全特点，加快高产值、高附加值的航空偏好型产业聚集，成为促进区域经济发展的"新引擎"。

建设郑州—卢森堡"空中丝绸之路"充分发挥了航空经济的极化效应。各国历史发展和理论研究表明，航空经济的发展，可以用吸引航空货运的方式来引领现代产业基地和对外开放门户。河南选择与卢森堡货航合作，打造一条郑州—卢森堡"空中丝绸之路"，以此促进高端制造业、现代服务业向实验区加速集聚，扩大就业规模，进而吸引人口加快转移，培育形成航空城，实现航空运输与产业、城市发展、人口集聚的有机衔接和良性互动，进一步促进中心城市核心竞争力的增强，加强其对整个区域经济引领带动作用，形成最具活力的发展区域和带动区域发展的强大引擎。

郑州—卢森堡"空中丝绸之路"建设可实现资源要素配置的全球化效应。根据目前河南经济的实际发展阶段、资源和环境约束条件、社会发展程度，建设"空中丝绸之路"，能充分发挥航空最便捷的通道作用，使国内产业转移，使之融入全球产业链和产业分工体系，吸引人流、物流、资金流、信息流向实验区集聚，在更广领域、更高层次上参与全球经济合作，形成中原经济区和内陆地区的开放新高地，提升对外开放水平。进而立足于在全球配置物流、资金流、技术流、信息流等优势资源，成为国家和区域经济增长的"发动机"。

郑州—卢森堡"空中丝绸之路"建设可实现产业升级的引领效应。近年来，世界范围内产业结构调整加快，区域经济竞争日趋激烈，产品生命周期不断缩短，电子、信息、生物、新材料、医药、精密仪器等一大批高附加值的新兴产业对航空运输具有很强的依赖性。"空中丝绸之路"建设不仅仅给机场带来客货流，更直接连接着区域产业链，吸引和汇集一系列高科技产业、信息产业、现代制造业和现代服务业，通过与多种产业有机结合，依托航空物流而集聚的电子信息、精密制造、光学材料等产业加速向河南转移，形成高端制造业和现代服务业的一个重要集聚区，带动产业转型升级，加快实现经济发展方式转变。

（二）"空中丝绸之路"的特点

豫卢"空中丝绸之路"融合了卢森堡与河南两地的发展体系，多角度拓宽了两地市场，全方位整合了两地资源。"空中丝绸之路"能够实现跨越式发展，根本在于创新合作模式，践行"五通"。

强化政策沟通。卢森堡与河南两地在共同构建"空中丝绸之路"的过程中，求同存异、相互协作，就经济发展战略与对策进行深入交流沟通，共同研究制定符合双方实际的发展措施，协商解决合作中遇到的问题，为双方合作提供宽松的政治环境与有利的政策支持。

加强设施联通。"空中丝绸之路"的搭建首先得益于双方在航空货运领域的合作。豫卢双方借由郑州机场的区位优势与完善的基础设施，以及卢森堡货航在全球范围内的航线网络优势资源，架起了横贯欧亚的"空中桥梁"，促进了航空运输效应的发挥。

促进贸易畅通。河南省有近1亿人口，腹地广阔，对各类商品及配套服务的需求旺盛，市场规模和潜力巨大；卢森堡地处欧洲腹地，辐射范围广阔，投资商贸资源丰富，双方在贸易和投资领域合作潜力巨大。借力"空中丝绸之路"，豫卢双方通过创新贸易合作方式，大力发展高端制造业、物流运输业、跨境电子商务产业等新兴业态，实现从"互联"到"互通"的共振发展。"空中丝绸之路"充分整合了两地资源，将发达市场与发展中市场紧密联系在了一起，实现互联互通、互利共赢。

推进资金融通。卢森堡是欧洲最大的离岸金融中心，双方在金融领域合作具有巨大前景。收购卢森堡货航35%股权，就来源于河南航投内保外贷的方式在中国银行卢森堡分行的融资，低于境内融资成本。同时，河南航投强化对卢森堡金融机构的对接，积极推动两地之间金融峰会的召开，现已成立中原丝路基金，将多元化投资于机场建设、临空产业园、物流园区、贸易金融服务、文化旅游等具有良好发展前景的企业/项目，促进"空中丝绸之路"区域内金融合作，创新金融产品，为内陆地区企业"走出去"提供新动力。

实现民心相通。国之交在于民相亲。建设"空中丝绸之路"目的之一，就是促进两地人民之间的交流、文化的互动，增进双方的理解与互信。"双枢纽"战略从构建之日起，就强化两地的沟通交流，在推动双方高层领导人员互访了解的同时，努力开通郑州—卢森堡"空中丝绸之路"，开展签证便利化，并谋划在两地建立文化交流中心，为两地人民的交流、文化的合作提供了更加便捷的途径，为"空中丝绸之路"的建设奠定了坚实的民意基础和社会基础。

（三）建设指导思想

郑州—卢森堡"空中丝绸之路"的构建得益于"双枢纽"战略的引领，

促进了双方利益命运责任共同体的打造，推动了合作双方优势的发挥，实现了互利互惠，造福了两地人民。

"双枢纽"战略是"空中丝绸之路"建设的必要前提。"双枢纽"战略以构架亚欧"空中大陆桥"为起点，逐步织密织大以双枢纽机场为核心的航线网络，带动了物流、人流、资金流等高端要素资源向枢纽机场集聚，同时以组建合资货航公司、设立飞机维修基地、建立现代化的物流分拨体系、构建"新鲜卢森堡"双向跨境 E 贸易、举办两地合作论坛和金融峰会、开展签证便利化业务为延伸，实现了现代化的高端产业转移与承接、让"空中丝路"走向了买卖全球，促进了两地经贸互动、文化的交流合作，催生了双边区域经济增长的内在动力，有效奠定了"空中丝绸之路"建设的交通基础、产业合作模式、文化交流沟通机制。

发挥优势互补是"空中丝绸之路"建设的有效保障。在发展航空运输产业、航空维修、航空物流等航空经济相关产业方面，卢方的专业技术、管理经验、人才团队、软硬件设施、专业资质优势明显，河南与卢方的合作，无疑可以在这方面弥补自己的"短板"，为郑州国际航空枢纽的打造提供强有力的支撑。而河南市场潜力大、发展势头强劲、政策优势明显，航空运输及物流等新兴产业在这里具有很大的发展空间。双方合作以来，起到了取长补短的良好成效，从航空运输产业不断拓宽合作范围、深化合作领域，迅速提升双方区域经济整体的发展活力与竞争力，形成了豫卢共同发展、共同受益的局面，丰富了"空中丝绸之路"的内涵。

实现互惠共赢是"空中丝绸之路"建设的根本目的。"双枢纽"战略的构建秉承了共同发展、互惠共赢、共同提高的宗旨。双方合作以来始终坚持这一原则，卢森堡货航已连续三年实现盈利，与此同时卢森堡货航也为郑州国际航空枢纽的打造起到了至关重要的作用。合作的良好成效拓展了"双枢纽"战略内涵的延伸，卢方不仅在技术人才、管理经验上给予河南支持，在股权方面也开展了合作，例如合资货运航空公司、飞机维修基地的建设等项目，卢方均在河南进行股权投资，下一步产业融合、经贸互动、文化交流等项目的推进，将进一步加强利益共同体、责任共同体、命运共同体的打造，促进双方合作共赢。

（四）建设要素

郑州至卢森堡"空中丝绸之路"建设是立体化的格局，离不开双方资本的运作、先进技术的支持、经贸的互动、陆空通道的对接。

实现资本与技术相结合。民用航空是资金密集型的高技术产业，无论是航空制造的研发投入、航空运输飞机的采购还是航空维修的基础设施，都需要大量的资金投入，而飞行员培养、维修维护更离不开长期的技术积累。河南航投通过收购股权，实现资本合作，为郑州机场引来了卢森堡货航先进的管理经验、成熟的运营模式、丰富的航线网络和稳定的客户资源。

实现"走出去"与"请进来"相结合。改革开放以来，中国民航对外合作中的重心在"引进来"上，主要是从欧美等民航发达国家学习，消化吸收民航发达国家和国际民航组织的技术和标准。而国际和国内运输发展不平衡，客运与货运发展不平衡是长期困扰中国民航的重要结构性问题。在这个大背景下，河南航投在谈判阶段即提出与卢森堡货航在郑州合资组建新的货运航空、飞机维修以及飞行员培训机构等系列合作项目，在"走出去"同时完成了"请进来"的布局。

实现地面基础与空中通道结合。郑州机场 T2 航站楼的投入使用，让郑州机场成为国内继上海虹桥机场后，第二个具备空陆联运条件的机场，同时"一港一区＋N 个特种商品口岸"的综合性开放口岸格局构建完成，郑州机场成为拥有水果、冰鲜水产品、食用水生动物、冰鲜肉类、澳洲活牛进口以及国际邮件经转等多个特种商品进口指定口岸，是国内进口指定口岸数量最多、种类最全的内陆机场。在此基础上，河南航投与全球最大的地面服务代理公司瑞士空港建立了合作伙伴关系，积极引入国际一流地面操作代理服务，保障效率大幅提升，2 小时即可完成全部落地—卸货—装货—起飞的地面保障流程，大大缩短了飞机地面等待时间。地面设施系统与空中航线网络形成了相辅相成、相得益彰的局面。

实现产业与贸易结合。民航产业作为基础交通设施的一部分，承担了国民经济发展的重任，长期以来企业收益率维持在较低水平，而依托于航空运输的旅游、贸易等相关产业却具有投资规模小、收益较高的特点。特别是近年来航空货运产业持续低迷，价格竞争加剧，大量企业谋求转型升级，向产业链的上下游延伸。河南航投与卢森堡货航也进行了有益尝试，依托卢森堡和郑州之间已经形成的快速、稳定的航空货运能力拓展"线上电商和线下实体店"相结合的立体销售网络，取得良好效果。

（五）发展关键

建设"空中丝绸之路"的关键在于选对合作方向、选好合作伙伴，坚持做到精准发力，全面深化合作。

第一，要选对方向。合作企业所在国家的政治环境、经济水平、对华关系等因素都将影响到我国企业是否能够成功"走出去"。虽然卢森堡国土面积小但政治非常稳定，对华关系也很友好。自1972年中、卢两国建交以来，两国关系一直坚持真诚友好、互利共赢的合作原则。两国关系的良好稳定发展，为双方企业开展合作，进行经贸互动提供了良好的政治条件和诚信基础。此外，卢森堡是欧盟申根国家，地处欧洲之中，能够连接成熟发达的欧盟市场。这些都为双方进行深度对接，实施"双枢纽"战略提供了良好的外部环境。

第二，要选好伙伴。选好合作对象等于成功的一半。作为卢森堡政府控股的国有企业，卢森堡货航政府支持力度大，契约化精神强，同时其先进的技术、完善的网络资源、成熟的管理团队、专业的品牌资质以及在业界的影响力都为郑州机场运力的迅速提升、国际航空枢纽的建设、郑州—卢森堡"空中丝绸之路"的构建提供了必不可少的发展条件和支撑。

第三，要精准发力。河南与卢森堡的合作得益于找准切入点，精准发力，以点带面，全面深化。以收购股权为双方合作的切入点，将开展航空货运作为合作的突破口，既符合双方发展的需求与实际，也为双方后续合作的开展奠定了良好的基础。双方进而依托"双枢纽"战略，乘势而上，将合作领域从航空物流延展至跨境贸易、金融服务、人文交流等更多领域，形成了立体式的合作格局，促进了双方经贸互动、人文交流，有效践行了习近平总书记提出"一带一路"实现五通的指示精神。

（六）着力解决的问题

建设"空中丝绸之路"中同样面临诸多问题，为构建"空中丝绸之路"，河南省需着力解决体制机制、资金、专业人才及产业转型升级等方面存在的问题。

第一，创新体制机制。为更好地支持河南省"一带一路"的发展与建设"空中丝绸之路"，河南省在管理机制和体制上需要进行创新。从长远来看，现行的财税、教育、科技等体制不能紧密有效地与社会经济发展及航空产业进步相结合，相关产业、服务难以适应竞争环境的变化。只有走制度驱动和创新驱动的发展新路，为航空企业营造良好的市场氛围和制度保障，才能调动各方力量真正投入建设"空中丝绸之路"的战略项目中。

第二，吸纳建设资金。在筹建和推进新规划、新兴项目的过程中，迫切需要在政府的支持下，拓宽投融资渠道，积极吸纳建设资金，解决项目前期资金不足的问题。需要加大对民航建设和发展的投入，设立有竞争优势的补贴，吸引外商进行投资。

第三，广纳专业人才。目前，河南省民航业发展方面面临严重人才短缺的问题，飞行员、机务维修、签派及地面操作等专业人员的不足制约了"空中丝绸之路"的建设进程。政府可实施重大人才工程，加大飞行、机务、空管等紧缺专业人才培养力度。强化民航院校行业特色，鼓励有条件的非民航直属院校和教育机构培养民航专业人才，对民航行政机构专业技术人员薪酬待遇等实行倾斜政策，稳定民航专业人才队伍。

第四，产业转型升级。近年来，河南省以新发展理念为引领，主动适应经济发展新常态，坚持稳中求进，着力打好"四张牌"，经济社会保持平稳健康发展。但是，结构性矛盾突出、新旧动能转换滞后、经济社会风险隐患积聚、资源环境约束趋紧等诸多矛盾和问题仍然存在，经济下行压力大。因此，为建设"空中丝绸之路"，保持经济较快增长，必须加快产业转型升级，推进"四个强省"建设，促进产业向高端化、信息化、集群化、融合化、生态化和国际化方向发展，提升产业竞争力。

第四节　郑州—卢森堡"空中丝绸之路"实践思路

习近平总书记明确支持建设郑州—卢森堡"空中丝绸之路"，既是对郑州—卢森堡"双枢纽"战略的充分肯定，又是对河南发展临空经济，加快经济转型升级提出的殷切期望，下一步河南航投将在"双枢纽"的发展基础上，在基础设施、金融贸易、文化旅游等方面加快合作，不断完善以中外双支点资源配置、双市场辐射、内外双向联动的系统化整体合作路径。

根据《郑州—卢森堡"空中丝绸之路"建设专项规划（2017～2025年)》，近期目标：到2020年，郑州—卢森堡"空中丝绸之路"建设取得重大阶段性成果，网络框架基本形成，重点领域合作实现突破，双方合作机制逐步健全。远期目标：到2025年，郑州—卢森堡"空中丝绸之路"与航空港实验区同步全面建成，郑州基本建成国家中心城市和国际枢纽城市，郑州、卢森堡成为亚太和欧美物流集散分拨基地，在支撑国家"一带一路"建设中发挥核心作用。郑州—卢森堡"空中丝绸之路"成为引领中部、服务全国、连通欧亚、辐射全球的空中经济廊道。

（一）进一步夯实基础，拓宽领域，以"空中丝绸之路"推动豫卢全面深度融合发展，扩大开放，推动经贸交流合作

依托河南自贸试验区、航空港实验区和中国（郑州）跨境电子商务综合试验区等载体平台，开展自由贸易先行先试，在口岸平台建设等多个方面开展制度创新和改革试验；发展壮大电子商务，拓展"跨境电商＋空港＋陆港＋邮政"运营模式，建设双向跨境贸易平台和电商综合运营中心；完善口岸功能，申建药品进口口岸，建设国际邮件经传中心，加快形成河南"1＋N"功能口岸体系和辐射全球主要经济体的口岸开放新格局；提升通关能力，创新口岸监管方式，建设国际先进水平的国际贸易"单一窗口"，完善综合保税区保税加工、保税分拨、保税物流等功能，聚焦重点经贸合作领域，构建"优进优出"发展格局。促进融通，强化金融服务保障。借助卢森堡国际金融中心，加强与欧盟金融领域合作，推进金融业务合作与创新，推动与卢森堡国际银行等欧盟金融机构合作，大力发展租赁业；深化金融服务业开放，吸引国际金融机构在豫设立分支机构，引进大型跨国公司设立财务中心、结算中心；积极发展离岸金融，推动在河南自贸试验区内发展离岸金融业务，吸引欧盟国家央行、主权财富基金和投资者投资境内人民币资产，构建国际化金融服务支撑体系。沟通民心，深化人文交流合作。搭建合作交流平台，深化与卢森堡等欧洲国家在旅游、文化、教育、人才、科技等领域的合作交流。开展签证便利业务，建成投用卢森堡飞行签证中心，搭建卢森堡—河南双向交流合作平台建设；推动旅游互惠合作，推动成立航空旅游联盟，建成豫卢双向旅游平台，举办中欧旅游年、"中华源"河南系列旅游推广活动；推动教育科技交流合作，加强与卢森堡等欧洲国家和地区的人文交流与教育合作，推动河南高校与欧美高水平大学开展中外合作办学活动，构建中欧人文交流重要门户。

（二）发挥综合立体交通枢纽优势，打造"陆海空网"四位一体格局

以郑州国际航空枢纽为物流体系核心，建立以公路运输为纽带、高效连接铁路和航空运输的多式联运体系，依托郑欧国际铁路货运班列、国际货运航班等物流载体，提升郑州丝绸之路经济带重要节点地位，建立多式联运"一站式"通关机制，形成具有货物转口分拨、分装加工、票据服务、金融信息等高端服务功能的贸易中心。推动交通运输智能化、信息化管理普遍实行，民航、铁路和公路运输实现多式联运和无缝衔接，依托亚欧大陆桥、"米"字形快速铁路网、中原城市群城际铁路网、高等级公路网等发达的集疏网络，推动郑州成为东北亚、东南亚与欧洲联系的货运中转中心。依托国家"一带一路"建设，加强信息网络的互联互通，充分利用河南跨境电商发展大好形势，打通"空中丝绸之路"沿线的邮包、快递通道，构造四位一体的"一带一路"建设新模式。

（三）以"双枢纽"战略推广"空中丝绸之路"，构建"丝路空网"

"双枢纽"战略成功实施为河南航投"走出去"，发展航空产业，与卢森堡等"一带一路"沿线国家在更高层次、更广范围、更宽领域开展合作提供了可循的路径与合作模式。下步拟以深化郑州—卢森堡"双枢纽"合作为基础，着力拓展枢纽航线网络，构建连接世界重要航空枢纽和主要经济体多点支撑的航线网络格局。密织航空货运网络，吸引更多集疏能力强、覆盖范围广的货运航空公司开辟和加密货运航线，扩大全货机航班运营规模，构建连接世界主要枢纽机场的空中骨干通道。完善航空客运航线网络，积极与国内外知名航空公司对接，加快开通郑州—卢森堡客运航线网络，不断联通国际枢纽节点城市，完善通航点的布局。同时，积极引进培育基地航空公司，加快推进与卢森堡货航合资组建货运航空公司，提升卢森堡货航、合资货航及成员企业郑州机场直航覆盖率，并大力推动本土客运基地航空公司组建，引进国内外知名航空公司在郑州设立基地公司，不断织密织大"空中丝绸之路"航线网络。

（四）整合多方资源，组建"走出去"联合体

寻找更多航空运输、基础设施建设、物流服务提供商、金融机构等合作伙伴，组成"走出去"联合体，结合多方优质资源，进一步推动"空中丝绸之路"建设。紧紧抓住航空物流行业作为突破口，上延至生产制造企业和地方政府，下扩至具体客户和零售终端，利用产业资本集群优势形成产业链闭环提升企业利润率。河南省作为人口大省、资源大省，地方经济发展正面临经济转型升级、产业结构调整的迫切任务，航空经济作为最重要的突破口，在全球经济发展中战略作用日益凸显。近年来河南越来越多的项目出现了跨地区、跨行业、跨融资特点，民航产业涵盖航空物流业、高端制造业和现代服务业等先进产业形态。通过打造大枢纽，进而形成大物流，通过大物流带动大产业，而大产业的集聚最终能够塑造大都市，壮大城市群，带动河南全省经济社会整体发展，实现富民强省、振兴中原的伟大使命。

第三章
制造业发展及其与周边区域发展相关关系

6年来，航空港实验区经济发展取得了举世瞩目的成就。GDP年均增速29.5%，经济总量5年增长7倍。进出口总额完成482亿美元，占全省总量六成以上；招商引资连续5年实现"超千亿"。经过5年的发展，实验区临空产业在全国空港经济区中单项排名第一，综合竞争力超过天津、深圳、武汉。2016年规模以上工业增加值完成360.4亿元，是2011年的5倍；固定资产投资完成626亿元，是2011年的7.8倍。2017年1~9月，实验区实际吸收外资累计完成46000万美元，占全年任务目标53366万美元的86.2%，同比增长12.3%；引进境内域外资金381070万元，占全年任务目标485000万元的78.6%，同比增长2%；全区外贸进出口完成266.77亿美元，占全年任务目标475.69亿美元的56.1%，同比下降4.3%。

6年来，实验区已引进电子信息类项目12个，全部建成运营后年营业收入可达500亿元；生物医药类项目77个，80%的项目可在2019年投产，年产值将超过100亿元；精密机械类项目16个，全部建成运营后年营业收入可达800亿元；航空物流类项目35个，全部建成运营后预计年营业收入可达500亿元；电子商务类项目215个，其中跨境电商142家；航空制造维修类项目13个，全部建成运营后年营业收入可达800亿元；现代服务（商贸会展）类项目37个，预计2017年可完成贸易额600亿元。

第一节 智能终端设备（手机）制造业

一 基本情况

对于航空港实验区来说，智能终端设备（手机）尤其是苹果手机是发展的起点，也是目前的支柱。从2011年富士康落户航空港，到目前近200家相关企业签约入驻，航空港实验区智能终端产业从"一颗苹果"起步，短短几年时间里聚出了发展动能，聚出了区域竞争力。2016年，航空港实验区手机产量达到2.58亿部，约占全球手机产量的1/7，成为名副其实的全球智能终端（手机）制造基地。

6年来，苹果手机生产从"零"到1.26亿部，10部苹果手机中有8部产自郑州，用工人数达30万人。富士康在航空港实验区这片热土上用令人惊叹的"郑州速度"，打造出该集团在大陆单体规模最大的生产基地。在其带动下，航空港实验区2016年实现进出口总额2784.5亿元，在全省占比超过65%，成为河南进出口大幅增长的主要推动力。如今，富士康项目已从单一的手机制造拓展到后端模组、研发、苹果手机维修、谷歌智能穿戴产品制造等十几个项目。

在富士康的引领下，航空港实验区已成为智能终端产业集聚的热土。6年时间里，航空港实验区智能终端产业经历了由单一品牌向多个品牌、单一生产向全产业链发展、港区制造向港区创造的转变，发展后劲更加强劲、抗风险能力大幅增强。目前，入区企业已有180多家，其中已投产45家（整机31家，配套14家），2017年新增签约企业28家（整机13家，配套15家），新增开工企业21家（整机16家，配套5家），新增投产企业11家（整机10家，配套1家）。同时投用了出口退税资金池、智能终端检测公共服务平台等要素平台，2016年手机产量是2011年的10.6倍，电子信息业产值2899亿元，全省占比超过70%。

二　2017年情况

2017年1~10月，航空港实验区累计签约项目65个，总投资约1016亿元，主要有富士康光学玻璃及显示模组机构件精密生产项目、华锐科技五代TFT-LCD生产线项目及4.5代OLED生产线项目、南京第壹有机光电OLED照明及显示项目、上海合晶单晶硅片生产项目、硕威二期项目、渴望手机生产基地项目等。

2017年7月27日，郑州合晶硅材料有限公司年产240万片200毫米硅单晶抛光片生产项目落户实验区，计划总投资 53 亿元，占地 153 亩，主要建设 200 毫米、300 毫米硅材料衬底片和外延片生产基地。项目共分两期实施：一期产能为 200 毫米硅材料衬底片 20 万片/月，二期产能为 300 毫米硅材料衬底片 25 万片/月和外延片 9 万片。位列全球第七大硅片供货商，也是全球前三大低阻重掺硅片供货商，深耕硅片产业超过 20 年，在两岸均设有制造基地，包括台湾的杨梅厂及龙潭厂以及大陆的上海合晶、扬州合晶、上海晶盟，公司主要产品为半导体级硅产品如衬底片、硅晶棒、双面抛光片以及外延片等，具备长晶、切片、研磨、抛光、清洗与外延一贯制程专业硅片生产能力。

2017 年 9 月 28 日，2017 年实验区重大招商引资项目集中签约仪式在园博园建国饭店隆重举行。本次集中签约项目共计 33 个，总投资 516 亿元，涵盖了光电显示、智能终端、新能源汽车、金融租赁、IC 设计及软件开发、生物医药、冷链物流、特色商业等多个领域。其中：光电显示产业项目 4 个，总投资 174.7 亿元，包括华锐科技 5 代 TFT - LCD 生产线及 4.5 代 OLED 生产线项目、第壹有机光电 OLED 照明及显示生产线项目等，包含了显示面板及后端模组项目，OLED 照明、显示及核心蒸镀设备等项目，涵盖了全产业链条，对实验区建设光电显示产业重地奠定了良好基础。上述项目达产后预计可实现年产值 360 亿元以上。

智能终端产业项目 17 个，总投资 196.4 亿元，在整机方面有欧拓、纽维、新中桥、渴望、鼎泰达、一束光、华商、鑫迪宝、财富之舟、智盛永道等 10 个项目，建成投产后可形成年产智能终端产品 1.2 亿部以上，年产值约 530 亿元；在配套方面有博尔思 3D 玻璃盖板、恒盛通手机陶瓷器件、日永光电摄像模组、国裕触控屏与 SMT 贴片等 7 个项目，年产值近 200 亿元。

三 主要特点

一是非苹手机产量、产值势头强劲。实验区全力聚焦非苹智能终端产业培育，继续抓好现有智能终端企业爬坡增产，累计入区企业 180 家（整机 71 家，配套 109 家），其中已投产 45 家（整机 31 家，配套 14 家），2017 年新增签约企业 28 家（整机 13 家，配套 15 家），新增开工企业 21 家（整机

16 家，配套 5 家），新增投产企业 11 家（整机 10 家，配套 1 家）。前三季度实现非苹手机产量 10718.7 万部，完成产值 128.4 亿元。

二是运用退税资金池平台，提高资金周转效率。出口退税资金池作为实验区特色的金融服务平台，通过 3 亿元出口退税资金池合理调整各银行间配资额度，采用创新政银组合融资模式为 30 余家智能终端企业提供退税周转资金支持，累计办理退税业务 106 笔，使用财政资金 44157 万元。

三是发展智能终端检测平台，提升综合配套服务。智能终端公共服务平台作为河南省委、省政府重点打造的智能终端研发制造基地的配套工程，已于 2017 年 5 月 3 日正式开工建设，到位资金约 1.2 亿元，年底投入试运行，建筑面积约 1.3 万平方米，切实解决了区内智能终端手机企业检验检测需求。

四是搭建政银企合作平台，优化产业融资途径。实验区积极搭建产投基金、成立兴港投融资等开放式智能终端金融服务平台，同时，还引进了年富、商贸通、科泰等供应链金融服务公司，使区域招商达到"招得来、立得住、能发展"的目标，既能有效破解企业融资难题，又可充分展现承接产业助力企业扎根发展的决心。

第二节　生物医药产业

生物医药产业发展方向主要是以全国稀缺的产业化公共服务平台为切入点，构建医药、医疗、医学"三医"公共服务体系，通过政策和平台优势，吸引在生物医药领域已完成基础研究、进入产业化阶段且具有核心技术产品的企业来实验区建立生产型研发基地。通过平台公共服务属性降低高技术、高成长、高附加值企业的重资产重复投入，解决其从研发到产品上市之间的核心瓶颈，大幅缩短产品上市周期，助推其高速发展，与发达地区形成产业互补。目前，累计引进医药类项目 77 个，80% 的项目可在 2019 年投产，年产值将超过 100 亿元，具体包括后羿集团、泰丰集团、卓峰制药、百瑞药业、牧翔药业、众康药业等多个生物医药企业。

项目的引进离不开平台的建设和服务的提升。在平台建设方面，已经建设三个医学检验实验室，分别是与中科院共建精准医学国家级重点实验室、郑州百桥医学检验实验室、郑州博睿医学检验实验室。在服务提升方面，围绕实验区生物医药发展方向，在创新药、细胞技术、IVD/第三方检测、中药现代化等领域，园区重点引进了一批有项目、有团队、有资金的高层次人才，紧跟领军人才，布局新兴行业。目前，已申报获批国家"千人计划"1人，引进院士1人，国家"千人计划"3人。通过"智汇郑州1125聚才计划"，引进生物医药人才（团队）项目27个，聘请25名国家"千人计划"人才为实验区生物医药产业顾问。美中医药开发协会中国总部、北京常春藤医学高端人才联盟河南分部也已落户航空港实验区，未来将借助其巨大优质资源推动合作，促进产业加快发展。建成投资4500万元的郑州市首个生物医药孵化器及小分子公共服务平台，由实验区推荐，杜锦发博士申报成功国家"千人计划"。

航空港临空生物医药产业园具有与其他产业园区不同的特点，要建设成为生物医药产业的共享共生之园，成为"园区服务企业、企业服务企业、企业服务园区"发展战略共同体。整体占地384亩、投资17.7亿元的先导综合园已初具规模，园区标志性建筑会展中心仅仅用七个月时间就已经建成，园区已布局完成创新药、细胞技术、IVD/第三方检测、中药现代化四大核心产业，首批20多家企业将于2018年4月进驻。

在平台打造上，园区紧扣创新企业痛点，加大生产要素供给。拟投资5亿元建设小分子CMC制剂研究平台、大分子中试及大规模生产服务平台、新药筛选检测平台、动物药物评价平台、细胞技术服务平台等五大专业化公共服务平台，通过高值设备共享、专业服务支撑，有效降低创新企业运营成本，解决已进入临床研究阶段的项目所面临的生产研究、工艺开发、中试生产等产业化核心问题，帮助医药创新企业在成果转化过程中迈出关键一步，并向上下游延伸，为入园企业提供全流程的创新研发生产支撑。

目前，已有美泰宝、鸿运华宁、泰基鸿诺等一批创新药领军企业落户园区，20多个针对肿瘤、艾滋病、肝炎、糖尿病等高发、致命性疾病治疗的国际领先的一类新药在这里研发、中试、生产，并进一步通过专业平台汇聚支撑国内创新药企落地航空港实验区发展和产业化，形成产值千亿元的创新药物产业集群。

第三节　精密机械加工制造业

5 年来，实验区累计引进精密机械类项目 16 个，全部建成运营后年营业收入可达 800 亿元。目前精密机械产业集聚效应凸显，已累计有友嘉精密机械产业园项目、瑞弘源蓝宝石、北京科锐、联合磨料模具等 35 家加工制造、装备制造相关企业签约入驻并开工建设；积极对接德国费斯托、沈阳新松、广州数控、大族激光等企业。友嘉精密机械是当今世界唯一的可以制造"八轴十三连横"精密机床的企业，代表着当今最高水平，友嘉精密机械将在航空港实验区打造其全球生产基地，建设精密机械制造、3D 打印、机器人、激光镭射等项目。

航空维修制造产业集群已累计有穆尼飞机、加德直升机运营总部项目、以色列 IAI 空客飞机改装项目、彩虹无人机生产制造基地、深圳极目无人机生产制造项目等 7 个项目签约入区，承接航空零部件转包生产。以色列 IAI 飞机零部件项目、中科十一院彩虹无人机生产项目、郑航通用航空工业轻型无人机研发生产项目、航天科颐军民融合产业基地项目等项目签约落地工作正在加快推进，努力打造通用航空综合服务基地。

实验区正加快南航航空维修中心、航投卢森堡航空维修库建设，积极引进格瑞克航材保税贸易等项目，建设航材供应中心和航空设备制造产业园。

第四节　制造业发展与周边区域发展互动关系

一　数据描述

实验区主要与郑州市的新郑、中牟以及开封市的尉氏和许昌市的长葛在地理空间上接近。由于实验区发展的特殊性，尤其是经济发展是从零开始的，这就造成无论是从总量上还是增速上和周边县市的比较性都比较弱。所以，我们比较四个县市最近多年的发展情况，并且重点比较 2011 年前后的变化。

从 GDP 的增长来看，在 2011 年郑州航空港实验区设立前后，四个县市的 GDP 增速都有明显的提高，说明郑州航空港实验区在建设初期对于周边的辐射带动作用是比较明显的，但是由于经济存在边际递减效应，随着郑州航空港实验区的进一步发展，四个县市的 GDP 增长受到的影响也开始分化，从带动作用来看，中牟在此之后的 GDP 增速是比较快的，但是波动性较大，新郑一直处于较高的增速状态，而长葛和尉氏则趋于平稳（见图 3 - 1 和图 3 - 2）。

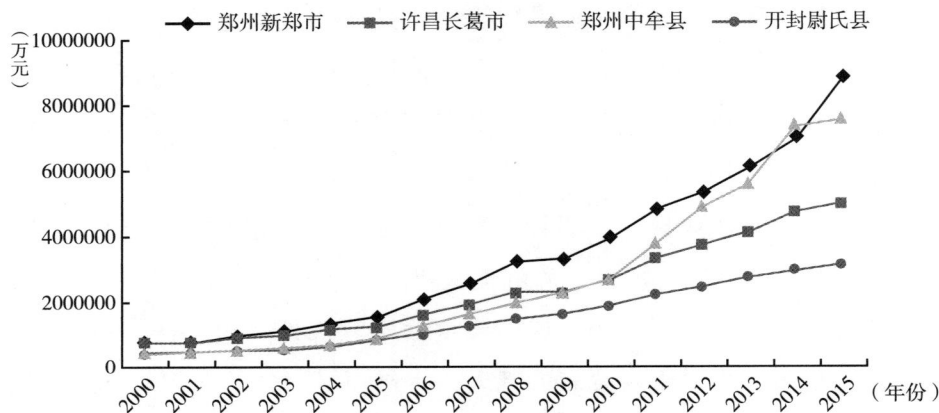

图 3 - 1　GDP 比较

资料来源：Wind 数据库。

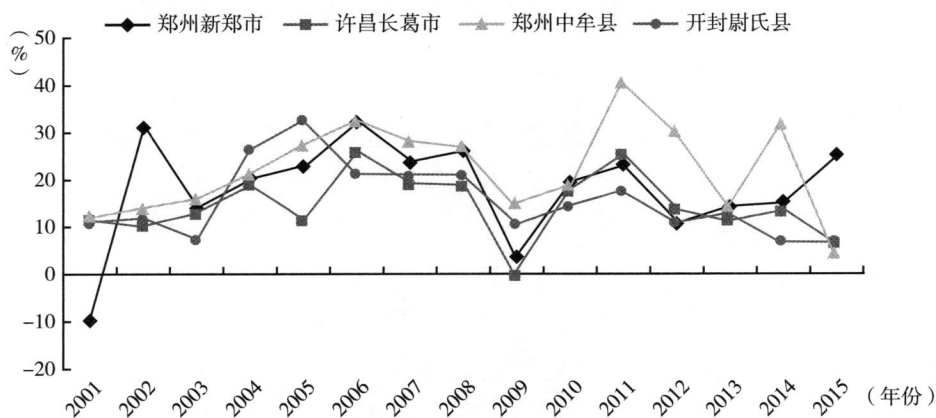

图 3 - 2　GDP 增速比较

资料来源：Wind 数据库。

从第二、第三产业占比来看，2011 年前后变化最大的是新郑和尉氏的第二、第三产业占比，说明伴随着郑州航空港实验区的发展，新郑和尉氏受到实验区辐射带动作用较为明显的是以服务业为代表的第三产业。而相应的中牟和长葛的第二、第三产业对比变化则没有这么明显，而且按照一般发展来看，第二、第三产业占比的比较当中，新郑和尉氏的第三产业占比增速明显快于第二产业，这个和由于实验区建设带来的大量的就业人员消费有关。从这个意义上讲，实验区建设对于周边地区的带动来说，对第三产业的影响要更为迅速和明显（见图 3 - 3 和图 3 - 4）。

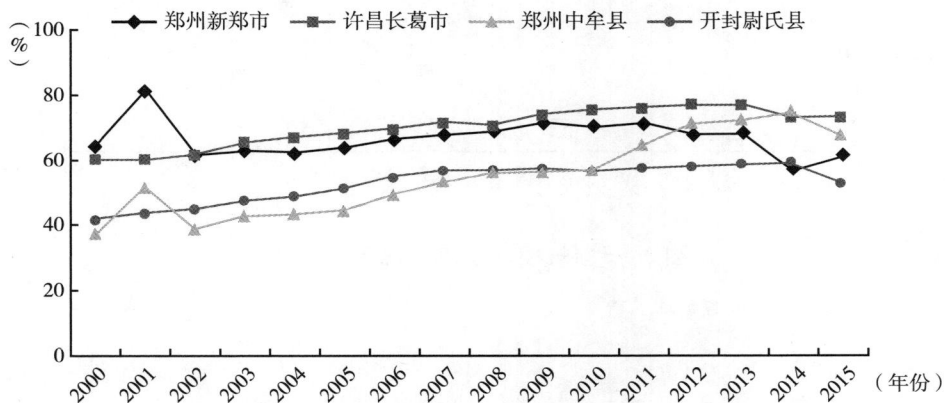

图 3 - 3　第二产业占比

资料来源：Wind 数据库。

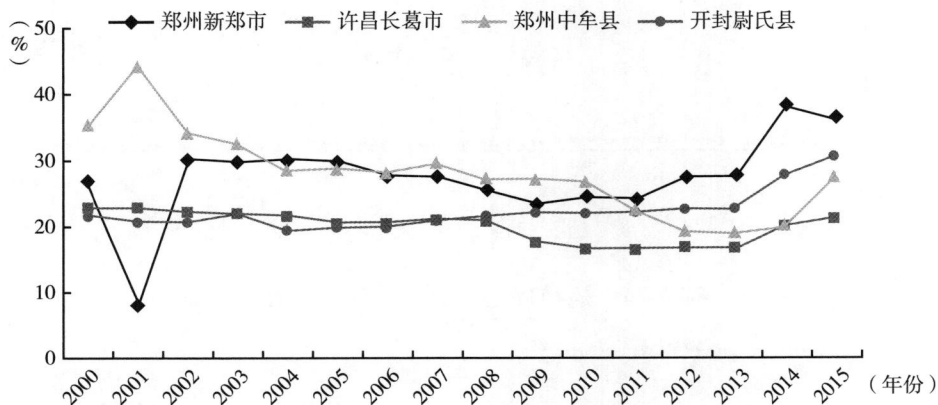

图 3 - 4　第三产业占比

资料来源：Wind 数据库。

从规上工业总产值来看，2011 年，中牟的规上工业总产值增速是最快的，但是之后有一定程度的波动。而新郑、长葛和尉氏都是较为平稳的增长。即使剔除掉 2011 年的数据，中牟的发展依然是较为波动的，其他三个县市处于平稳状态（见图 3 - 5 至图 3 - 7）。

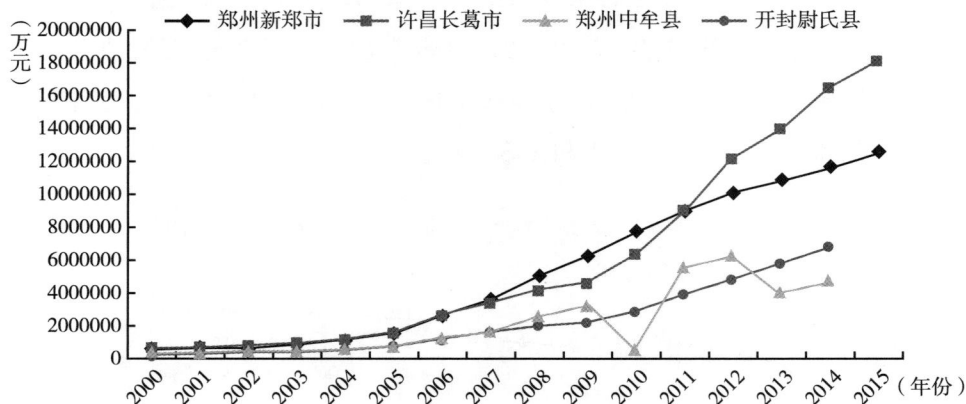

图 3 - 5 规模以上工业总产值比较

资料来源：Wind 数据库。

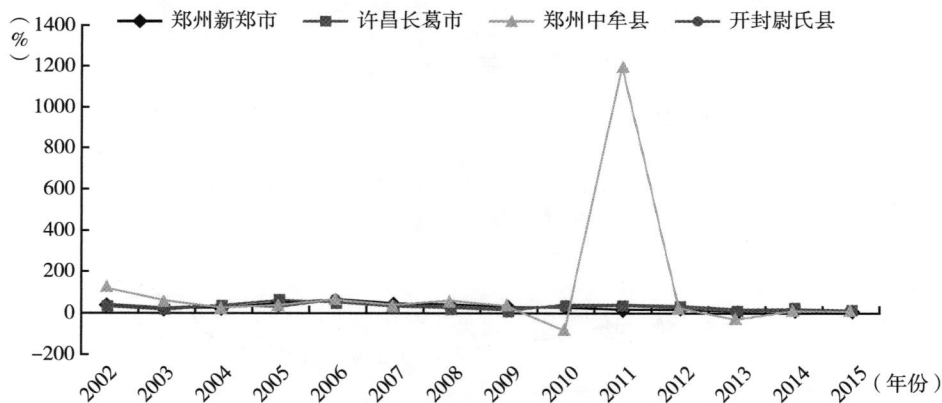

图 3 - 6 规模以上工业总产值增速比较

资料来源：Wind 数据库。

直观上来看，实验区的建立和发展对于周边的辐射作用明显。主要依据是周边四个县市的固定资产投资、地方公共财政收入和地方公共财政支出在

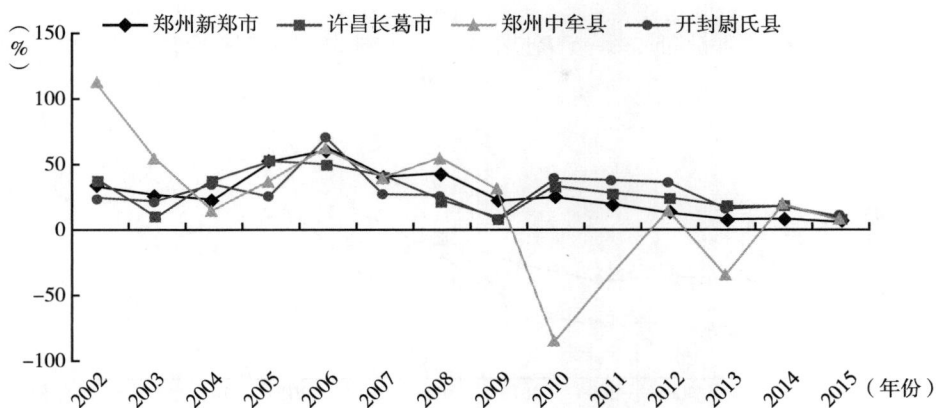

图 3 - 7　规模以上工业总产值增速比较（剔除 2011 年数据）

资料来源：Wind 数据库。

2010 年左右都经历了低谷，但是在 2011 年前后都有了一定的反弹，尤其是中牟和新郑受到的影响最为明显（见图 3 - 8 至图 3 - 10）。下面我们针对数据进行具体的分析。

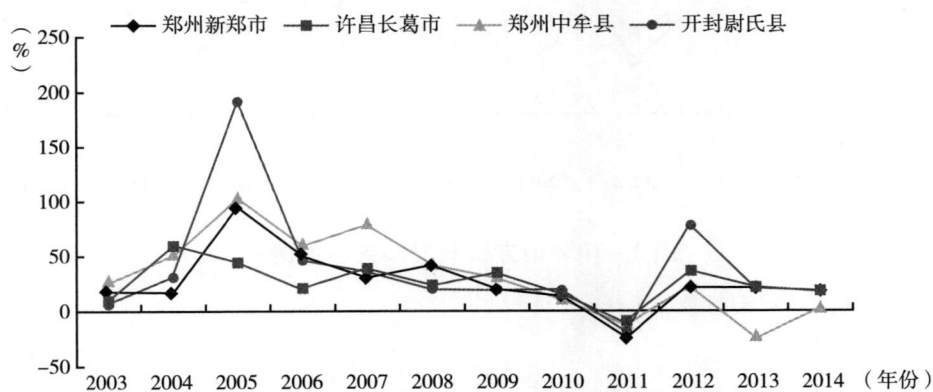

图 3 - 8　固定资产投资（不含农户）增速

资料来源：Wind 数据库。

二　数据分析

利用周边四个县市和实验区的增速数据计算相关系数，得到表 3 - 1。

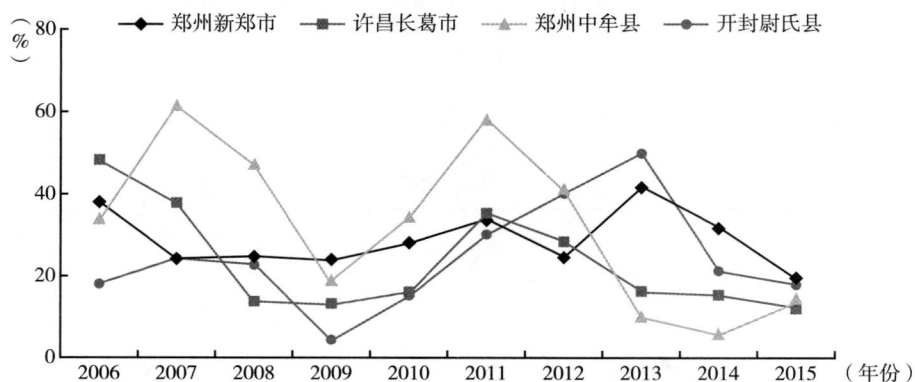

图 3 - 9　地方公共财政收入增速

资料来源：Wind 数据库。

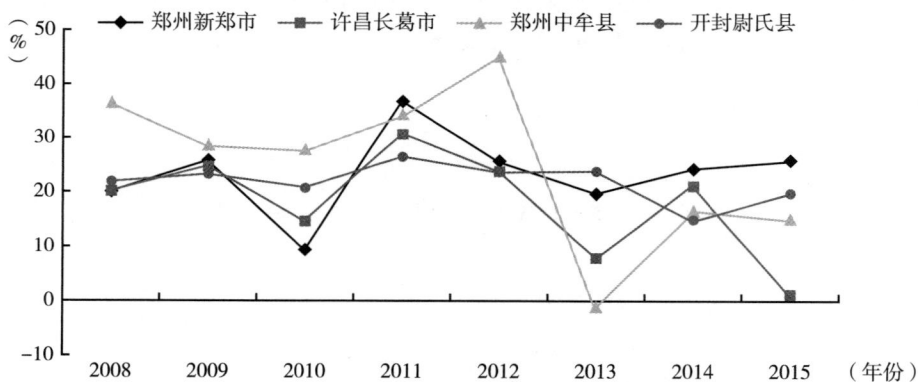

图 3 - 10　地方公共财政支出增速

资料来源：Wind 数据库。

表 3 - 1　周边县市与郑州航空港经济综合实验区增速的相关系数矩阵

相关系数	新郑	长葛	中牟	尉氏
GDP 增速	− 0.7082	0.5395	0.4494	0.6235
规上工业增速	0.9910	0.9732	0.3328	0.9466
固定投资增速	− 0.6679	− 0.9908	− 0.9844	− 0.9994
公共预算收入增速	0.1465	0.7333	0.9771	0.2988

资料来源：Wind 数据库。

从表 3 - 1 可以看出，实验区的各项指标增速与周边县市关系密切。

第一，GDP 周围带动作用明显，中心不明显。周边四个县市当中三个县市的 GDP 增速都与实验区呈现强烈的正相关关系。但是与新郑呈现较为明显的负相关关系。由于实验区在地理位置上实际是处于新郑的范围内，因此可以发现，实验区的发展具有类似于台风的影响，即对于周边县市的 GDP 具有较为强烈的带动作用，但是对于新郑来说，效果并不明显。

第二，工业带动作用强烈。在规上工业增速方面，实验区的规上工业增速与新郑、长葛、尉氏都呈现强烈的正相关关系，与中牟呈现相对较弱的正相关关系。从数字上来看，规模以上工业增速的相关关系是最为强烈的，除了中牟之外，其他三个县市都达到了 0.9 以上，新郑都达到了 0.9910，说明实验区的制造业对于周边工业的发展具有较为强烈的辐射带动作用。

第三，投资具有一定的挤出效应。由于实验区固定投资增速的特殊性，与周边四个县市相比较，固定投资增速都呈现较为明显的负相关关系。由于实验区强有力的资源，无论是政策优势、劳动力优势还是资金优势，很多投资都会被放到实验区，这就无形中对周边地区的投资造成了一定的挤出效应。

第四，公共预算收入增速相关关系不大。在公共预算收入增速方面，实验区的公共预算收入增速与周边四县市都有一定的相关关系，但是除了中牟之外，相关关系都比较弱。

从表 3 - 1 的相关系数分析可以看出，实验区的发展与周边县市呈现较为强烈的正相关关系，也体现了实验区发展的溢出效应。尤其是规模以上工业增速，与周边县市的关系密切，尤其是新郑和长葛。在 GDP 增速方面，实验区的发展极大地推动了周边长葛、中牟和尉氏的发展，但是与新郑的发展之间呈现比较微妙的关系。而在公共预算收入增速方面，与新郑、尉氏的关系也比较弱。因为实验区目前主要还是靠招商引资、投资拉动型发展模式，在固定投资增速方面，和周边县市的关系呈现较为强烈的负相关关系，构成了一定的挤出效应。

三　机制探讨

前面的数据整理和分析了实验区和周边四个县市的发展关系，从中我们可以看出，虽然在固定投资增速方面实验区对于周边县市具有一定的负相关关系，但是在GDP增速、规上工业增速以及公共预算收入增速方面都具有强烈的正相关关系。实验区是被定位为河南省发展的一个经济增长极的，通过实验区的投资发展可以带动周边地区的发展。从当前的数据上看，虽然实验区的投资对于周边县市的投资有一定程度的负向影响，但是由于溢出效应的存在，实验区的发展还极大地带动了周边县市的发展，尤其是规模以上工业的发展。

在溢出效应方面，实验区的发展对于周边县市主要是存在产业溢出影响。产业溢出主要是通过产业溢出方调整落后产业部门，发展高端产业，对周边地区的产业形成产业转移和辐射。溢出方和溢出接受方在产业部门的调整和动态优化中根据自身的经济、社会发展情况，形成适合区域发展的产业模式，并进而带动地区经济发展。实验区目前产业定位主要是在智能装备制造、生物医药、精密机械加工制造等高端产业。高端产业的发展是会带动周边相关的服务业、配套的低端产业的发展的，从而会带来相应的就业和产出。比如对于实验区来说，富士康等加工制造业的发展会带来就业，包括工厂的就业和相关的服务业就业，以及由此带来的相关的配套加工业的就业，而这些就业和相应的低端配套加工业主要来源于周边县市，甚至整个河南省。

航空港的发展是河南发展的一个重要的国家战略，在经济进入新常态的背景下，产业结构转型升级成为各地发展的首要任务，对于河南来说，航空港的发展就是河南产业结构升级的主要抓手。根据以往的发展来看，航空港实验区的发展与周边县市的发展之间具有强烈的正相关关系，也就是说实验区的发展可以成为带动周边经济发展的增长极，而且实验区的产业定位是高端制造业，这不仅仅可以带动河南的产业结构转型升级，按照产业溢出的原理，还可以带动周边的产业发展和经济增长。

第四章
现代服务业发展——金融业

国务院批复的《郑州航空港经济综合实验区发展规划（2013～2025年）》明确提出将"航空金融"作为实验区重点发展的四大支柱性现代服务业之一。近年来，实验区持续高度重视金融业的发展，不断创新金融业务和完善金融体系，为实验区经济社会快速发展提供了重要支撑。

第一节　实验区金融业发展的基本情况

一　实验区金融机构运行情况

（一）金融机构入驻情况

截至 2017 年 9 月，入驻实验区的商业银行分支机构 19 家（分别是工行、农行、中行、建行、交行、邮储银行、中信银行、平安银行、浦发银行、广发银行、兴业银行、郑州银行、洛阳银行、平顶山银行、中原银行、新郑农商行、中牟农商行、新郑郑银村镇银行、中牟郑银村镇银行），其中，2016 年新设立商业银行 2 家，分别为中原银行港区支行、兴业银行港区支行；设立物理网点 46 处，自助银行设施 25 处；实验区保险业金融机构 9 家，分别为中国人寿保险、新华人寿保险、中华联合财保、中国平安财保、阳光财保、中国太平洋财保、富德财保、中国人民财保、人保汽车保险；实验区两类机构 4 家，分别为郑州航空港经济综合实验区投资担保有限公司、郑州新郑综合保税区天成小额贷款有限公司、郑州航空港经济综合实验区正辉小额贷款有限公司、郑州航空港经济综合实验区中原小额贷款有限公司。

（二）金融业务开展情况

总体来看，实验区信贷规模稳步提升，金融保障能力进一步增强。2016

年，实验区全区金融机构存款额累计为 268.21 亿元，其中个人（住户）存款 93.44 亿元，非金融企业存款 149.87 亿元，广义政府存款 19.06 亿元，非银行业金融机构存款 3.07 亿元；贷款额累计为 269.61 亿元，其中，银行业金融机构贷款额 263.11 亿元，非银行业金融机构贷款额 6.5 亿元。在银行业金融机构贷款中，个人（住户）贷款 36.07 亿元，非金融企业及机关团体贷款 227.04 亿元。

截至 2017 年 9 月末，全区存款余额 368.74 亿元，在郑州市各县市排名第 6 位，同比增幅排名第 1 位，其中，住户存款 88.36 亿元，非金融企业存款 243.41 亿元，广义政府存款 36.96 亿元，非银行金融机构存款 0.9 亿元；全区贷款余额 543.22 亿元，在郑州市各县市排名第 1 位，同比增幅排名第 1 位，其中，住户（个人）贷款 66.42 亿元，非金融企业及机关团体贷款 476.81 亿元。

总体来看，从存款金额可以反映出实验区建区时间较晚，常住人口及企业基数相对较少，从贷款余额反映出实验区经济社会建设速度远超郑州市其他区域，各金融机构辖区存款额减少的同时贷款额增长，说明驻区金融机构通过表外业务将其他地区大量信贷额度投放于实验区，对实验区的支持明显高于其他区域，促进了实验区经济社会的快速健康发展。

二 实验区创新融资情况

近年来，实验区不断加快创新融资力度，融资能力及融资规模都取得了较好的成效。2016 年，实验区兴港、建投两家平台公司资产总规模突破 1000 亿元，一年净增 320 亿元，增长 47%，融资能力进一步提高。实验区加快创新融资方式，将资金使用成本由 9% 降低到 6% 以下，使年内节约财政资金约 18 亿元。2016 年，全区获批授信额度 247.96 亿元，实际到位 138.5 亿元，超出年初融资目标的两倍。同时，还积极采取"投资 + 施工"工程包的形式，全面引进央企进行 4 个片区的基础设施建设，解决建设资金近 300 亿元。

三 实验区两类机构①运行情况

近两年来，实验区积极引导两类机构为小微企业提供丰富的金融产品和

---

① 两类机构指融资担保机构和小额贷款公司。

优质服务，多渠道破解小微企业融资难、融资贵等问题。2016 年，实验区融资担保机构完成担保业务 14 笔，担保金额 12810 万元。小额贷款公司服务实验区小微企业、"三农"和个体创业者 746 户，发放企业贷款 6.5 亿元。其中，正辉小额贷款有限公司支持实验区小微企业和个人共计 716 家次，贷款金额 5.84 亿元；中原小额贷款有限公司支持小微企业 8 家次，贷款金额 880 万元；天成小额贷款有限公司支持实验区建设 5670 万元，发生业务 22 笔，其中农户 12 笔，贷款金额 2370 万元；个体户 9 笔，贷款金额 2800 万元。

2017 年，实验区两类机构业务继续保持了良好的发展势头。截至 2017 年 6 月底，实验区担保机构在银行授信总额度 32 亿元，公司资产总额 3.13 亿元，完成担保业务 19 笔，担保金额 2.07 亿元；累计完成担保 67 笔，累计担保额 5.95 亿元；代偿率为 0。小额贷款公司发放贷款 3.67 亿元。其中，正辉小额贷款有限公司贷款余额 29959.36 万元，中原小额贷款有限公司贷款余额 580 万元，天成小额贷款有限公司贷款余额 6190 万元。

四　实验区企业上市（挂牌）情况

近年来，实验区积极挖掘上市（挂牌）后备资源，对后备企业库实行动态管理。截至 2017 年 9 月底，实验区已挂牌企业 6 家，其中三板 3 家（万达重工、云工社、晶锐新材料），四板 3 家（世葡实业、普唯贸易、韩玉机械）；累计申请上市（挂牌）后备企业 9 家，其中拟上市 2 家（花花牛乳业、后羿制药），拟三板挂牌企业 6 家（后羿生物、福流环保、兴瑞实业、国控租赁、育林绿化、贰仟家），拟四板挂牌企业 1 家（欧田机器人），较 2016 年增长 12.5%。

实验区在引导企业上市过程中还加大企业培育力度，截至 2017 年 9 月底，实验区组织企业参加省市大型金融专题培训 2 场；邀请知名券商参与郑州航空港实验区政策宣讲会，并结合郑港〔2017〕36 号、37 号文件及业务特色向驻区企业家进行宣传，不断提升辖区企业家的资本市场认识度及投融资能力。此外，实验区还积极制定进一步推进企业上市和挂牌交易的意见，结合和参考外地、郑州市及各县区制定的政策和实验区以往制定的政策，研究起草实验区进一步推进企业上市和挂牌交易的意见。

第二节　推动金融业发展的主要做法

一　加强产业引导，推动产融结合

2016年2月4日，实验区成立了首只产业引导基金——河南兴港融创产业发展投资基金，计划总规模50亿元，首期注册规模5亿元。目前，河南兴港融创产业发展投资基金已确定投资河南乐腾电子科技有限公司、河南商硕威科技有限公司、河南商博通供应链管理有限公司3家公司，约定投资总额1.3亿元，实际完成投资0.85亿元。通过基金参股投资河南商博通供应链管理有限公司等企业，推进实验区财政涉企资金基金化改革，有力支撑了实验区招商引资工作的开展。

2016年，兴港先后和交通银行、农业银行、广发银行、中原股权交易中心等国内二十余家金融机构洽谈对接，商讨基金合作及原有高成本基金项目置换事宜，为实验区引入更多低成本优质资金支持区内棚户区改造及基础设施项目建设。同时，也与中信银行、广发银行等金融机构积极商谈合作，开展基金业务。

实验区大力支持作为河南省首只国家级产业基金的中原航空港产业投资基金业务的开展，在基金组建的两年时间内，子基金数量达到5只，管理基金规模达到131.09亿元。其中，服务实验区的子基金3只，分别是河南港瑞股权投资基金，主要投资于实验区范围内的新型城镇化项目，基金总规模112.5亿元；正威科技城智能终端产业基金，规模6亿元，为河南省承接全国产业转移做出了有力支撑；郑州航空港实验区创新创业建设基金（中部国际电子商务产业园），用于打造航空港实验区创新创业商务基地，基金总规模5亿元，其中首期规模3亿元已于2016年6月13日完成投放。

二　发展供应链金融，搭建融资平台

实验区积极发展供应链金融体系，加强供应链交易平台建设，引导金融

机构围绕供应链开展金融产品创新和推广，满足跨境电商企业的贸易融资、结算等需求。2015 年 12 月 1 日注册成立郑州航空港兴港供应链管理有限公司，现已开展经营，截至 2016 年 11 月底，累计为企业提供代采代销支持资金余额 1.8 亿元人民币，即 2963 万美元。其中：向河南信太通讯科技有限公司、河南凯瑞信电子科技有限公司合计提供手机主要零部件代采资金支持 7132 万元，向河南科泰乐讯通讯设备产业基地有限公司提供手机代销资金支持 5206 万元，向中铁十八局集团建筑安装工程有限公司提供钢材代采资金支持 147 万元，向郑州迅迈通讯设备股份有限公司提供主板代采资金近 5500 万元，向河南瀚港进出口贸易有限公司代开远期国际信用证 735 万美元，向瑞茂通供应链管理股份有限公司代开远期国际信用证 2228 万美元。

三　推进基本农田易地代保融资

2016 年以来，实验区积极推进万三公路以东区域 103 平方公里区域基本农田易地代保项目融资工作。利用兴港融资平台与农发行深入对接、洽谈，成功申请农发行贷款批复，贷款总额 61.8 亿元，执行五年期贷款基准利率，贷款期限 15 年，为实验区东部片区发展打下了良好基础，有力推动了实验区整体战略规划的实现。

四　加大直接融资力度

实验区积极探索直接融资渠道，2016 年 3 月 2 日，经国家发改委批复，获批园博园双鹤湖片区地下综合管廊停车场及附属设施专项债券 19.5 亿元，该笔专项债券资金于 2016 年 7 月 20 日全部到位，这是全省第一项地下综合管廊、停车场及附属工程，主要包含综合管廊、地下停车场、地下商业、地下联络通道。

五　开展银企对接工作

以服务实验区内政府平台、银行、企业和群众为目的，实验区积极协调银企对接，引导金融机构就企业跨境人民币结算等政策、业务向企业进行宣讲，帮助企业打通政、银、企三方融资业务渠道。积极鼓励银行等金融机构发挥自身作用，主动联系区内跨境电子商务企业如空港跨境、小马过河等，了解企业急需解决的问题，并请金融机构现场为企业解决问题。

六 推进优质企业上市挂牌工作

一是逐步建立企业上市挂牌制度。出台企业上市挂牌工作方案，对拟上市挂牌企业后备申报程序等方面进行明确，组织设立了辖区企业申请拟上市挂牌的工作机制。二是积极挖掘上市挂牌后备资源。对后备企业库实行动态管理，2016年实验区金融办积极推荐郑州航空港实验区兴瑞实业有限公司、郑州后羿制药有限公司、河南花花牛乳业股份有限公司等企业列入市重点上市后备企业。积极推荐河南国控租赁股份有限公司、河南福流环保科技有限公司、河南后羿生物工程股份有限公司、郑州欧田机器人智能科技有限公司等企业列入市重点挂牌后备企业。实验区2016年累计申请上市挂牌后备企业8家，较2015年增长400%。三是加大后备企业培育力度。积极组织上市后备企业参加大型金融专题培训2场，挂牌企业融资路演活动1场，企业上市挂牌人才培训活动3场，协调各有关单位、中介机构深入企业现场指导，同时组织实验区拟上市挂牌企业的培训活动，不断提高辖区拟上市挂牌企业家的思想认识、融资能力。

七 探索金融机制创新

在金融机制创新方面，实验区积极洽谈私募债、理财资金直投、流资贷款、融资租赁、内保外贷、贸易融资（以兴瑞或者手机供应链公司贸易流水为依托，期限短，成本低，速度快，可以满足临时性或紧迫的资金需求）等。2016年上半年，实验区委托河南省豫资公司发行、平安银行承销的15亿元私募债已到账，专项用于实验区棚户区改造项目建设。

同时，积极探索以资本项目可兑换和金融服务业开放为目标的金融制度创新。实验区与驻区各类金融机构合作，以资本项目可兑换和金融服务业开放为目标，深入研究，广泛合作，为辖区企业提供优质便利的金融服务。2016年11月，与省外汇管理局及实验区驻区金融机构沟通协调，帮助河南裕展精密科技有限公司在拟上市过程中通过境外资本增资 800 多万美元，溢价超过 100%，目前已完成溢价部分资金的落地。

第三节 创新性金融业务以及航空租赁业

一 金融租赁产业初见成效

积极促进融资租赁业务在实验区先行先试，聚集金融租赁企业。2016年 10 月，河南省人民政府印发《关于促进融资租赁业发展的实施意见》，提出推广上海自由贸易试验区融资租赁业发展经验，支持设立融资租赁业服务中心和相关中介服务机构，支持实验区发展融资租赁业，率先进行融资租赁业政策、功能和制度创新。探索设立新型融资租赁服务平台，支持融资租赁企业在省级及以上各类开发区基础设施建设及提供公共服务项目中，与政府和社会资本合作，促进产融结合、区融结合。

2016 年 5 月，中原航空租赁股份有限公司设立，公司注册资本 15 亿元，兴港投资出资 1.5 亿元，占股 10%。其后完成兴港投资对国控租赁 1.5 亿元增资，将国控租赁注册资本金增至 4 亿多元，同时配合国控租赁进行股份化改制和新三板挂牌申报事宜。目前，实验区正加快推进河南铁路投资有限责任公司与中国中车股份有限公司合资成立融资租赁公司落户实验区。2017 年 9 月 28 日，实验区重大招商引资项目签约仪式上，金融租赁业方面，新签约中原航空租赁和传化网络小额贷款 2 个项目，总投资 20 亿元。

二 人民币创新试点及境外融资规模快速扩展

2015 年 7 月，实验区获批成为我国内陆首个跨境人民币创新试点。自跨境人民币创新业务启动以来，实验区企业充分利用境内境外两个市场、两种资源，不断拓宽融资渠道，有效降低了融资成本。2016 年实验区企业累计办理创新业务 21.13 亿元，其中跨境人民币贷款业务共办理 8 笔，金额合计 16.21 亿元，平均期限为 35 个月，贷款加权平均利率为 4.22%，比境内中长期人民币贷款基准利率低 0.8 个百分点，有效降低了企业的融资成本。

人民币贸易融资资产跨境转让业务共办理 12 笔，金额合计 4.92 亿元，所得资金全部用于实验区中小企业生产建设。

三　离岸金融创新工作进展顺利

离岸金融是金融自由化、国际化的产物，其产生的深层次原因是经济活动主体在全球金融市场寻求利润，体现资本的逐利性本质。离岸金融的发展对实验区参与全球经济资源配置，提高资金使用效率，促进资金快速流动以及国际贸易等方面将起到极大的推动作用，为实验区、郑州乃至河南省与全球经济金融融为一体提供支撑。实验区自 2013 年获国务院批准正式成为国家战略以来，金融业发展就逐步为企业经营提供着全面的国际贸易结算服务，为实验区离岸金融业的发展奠定了基础。

（一）实验区离岸金融创新业务顺利开展

近年来，实验区积极鼓励驻区金融机构开展离岸金融业务创新。如平安银行为区内跨境电商企业的离岸公司提供离岸金融服务，并为部分跨境电商企业的离岸公司开立离岸账户，境内机构可通过"离岸网上银行"对离岸账户进行查询、转账汇款等业务。也鼓励另外两家具有离岸金融牌照的银行（交通银行、浦发银行）在实验区开展离岸业务。鼓励未取得离岸牌照的银行积极申请牌照，或通过开设 NRA 账户开展离岸金融服务。同时，实验区积极依托省、市金融办及各大银行资源，大力引进境外法人机构，为区内离岸业务的开展吸取成功经验。

（二）借鉴外地经验，探索实验区与自贸区金融领域创新政策的对接

围绕河南自贸区出台的众多金融政策，实验区积极与其进行对接，探索自贸区的金融领域改革创新机制，为实验区创新性金融发展提供借鉴。2016年以来，由实验区主要领导带队，多次赴深圳前海、上海自贸区、重庆两江新区、浙江杭州、天津东疆保税港区等发达地区学习金融对外开放政策，并结合实验区企业及金融机构的实际诉求，在推动跨境人民币创新发展、加快银行服务业改革等方面开展了进一步的探索和研究，为实验区对接享用自贸区金融政策打下了坚实的基础。

四　航空租赁业务取得重大进展

伴随经济全球化，航空运输业对飞机的需求不断增加。航空公司不可能使用大量自有资金购买昂贵的飞机，因而存在着大量飞机融资需求。目前，全球各大航空公司的飞机约有 2/3 来自不同形式的租赁，国内约有 60% 的飞机来自租赁公司。2016 年 12 月 8 日，河南航空及金融界迎来了一件意义非凡的盛事——阿维亚融资租赁（中国）有限公司在郑州成立，这标志着河南航空经济向"产融结合、创新发展"迈出了历史性的一步。

2017 年 9 月 20 日，由中原航空融资租赁股份有限公司投资的河南豫盛飞机租赁有限公司、河南豫鲲飞机租赁有限公司等 10 家 SPV 公司于郑州新郑综合保税区注册成立，正式落户实验区。这是继习近平总书记建设郑州——卢森堡"空中丝绸之路"的重要指示、多个国家部委对河南省支持力度持续加大后，实验区对航空港产业的又一次开拓。此次首批 10 家 SPV（特殊目的载体）公司的设立标志着实验区飞机租赁业务推进工作取得重大进展，即将迎来飞机租赁"首批业务"。飞机等大型设备租赁业务的开展，必将带动实验区航空制造、智能终端、生物医药等相关主导产业快速发展，进一步提高融资租赁对实体经济的渗透率，促进实验区产业集群参与全球分工、扩大外贸规模、深化国际交流合作，更加全面推动产业转型升级。

第四节　未来工作重点及展望

经过近几年的发展，实验区金融业已进入全面发展的快车道，特别是金融创新业务不断取得新进展。未来一段时期，实验区应继续紧紧抓住创新性金融业迅速发展的契机，推动银行业金融机构率先在实验区发起设立消费金融公司，开展离岸结算、离岸金融等创新业务，培育发展金融租赁、融资租赁、消费金融、商业保理等金融服务业，加快建设第三方跨境支付平台。近期，实验区应重点围绕深入推进金融互惠合作、航空租赁、离岸金融等方面推动实验区金融业的发展，与郑东新区金融业联动互补发展，形成国际化区域金融中心的重要支撑，为实验区经济社会快速健康发展注入活力。

一　推进金融业务合作与创新

建立郑州—卢森堡金融合作发展平台及长效沟通机制，定期举办郑州—卢森堡专项金融交流活动。推动与卢森堡国际银行等欧盟金融机构合作，共同设立"空中丝绸之路"基金。加强两地法人金融机构间业务交流合作，争取互设分支机构，拓宽"金融豫军"出海通道。拓展与欧盟在跨境电子商务金融服务、跨境证券经纪、跨境股权投资、出口信用保险、多式联运保险等业务方面的合作。争取合作设立物流金融中心。

利用国家外汇管理局支持在实验区开展经营性租赁收取外币租金业务的政策，推动飞机租赁业集聚发展。探索设立航空港融资租赁服务平台，支持创新开展保税租赁、离岸租赁、出口租赁、联合租赁等业务，培育、引入金融租赁公司、融资租赁公司。继续拓展和创新跨境人民币业务，推动人民币跨境使用，支持实验区内符合条件的跨国公司备案开展跨境双向人民币资金池业务，推进实验区内企业和金融机构通过发债、贷款等方式自主从境外（含港澳台地区）引入人民币资金，促进区内银行机构开展跨境人民币贸易融资资产跨境转让业务。

二　深化金融服务业开放

实验区应积极借助卢森堡国际金融中心，加强与欧盟金融领域合作，积极引入欧洲商业银行、保险公司、证券期货公司、投资基金及其他金融机构，推动国外银行业金融机构在实验区设立分支机构，支持设立中外合资银行和合资证券公司。支持符合条件的中资金融机构"走出去"，充分利用卢森堡欧盟单一牌照制度优势加快欧洲网点布局，鼓励实验区企业到卢森堡证券交易所、纽约泛欧证券交易所等欧美交易机构上市、发行债券。争取增加证券、保险、基金等金融牌照，加快第三方跨境支付平台建设，支持其在市场竞争中发展成为国内主流的跨境支付机构。引进大型跨国公司设立财务中心、结算中心，构建国际化金融服务支撑体系。

三　发展航空租赁业务

发挥实验区国家战略平台优势，完善财税支持政策和通关等配套支撑条件，引进和培育一批大型租赁企业，支持阿维亚（中国）融资租赁、中原航空租赁公司等飞机租赁企业发展壮大，积极开展飞机经营性租赁收取外币租金业务，降低租赁企业融资成本和汇率风险，集中要素资源促进飞机租赁业集聚发展。探索在卢森堡、爱尔兰等地设立航空租赁平台，开拓国际航空租赁业务。

此外，应加快成立合资航空公司。加强与中国民航局、国家发改委、商务部等相关部门衔接，加快推进卢森堡货航合资货运航空公司项目审批、筹建许可、经营许可、工商注册、运行合格审定等工作，力争 2018 年底投入运营。同步推进河南航空公司恢复运营牌照，力争 2019 年底投入运营。

四　发展离岸金融业务

应继续完善政府推行投融资的政策，营造国际性金融环境，加快发展离岸金融等新型金融业务。一是紧抓"一带一路"机遇，在中原城市群、郑州国家中心城市、郑州大都市区建设过程中鼓励境外资本跨区域流入实验区，推进商贸、金融和基础设施等领域的进一步开放。二是逐步深化改革现行金融管理办法，鼓励在实验区内设立离岸金融机构，广泛开展离岸金融业务，引导和鼓励具有离岸性质的企业在实验区内发展和经营，全面、高效地推进离岸金融业发展。三是深入拓展离岸金融业务，逐步开展离岸银行、离岸保险、离岸证券期货和衍生品交易等业务，支持符合条件的企业通过境外放款、跨境贷款等方式开展双向人民币融资；稳妥推进本土金融机构和企业在欧洲进行融资，发行人民币债券和资产证券化产品，吸引欧盟国家央行、主权财富基金和投资者投资境内人民币资产。四是采取逐步发展离岸金融的策略，先以实体经济作为离岸金融发展的主要服务对象，随后逐步将服务对象转为现代服务业经济；可以将国际航运中心和物流中心作为重点服务对象，将融资、保险、国际结算等基础性金融业务作为重点发展。五是推动开展离岸人民币业务，以非居民离岸人民币结算为切入点，逐步推进实验区内的国内金融机构向离岸企业发放人民币贷款，开展境外人民币项目融资业务，开展针对离岸客户的结售汇和投资理财等业务，促进实验区内的离岸金融业发展。

五　强化与郑东新区金融业的联动互补发展

2017 年以来，郑东新区按照郑州"一枢纽一基地一门户四中心"的总体定位，紧紧围绕打造郑州国家中心城市先导区、示范区、核心区的目标，不断提升金融集聚核心功能区发展的优势，定位打造国际化区域金融中心，推动金融业实现了重大突破。同为郑州国家中心城市建设的重要组成部分，实验区金融业发展也具有很大的优势，尤其是在航空租赁、离岸金融等开放性金融业方面具有独特的优势，近年来的快速发展也形成了一定的基础。但目前实验区与郑东新区金融业发展并没有明确的界定，而郑东新区金融城的定位早已明确，如果不合理规划统筹郑东新区与实验区金融业发展，势必会造成竞争，影响郑州大都市区乃至中原城市群的现代金融业良性循环、健康发展。

因此，应抓紧统筹规划实验区与郑东新区金融业发展方向和重点，实行错位联动发展，共同支撑郑州国家中心城市及郑州大都市区的建设。具体来说，要进一步加快转变实验区金融业发展方式，在持续壮大银、证、保等传统金融业态的基础上，重点谋划推进航空金融、离岸金融等创新性、开放性金融业的发展，积极与国外金融巨头开展国际金融业务的合作，作为连接国际、国内金融业发展的桥头堡，强化与郑东新区金融业的对接，形成与郑东新区金融业联动互补发展的态势。

第五章

现代服务业发展——跨境电子商务产业

第一节　跨境电子商务创造贸易新模式

以互联网、大数据和物联网为核心的新一代信息技术作为新时期经济发展的动力，将驱动新动能的产生，促使新业态和新产业的形成。随着这些技术的成熟，它们将被越来越多地应用到生活领域，并滋生出新的商业模式。其中重要的一个经济组织形式就是平台企业的出现，依托不同领域的互联网平台企业，在不同的社会主体之间重新建立起一个全新的基于互联网的紧密连接。基于这样的连接，又形成了新的信任关系，进而达成一个新的服务、新的交易。在新的交易形成的过程中，非常多的中小微主体重新成为经济活动的主角，这是当下和未来信息社会非常重要的变化。

2009 年我国跨境电子商务的交易规模总额仅为 0.9 万亿元，此后快速增长。中国电子商务中心发布的《2016 年度中国电子商务市场数据监测报告》显示，2016 年中国跨境电子商务市场交易规模已达到 6.7 万亿元，其中出口跨境电商市场交易规模 5.5 万亿元，同比增长 22.2%，进口跨境电商市场交易规模 1.2 万亿元，同比增长 33.3%（见图 5 - 1）。

2012 年，我国政府通过跨境电子商务试点城市来探索跨境零售这种新贸易形态的监管和服务方式。根据最近几年试点城市的经验总结，跨境电子商务尤其是跨境零售与传统贸易最大的区别就在于，订单信息、物流信息包括支付信息都是记录在互联网平台上，可以进行实时掌控。越来越多的全世界卖家通过跨境电子商务通道，把自己的商品销售到全球各地，改变了传统以线下贸易为主体的贸易形态。国际贸易逐步趋向于普惠贸易。

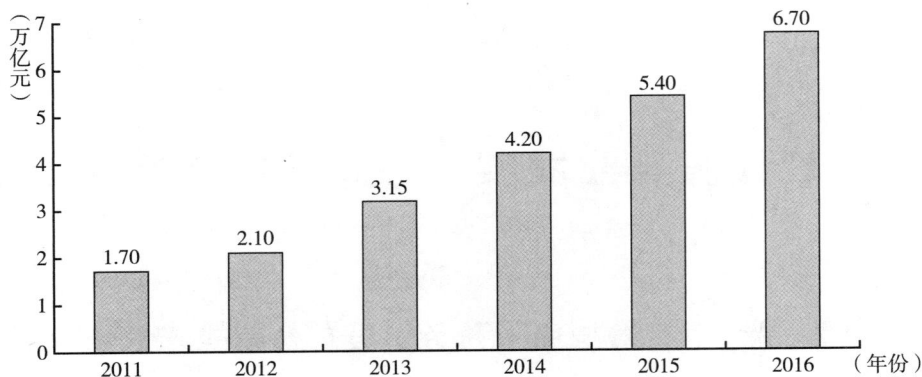

图 5-1　2011～2016 年中国跨境电子商务市场交易规模

互联网技术使众多小微主体依靠电商平台提供的平台信用，重新参与到国际贸易中。

郑州作为第一批跨境电子商务试点城市，创造性地提出了保税进口"1210"模式。同时在监管上也创新性地提出了 B2B2C 的监管服务体系，中间的"B"是以监管服务平台为核心，一面连通跨境电子商务的市场主体，另一面为广大终端消费者提供一篮子支持服务。河南省保税物流中心牵头的郑州 E 贸易试点获批五年多以来，业务量、货值、纳税额等综合指标跃居全国试点城市首位，创造了内陆地区摒弃地缘劣势超越沿海发达地区的先例。2016 年，跨境电商进出口单量达到 8290.30 万包，交易额 64 亿元，增长超过 65%，在全国试点城市和跨境综试区中继续保持领先地位。其中进口 5352.22 万包，增长 18.89%，出口 2938.08 万包，增长 488.07%。征收关税 6.32 亿元，增长 440.17%，征收地税 1.63 亿元，增长 66.33%。此外，以新郑综合保税区为代表的郑州航空港经济综合实验区的跨境电子商务产业也取得了飞速的发展。2016 年，郑州航空港经济综合实验区跨境电子商务累计完成 189.42 万单，货值 2.55 亿元。其中跨境进口业务累计完成约 165.28 万单，货值 2.25 亿元；跨境出口业务累计完成约 24.14 万单，货值 0.3 亿元。2017 年 1～9 月，全省跨境电子商务交易额 750.8 亿元（含快递包裹），其中出口 547 亿元，占总交易额的

72.9%。全省跨境电商继续保持蓬勃发展的态势，增速远高于传统贸易，为外贸转型发展提供了新路径、新动力。

第二节　跨境电子商务支撑物流产业的发展

郑州航空港经济综合实验区是全国首家至今也是唯一一家航空经济综合实验区，为河南破解区域瓶颈、融入全球、推动经济发展提供了强劲动力。实验区以"国际航空物流中心、以航空经济为引领的现代产业基地、内陆地区对外开放重要门户、现代航空都市、中原经济区核心增长极"为定位。郑州航空港经济综合实验区的发展思路为"建设大枢纽、发展大物流、培育大产业、塑造大都市"，就是要通过打造大型航空枢纽带动现代物流发展和产业聚集，进而构建现代化航空大都市。跨境电子商务就是通过借助大枢纽和大物流来促进其产业链的发展。物流是现代服务业的重要组成部分，电子商务的发展对物流成长起着很重要的触动和支撑作用。郑州航空港经济综合实验区发展的基础是枢纽、航线、通道，而由于现代化枢纽的形成、通道的完善，电子商务的发展有了很好的物质基础和重要支撑。

跨境电子商务本身具有时效性强的特征，因此主要采用航空运输方式。一方面，跨境电子商务的商品为航空运输提供了货源；另一方面，航空网络越发达，开通的航线越多，越会降低跨境电子商务的物流成本，增强时效性。郑州机场作为全国八大区域性机场之一，2016年，在郑州机场运营的客货运航空公司达到41家和21家，开通客运航线187条，其中国际航线26条；全货机航线34条，其中国际航线29条，位居中国内陆地区第一。客货运通航城市达117个，基本形成了覆盖全国以及东亚、东南亚主要城市，连接迪拜和温哥华的枢纽航线网络。

河南地处中国中心位置，承东启西，连南贯北，地理位置优越。河南牢牢抓住改革的机遇，放大自身的交通区位优势，依托中国（河南）自贸区先行先试的制度优势，积极开展多式联运国际性物流中心的建设。全省铁路营运里程5400多公里，其中高速铁路营运里程超过1000

公里。"米"字形高铁网络正在形成。郑欧货运班列实现"八去七回"常态开行，辐射境内 3/4 的地域，境外覆盖 20 个国家 108 个城市，各项指标位居中欧班列的前列。河南公路四通八达，高速公路通车里程超过 6000 公里，普通干线公路通车里程超过三万公里。陆海铁空联运网络的构建，进一步降低物流成本，提升效率，促进河南省跨境电子商务产业的发展。

第三节　郑州航空港经济综合实验区跨境
电子商务发展情况

一　跨境业务快速增长

郑州航空港经济综合实验区为贯彻省委、省政府提出的"2020 年前建成中西部区域性电子商务中心"这一目标，将电子商务作为重点发展产业，大力引进优质电商项目，努力优化营商环境。2017 年 1 ~ 9 月，实验区跨境电子商务进出口单量 683.36 万单，货值 4.38 亿元。其中，跨境出口业务在全国首先应用"9610"出口模式，增长尤为突出，2017 年前 9 个月，共完成跨境电商出口约 562.89 万单，货值约 1.92 亿元。2017 年上半年实验区跨境电商出口单量和货值占全省总量的 93.3% 和 95.6%，与以跨境进口为主的郑州经开区形成了差异化发展。在刚刚结束的"双十一"期间，新郑综合保税区交易额再创历史新高，当天通过跨境电子商务检疫检验监管系统完成审单、查验、放行共计 123639 单，货值 1710.9 万元；订单数同比增长 214.3%，货值同比增长 94.5%。

二　稳步推进跨境电子商务产业发展

在实验区范围内谋划了"一区多园"的总体布局，即以郑州新郑综合保税区为核心，中部国际电商产业园、郑州航空港经济综合实验区跨境电商示范园、国际商品保税展示交易中心等多个不同定位的线下综合性园区共同发展的业态分布。同时出台了包括单量奖励，租金补贴，出口补贴，免收法检商品检测费、通关平台服务费、身份信息验证费等内容的跨境电子商务扶持政策，为产业的快速发展创造了有利条件。

三　物流支撑体系不断完善

2016 年，郑州机场开通客运航线 187 条，开通全货机航线 34 条，其中国内航线 5 条、国际地区航线 29 条。已入驻郑州机场的货运航空公司有 21 家，客运航空公司 41 家，货代企业 130 余家。航空港实验区已累计有顺丰、普洛斯等航空物流基地项目 30 多个，其中郑州国际航空物流园入选首批国家示范物流园。中外运中部区域空港物流网络枢纽、中国邮政航空邮件处理中心、中通快递国际业务总部及航空货运基地、申通快递供应链基地等快递物流项目建设也稳步推进。

四　产业集聚加快形成

全区已累计完成跨境进出口企业备案 190 家，进口企业 158 家，出口企业 32 家。其中电商及平台企业 137 家，物流企业 15 家，支付企业 11 家，仓储企业 10 家，报关企业 17 家，形成了较完整的跨境电商产业链，产业聚集效应初显。尤其是跨境电商出口企业，2017 年以来已先后引进了中兴供应链、河南邮政（EMS）、顺丰速运、深圳义丰源、上海驿初等多家支撑型的平台企业，成为 2017 年以来综合保税区跨境业务的主力军。

五　打造出口跨境电商商品集聚区

2017 年以来，在挖掘本地资源的同时，实验区全力组织电商企业从义乌、深圳、广州、上海调剂航空物流型的跨境电商货源（主要为手机、小家电、日常生活用品等），高峰时达到近千包。这些货物主要是通过空运到达中西欧、俄罗斯、北美、东南亚等国家。最多一天验放清单超 30 万单，创"9610"跨境出口业务运行以来日最高纪录。8 月 16 日，大连京猫电子商务股份有限公司开通了国内首班跨境电商出口包机（郑州至台北），开创了国内跨境电商规模化出口的先河。目前已实现每周两班全货机的常态化运营。

第四节　中国（郑州）跨境电子商务综合试验区进展情况

中国（郑州）跨境电子商务综合试验区（简称"跨境电商综试区"）获批以后，在河南省委、省政府的正确领导下，在各级、各有关部门的积极参与下，跨境电商综试区建设紧紧围绕"三平台、七体系"建设，多措并举，统筹推进，跨境电商综试区建设整体推进有力，开局良好，吸引力、带动力、影响力都在持续增强。

一　跨境电商综试区建设工作情况

2016 年河南全省跨境电商交易额 768.6 亿元，同比增长 1 倍以上，助推外贸首次进入全国十强。2017 年 1~4 月全省跨境电商产业发展持续升温，产业规模不断扩大，产业结构进一步调整优化。2017 年 1~4 月，全省跨境电商交易额 285.97 亿元人民币（含快递包裹），完成 2017 年目标额的 30%，其中出口 169.3 亿元人民币，占全省总交易额的约 60%，B2B 出口 104.27 亿元人民币，占跨境电商出口额的 61.6%；快递包裹出口 1500 万件，货值 33.13 亿元人民币。跨境电子商务交易额占全省进出口总额的近 20%，为外贸回稳向好做出了重要贡献。

从产业结构看，2017 年 1~4 月全省跨境电商出口 169.3 亿元人民币，占跨境电商总交易的约六成，进出口占比结构符合跨境电商综试区发展导向。跨境出口产业中，B2B 出口 104.27 亿元人民币，占跨境电商出口额的 61.6%，随着跨境电商综试区的建设发展、全面铺开，越来越多的省内企业，特别是传统制造企业借助各地区跨境电商综试区平台转型发展，新密万力实业发展有限公司（主要产品为石油开采原料）、圣戈班陶瓷材料（郑州）有限公司、郑州鸿贝科技股份有限公司（主要产品为儿童安全座椅）等传统实业企业跨境电商业务发展迅猛。2017 年 1~4 月，B2C 出口 65.03 亿元人民币，快递包裹出口 1500 万件，货值 33.13 亿元人民币，贸易普及化、碎片化现象明显。

从商品领域看，跨境电商出口多是 B2B 形式，以加工机械、假发、配件或当地特色产业为主。如巩义市以铝板、电缆出口为主，1~4 月实现出口约 2 亿元人民币，占辖区进出口额的 80% 以上；安阳市汤阴县河南永达清真食品有限公司主要从事本地特色清真食品进出口，2017 年前 4 个月累计进出口额达 1600 万美元；焦作市沁阳永威安防有限公司以出口耐火材料为主，2017 年前 4 个月出口额累计已突破 3000 万美元。跨境 B2C 进口多以保税进口为主，产品主要为化妆品、保健食品、轻工品服饰、鞋包、母婴用品、食品等，省内多地市均有多家中小型跨境企业参与日化类 B2C 进口，产业形态呈碎片化，消费者参与跨境消费普及率明显提升。

从市（县）情况看，省内各地产业特色明显，发展程度参差不齐，许多互补产业亟待通过跨境电商方式进一步提升壮大。郑州、洛阳、许昌、南阳、三门峡 5 个省辖市跨境电商综试区建设推进迅速，产业发展提升明显，交易额位居前列，占全省交易额的 69.9%；巩义、永城、兰考在省直管县（市）中交易额位居前列。跨境电商的蓬勃发展，促进了全省外贸转型升级，带动了出口产业集群发展，拉动了航空经济和物流快递发展，推动了大众创业、万众创新，丰富了人民群众的生活。

二　河南省跨境电商综试区工作推进情况

（一）加强组织领导

省政府成立了陈润儿省长任组长的领导小组，2016 年 5 月 20 日召开了高规格的动员大会。郑州市作为第一阶段试点，成立了市长任组长的市级综试区建设工作领导小组，6 月 18 日河南省商务厅召开了全市动员大会。多个省辖市、省直管县（市）不等不靠、主动作为、积极跟进，启动了综试区建设工作，目前，已有洛阳、信阳、三门峡、南阳、焦作、汝州等 16 个市（县）成立了市级领导小组。

（二）做好顶层设计

2016 年 5 月 3 日，省政府正式印发《中国（郑州）跨境电子商务综合试验区建设实施方案》（简称《实施方案》），明确了综试区功能定位、发展目标、实施范围和主要任务。省跨境综试办建立了工作督导、月报送和工作台账制度，明确分工，落实责任，持续跟踪相关部门和省辖市工作进展情况，截至目前《实施方案》提出的 66 项具体创新举措，有 55 项得到落实。10 月 28 日省商务厅、跨境综试办召开了全省跨境电商综试区建设推进会，对尽快在全省全面铺开综试区建设进行了安排部署。郑州市出台了综试区建设工作行动计划；开封、安阳、濮阳、信阳、商丘、巩义、永城、汝州等 8 个市（县）已出台实施方案，洛阳、南阳、平顶山、驻马店、许昌、鹤壁、焦作、鹿邑等市（县）实施方案近期可出台。郑州市首批确定的 38 个重点推进项目已全部启动，整体投资超过 20 亿元，河南林德国际物流公司帕希姆海外保税仓、恒丰跨境电商产业园等项目已建成运营；各市（县）结合本地实际，正在谋划推进一批跨境电商项目。

（三）抓好政策扶持

推动省政府出台了《关于加快培育外贸综合服务企业的实施意见》，省商务厅将联合相关部门出台《河南省外贸综合服务企业认定和管理办法》。省商务厅出台《河南省跨境电子商务示范园区和培训孵化基地认定管理暂行方法》，会同省财政厅研究制定河南省跨境电商综试区扶持资金管理办法。省跨境办印发《跨境电商产业集群发展的指导意见》，征集汇总各成员单位和各市县 2017 年跨境电商项目，建立了河南省跨境电商综试区项目库。部分市、县也结合自身财力，加大对跨境电子商务发展的财政支持力度，如郑州航空港实验区出台了包括单量奖励，租金补贴，出口补贴，免收法检商品检测费、通关平台服务费、身份信息验证费等的跨境电商扶持政策。

（四）做好宣传推介

多次召开新闻通气会通报综试区建设情况。借助第十一届投洽会平台，2017 年 3 月 30 日成功举办 2017 跨境电子商务大会，舒庆副省长出席大会并致辞，省跨境电商综试区建设领导小组成员单位领导，跨境电商领域知名专家学者，知名跨境电商平台、供应链、物流、金融服务、外贸综合服务等产业链企业高管等 1100 人参会，宣传了综试区建设成效，扩大了综试区影响。

（五）加快推进"三个平台、七个体系"建设

"三个平台、七个体系"是综试区建设的核心内容，在相关部门共同推动下，推进顺利，一些已经初具规模。"单一窗口"综合服务平台已上线试

运营，正筹建河南省跨境电子商务综合试验区行政服务大厅。认定了首批21个河南省跨境电子商务示范园区和人才培养暨企业孵化平台并给予资金扶持。建立了工作督导、月报送和工作台账制度，明确分工，落实责任，并进行信息共享。鼓励、支持跨境电子商务活动中使用人民币计价结算，部分银行已完成针对跨境电商的金融产品研发，并已投放市场。推动跨境电商综试区与自贸区融合发展，以加快建设贯通南北、连接东西的现代立体交通体系和现代物流体系为目标，全力推进多式联运体系建设。积极探索在跨境零售进出口监管中以企业信用分级方式进行分级管理，提高通关效率；出台了跨境电子商务进出口商品检验检疫管理办法、企业和商品备案管理工作规范、进口商品质量安全风险管理工作规范等地方检验标准。印发了《河南省跨境电子商务统计报表制度》，于2017年1月1日正式试行并定期进行发布。加强合作，加快国际跨境电子商务技术规则研究，建设跨境电子商务产品质量安全风险监测中心，并积极对接质检总局进行电子商务产品质量风险监测中心的衔接工作。

三　存在的问题

（一）组织机构不健全

国务院批复河南省跨境电商综试区，强调要切实加强对综合试验区建设的组织领导，健全机制、明确分工、落实责任，有力、有序、有效推进综合试验区建设发展。商务部召开了多次工作推进会议，均明确要求各地政府成立领导班子、组建精干工作团队推进综试区建设，为全国提供可复制和推广经验。截至目前河南省跨境电商综试区工作机构仍未落实。省商务厅只能暂时抽调、借调部分人员开展工作，推进跨境电商综试区建设。

（二）地方创新发展、政策突破难度较大

按照国务院批复要求，建设跨境电商综试区是要打造制度高地，核心任务是监管模式、发展模式的创新，改革红利要靠制度突破而不是特殊政策优惠来实现。这就需要政府部门进一步解放思想，大胆突破原有的一些管理方式方法。但目前政策创新、制度制定的大部分权限在国家部委，地方部门对整个政府监管体系、模式进行创新面临较大的困难，在工作推进时涉及的创

新举措都需要征询相关部门的审核同意，在一定程度上影响综试区建设推进力度。

（三）"单一窗口"建设亟待加强

2016 年以来，国务院多次提出加快推广沿海地区及上海自贸试验区国际贸易"单一窗口"建设经验，并将制定和推广"单一窗口"标准版。按照省政府安排，相关单位正在推进河南省国际贸易"单一窗口"建设。而河南省综试区建设的《实施方案》明确，整合河南省商务公共服务云平台、河南电子口岸等公共服务平台资源，建设跨境电子商务"单一窗口"综合服务平台，目前此项工作进展缓慢。"单一窗口"涉及多个政府监管部门，跨部门信息互联互通、信息共享、资源交换共享有待加强。

（四）各地跨境电商进出口发展不均衡

由于各地产业结构差异和电子商务应用水平不均衡等原因，各地跨境电商交易差别较大。郑州、洛阳、许昌、南阳等产业相对集聚、产业特点突出、跨境电商发展基础较好的市，跨境电商交易额较大。郑州、许昌、南阳、三门峡、洛阳跨境电商进出口占全省的一半以上。而个别地方，特别是省直管县（市），受产业基础相对薄弱等影响，跨境电商发展相对较慢。

四 工作建议

当前，对外贸易发展面临的形势依然严峻复杂，但外贸回稳向好的态势仍将延续，随着国家和省大力发展跨境电商、加快培育外贸增长新动能的相关政策持续落地生效，跨境电商仍将保持蓬勃发展态势。主要有以下建议。

（一）尽快设立河南省跨境电子商务综合试验区建设工作办公室

河南省跨境电商综试区建设时间紧、任务重。为强化统筹协调和部门衔接，提高工作效率，更好地推进跨境电商综试区建设，确保试出成效，迎接商务部等相关部门评估，建议省领导协调，参照中国（河南）自由贸易试验区工作办公室、郑洛新国家自主创新示范区领导小组办公室设置方式，尽快批准设立河南省跨境电商综试区建设工作办公室。

（二）协调推动"单一窗口"平台加快建设

"单一窗口"平台是跨境电商综试区建设的重要内容，同时也是国家评估跨境电商综试区建设的重点事项。近期，商务部将会同国家相关部门对全国 12 个跨境电商综试区进行全面评估，并将评估结果上报国务院。鉴于目前"单一窗口"建设进展缓慢，涉及多个政府监管部门，需协调推进跨部门间信息的互联互通、资源交换和信息安全，建议按照《实施方案》工作分工，明确省商务厅牵头推进"单一窗口"平台建设，企业第三方综合服务平台与"单一窗口"平台对接信息，更好更广泛地服务于各类跨境电商企业。

（三）加快落实跨境电商综试区创新举措

目前河南省《实施方案》提出的 66 项具体创新举措，有 55 项得到落实或正在推进。仍有 11 项未落实到位。有些属于河南省监管部门事权，有些需要征询相关部门的审核同意，如建设跨境电子商务信用信息数据库、制定河南省跨境电子商务有关标准、建立跨境电子商务标准体系等举措，需省领导安排部署，推进相关工作尽快落实。

第五节 未来河南省发展跨境电子商务的任务

一 积极引领制定跨境电商规则体系

2011 年加入世界贸易组织（WTO）是中国融入世界经济的重要里程碑，十几年来，中国由国家贸易规则的接受者，转变为参与者、建设者，随着未来跨境电商逐步成为国际贸易的主要业态模式，国际贸易规则体系将面临新一轮的重构期，为我国扩大在全球经济治理的制度性话语权上打开了机会窗口。必须充分发挥我国在跨境电商发展中市场先机和先发优势，引导建立 EWTO 的贸易制度和规则，占领新的国际贸易规则体系。加快世界贸易格局和经济发展方式的转变，推动国际经济秩序和全球经济治理的变革。

二 积极推动跨境电商联动发展

在全球化的时代背景下，跨境电商作为新生力量，呈现合作发展、融合发展的必然趋势。此前各跨境电商综合试验区，部分政府监管部门、研究机构、跨境电商平台、国际贸易企业，已经建立了跨境电商服务标准创新联盟，与会代表认为，联盟要致力于搭建政府与企业之间的桥梁、促进政府与企业间的协调共商共建和共享，推动政府管理部门之间信息互换、监管互认、执法互助，致力于搭建企业合作交流平台。推动跨境电商企业与制造业传统外贸企业等联动发展；重构生产链、供应链、贸易链、价值链，带来经济转型提质增效。要致力于构建跨境电商完整的产业链和生态链，推动跨境电商与快递物流、电子支付、电子认证、信息服务等现代服务业联动发展，培育发展新动能。

三 积极推动跨境电商创新发展

推动和引领全球跨境电商发展必须深刻把握新型商业模式的新特征、新趋势，着力在加强顶层设计、培育完整生态链、创新治理体系、开展规则研究等方面闯出一条新路子，要持续创新跨境电商管理模式。加强各综合试验区之间的协同，树立包容审慎、监管理念，在技术标准、业务流程、监管模式和信息化建设等方面持续创新，推动跨境电商自由化、便利化发展。要创新跨境电商商业模式，促进B2B、B2C等多种模式共同发展，推动出口和进口促进消费互联网向产业互联网转型。持续创新新型跨境电商交易监管服务模式。依托各跨境电商公共交易平台，探索开展贸易大数据继承、综合指数发布、有形无形产品交易、物流数据交易标准制定等业务。推动金融支付企业、电商物流企业集聚，实现线上线下融合，内贸、外贸融合。

四 积极搭建跨境电商交流合作平台

近年来，按照国家有关部门的要求，郑州跨境电商在政府服务、业务流程、监管模式、平台建设、电商集聚等方面改革创新，先行先试，为内陆地区实现外贸转型升级做出了有效探索。应加强跨境电商产业交流合作，共享全球贸易新机遇，探讨跨境电商行业发展趋势，提出中国跨境电商主张，提升我国在跨境电商领域的话语权和引领地位，形成全球引领性的发展模式。

第六章
现代服务业发展——航空物流业

第一节　郑州国际航空物流中心建设成就

经济新常态下，现代物流业对调结构促转型、培育新动能、推动开放发展，发挥着越来越大的促进作用。为了更好地落实国务院《郑州航空港经济综合实验区发展规划（2013~2025年）》制定的建设目标，更好地发挥郑州航空港经济综合实验区（简称"航空港实验区"）国际物流中心"一带一路"的战略支点的作用，把现代物流业打造成为全省具有国际影响力的支柱性、地标性产业，基本确立现代国际物流中心地位，基本形成覆盖全球主要经济体的空中通道，基本形成覆盖全省城乡的物流网络体系，河南以多式联运为突破口，不断完善物流支撑体系。2017年上半年，全省进出口贸易总值达2104亿元，同比增长17.1%；全省电子商务交易额6085亿元，同比增长22.9%；网络零售额1206亿元，同比增长30%；2017年1~7月，郑州机场客、货运量在中部机场中实现"双第一"，基本形成以郑州为中心、"一点连三洲，一线串欧美"的航空国际货运网络。

根据《郑州航空港经济综合实验区航空物流产业规划》，航空港实验区管委会对郑州国际航空物流中心进行了资源整合，航空物流体系建设按照"一个平台、一个U型带、三个片区、多点"进行推进。"一个平台"即航空物流产业公共信息服务平台，"三个片区"即机场货运区、综合保税区和空港物流园区（在建），"多点"即分布于机场周边、邻近高速公路的特种商品进口口岸、空投基地以及传化公路港等物流项目，建设使航空港实验区内陆国际航空物流枢纽地位初步确立，成为联通内陆与世界"空中丝绸之路"的重要节点，辐射带动作用不断彰显。以航空物流枢纽打造为核心，通过大力发展航空物流业，集聚各种生产要素反哺航空经济，实现了区域物流与产业融合互动发展，郑州国际航空物流中心建设成就如下。

一　航空物流体系——一个平台

"一个平台"是指航空物流产业公共信息服务平台，先期建设以河南电子口岸综合服务平台和郑州机场航空物流信息平台为主。2016 年河南电子口岸平台推广及"单一窗口"建设取得积极进展。一是作为一期重点应用的河南电子口岸门户网站全新改版上线，改版后简化布局，不断发挥宣传效应，提高了河南电子口岸品牌形象；二是在省政府口岸办的指导参与下，协调电子口岸公司与省工商局签署《信息资源共享应用战略合作框架协议》，完成了信用信息公示监管警示系统和河南电子口岸平台的互联互通，实现了企业登记、备案、变更、行政处罚、严重违法、注销登记等信息数据的实时共享；三是完成了国税退税信息协同系统的应用推广，实现了企业认定信息、骗税企业信息、已退税企业名单等信息数据的实时共享；四是检验检疫全申报系统和出入境人员预报检系统的数据源工作已完成；五是按照省政府关于河南省国际贸易"单一窗口"建设的工作部署，在省口岸办的指导推动下，积极参与配合电子口岸公司编制中国（河南）国际贸易"单一窗口"可研方案，可研方案第 6 版（草案）专家小组研讨会已顺利召开，B2B 大贸等重要应用系统已与富士康报关通道完成了对接及测试，并开展了实单申报，完成了货物清关。

2016 年跨境通关服务平台及管理平台建设初见成效。按照 2016 年跨境新政监管需求对跨境平台系统进行升级改造，并于 2016 年 5 月 4 日、7 月 8 日、7 月 26 日，顺利实现跨境进口统一版过渡系统、跨境进口统一版系统及跨境出口一般模式系统等三个模块系统的上线运行，保障了跨境新政及海关监管系统平台的平稳过渡。平台上线以来，业务门类逐渐齐全、用户数量逐步增长、覆盖范围逐渐扩大，实现了一个门户入网、一次认证登陆、一站式服务和"数据多跑路，人员少跑腿"。目前，跨境平台已入驻企业 269 家，综保区入驻企业 99 家，包括京东全球购、唯品会、菜鸟网络等跨境龙头企业均已入驻。

郑州机场还抓住机遇大力发展多式联运业务，率先研发建设国际物流多式联运数据交易服务平台，郑州机场国际物流多式联运数据交易服务平台是河南省机场集团和"通关网"运营商上海顺益信息科技有限公司合作建设的综合型跨境物流信息平台，通过该平台以及已开通运行的河南保税物流中心"买卖全球网"、"贸易单一窗口"平台、郑州国际陆港公司中欧多式联运综合服务信息平台的互联互通和信息共享，可实现公路、铁路、海港等运输方式与国际航空、境外陆运等各运输环节的有效衔接，为在郑州开展多式联运物流业务的企业和客商提供最优解决方案，实现"一单到底、货通全球"贸易便利化。2016 年 5 月 19 日，河南机场集团联合沃伦堡、美国 ForwardAir、卢森堡货航、国泰航空、宏远集团、大连港、普洛斯集团等境内外知名企业，共同发起成立了国际物流数据标准联盟。该联盟将集成各成员多式联运物流数据，按照约定标准互联互通，形成统一的物流数据格式，满足物流数据在不同承运方之间流转、各国监管部门之间监管的需要，推动航空与公路、铁路、海港等多种运输方式之间的数据联通、信息共享，加快实现"一单到底、物流全球"目标。

二　航空物流体系——三个片区

（一）航空物流体系核心片区

郑州机场片区围绕"国际航空货运枢纽和国内大型航空枢纽"建设，2016 年，郑州机场货邮吞吐量达 45.67 万吨，同比增长 13.2%。郑州机场积极拓展航线航班，千方百计引进货航和货代，全货机航班量每周已经突破 100 班；积极发展跨境电商、冷链物流等新兴产业，吸引美国亚马逊、顺丰速运、唯品会等 49 家国内外大型电商企业入驻，构建优势突出的综合型口岸体系。目前，郑州机场已拥有进口水果、冰鲜水产品、食用水生动物、冰鲜肉类、澳洲活牛、国际邮件经转等 6 个指定口岸和跨境电商业务，成为国内进口指定口岸数量最多、种类最全的中西部枢纽机场。

此外，欧洲最大的货运航空公司之一卢森堡国际货运航空公司（以下简称卢货航）也把郑州机场作为欧亚全球货运双枢纽战略的合作伙伴，货邮吞吐量从 2013 年的 25.57 万吨增至 2016 年的 45.67 万吨；国际和地区货邮量从 2013 年的 11.28 万吨增至 2016 年的 27.51 万吨；全货机货邮量从 2013 年的 14.23 万吨增至 2016 年的 32.26 万吨。

量的发展带来质的变化。货物种类由过去的以普货为主发展到目前的冷链、快件、电商等 23 大类，货源集疏范围拓展到长三角、珠三角、东北等全国大部分区域，年卡车航班量达 3 万余班。常驻郑州机场的物流公司已达 30 余家，通达点遍布全国 70 余座大中城市，逐步形成了"郑州航空货运价格"，成为近年国内航空货运发展的一大亮点。

（二）新郑综合保税区

2016 年以来，在经济下行以及产能过剩和总需求不足的背景下，郑州新郑综保区外贸进出口排名始终位居全国海关特殊监管区域第一方阵，跨境贸易电子商务业务发展取得积极进展。2017 年前三季度，累计完成进出口总值约 1826.28 亿元，与上年同期相比下降 2.1%，占全省进出口总额的 57.66%（2017 年 1~9 月河南省进出口总值 3167.30 亿元，同比增长 5.55%）。其中出口 1023.64 亿元，同比增长 5.41%，占进出口总值的 56.05%；进口 802.63 亿元，同比下降 10.26%，占进出口总值的 43.95%；累计征税额 113.73 亿元，同比增长 19.72%；累计监管货运量 5.06 万吨，监管货值 315.95 亿美元，报关单量 21.89 万票，同比增长分别为 21.3%、3.8%、5.9%。2017 年前三季度内累计生产手机 6323 万部（上年同期 7900 万部），结关进口内销手机 1261.11 万部（上年同期 1561.86 万部），货值 75.07 亿美元，同比分别下降 19.96%、19.26% 和 13.32%。从机场航空口岸看，2017 年前三季度，累计完成进出口值 172.25 亿元，与上年同期相比下降 48.69%。其中出口 60.57 亿元，同比下降 74.11%，进口 111.68 亿元，同比增长 9.8%。累计货邮吞吐量 22.2 万吨，增长 22.4%；监管货运量为 16.96 万吨，同比增长 113.1%；监管货值 26.69 亿美元，同比下降 48.5%；累计征税额 5.52 亿元，同比增长 41.6%。

综保区三期建设在 2016 年 9 月 18 日获得海关总署批复。2016 年 10 月 20 日顺利实现封关运行，标志着郑州新郑综合保税区 5.073 平方公里基本全部开发完成。目前综保区三期已确定进驻苏宁云商物流枢纽项目、唯品会中部地区区域物流枢纽项目、欧洲制造之窗保税展销中心项目等 8 个重点项目。在谈的有郑州国际花卉保税中转中心、领胜电子材料生产等两个项目。

2017年1月1日至8月31日，肉类口岸共完成20736.4吨的查验量，货值4404万美元，其中海运20704.6吨，货值4391万美元；空运31.8吨，货值13.7167万美元，查验量和货值同比增长145%和120%。查验进口货物主要包括进口冰鲜牛肉、冷冻猪肉、羊肉、鸡肉等四大类22个品种，主要来自美国、加拿大、丹麦等13个国家。

（三）空港物流园区

航空港实验区按航空物流产业体系有针对性地进行结构布局，大力发展特色产品物流、航空快递物流、国际中转物流和相关配套服务，积极推进国际航空物流中心建设。2016年新签约物流项目6个，总投资额约73.5亿元，主要有申通供应链中心项目及华中区域总部项目、韵达河南快递电商总部基地、传化网络小额贷款项目等。深入研究航空物流相关政策，促进亚洲航空公司郑州基地、传化郑州供应链管理中心、ZARA服装分拨中心等项目落地发展，提高航空枢纽的竞争力。

第二节　多式联运国际航空物流中心的发展

一　建设多式联运国际航空物流中心的意义

（一）抓住经济发展新机遇，多式联运着眼全国发展大局需要

随着我国经济发展进入新常态，以及"十三五"开启了全面建成小康社会的决战窗口，我国需要尽快解决中西部地区的经济发展问题，以消除中西部内陆地区与沿海经济和产业发展落差，中西部地区终于迎来了新的发展机遇。根据不同枢纽港功能、特点和所辐射区域的资源禀赋，依托国际物流中心、区域物流中心、物流园建设辐射能级具有差异性的中部多式联运系统，扩大空港、陆港的服务和辐射范围，带动内陆地区产业布局和经济发展，既是中西部地区寻求发展方式的转变的需要，也是国家重要的战略选择需要。因为与产业同步联动、支撑引领产业布局、国土开发和国

际产能合作是发展多式联运的重要原因，也是多式联运的核心作用和价值的体现。

多式联运国际航空物流中心发展战略规划制定需要落实"三区一群"国家战略，适应国家经济动能转换和服务经济整体提升的发展要求，充分挖掘国际航空枢纽、国家经济地理中心优势，推动中原城市群发展，适应郑州国家中心城市和创新城市建设的同在需求。

（二）落实"一带一路"倡议，凸显国际航空物流中心战略地位

在国家"一带一路"倡议中河南省将扮演重要角色，河南省地处中原腹地，地处丝绸之路经济带和21世纪海上丝绸之路的交会区域，拥有独特的区位优势和物流优势。河南省找准"枢纽"这一契合点，制定了《河南省参与建设"一带一路"实施方案》，提出了构建东联西进的陆路通道，构建贯通全球的空中通道，构建内陆开放的战略枢纽发展思路（简称"东联西进、贯通全球、构建枢纽"）。河南抓住自贸区建设的契机加强与京津冀、长三角、山东半岛、关中—天水经济区的对接，贯通南北、连接东西，汇集更多的市场要素，使河南的枢纽特色更加凸显，而多式联运则是对接的钥匙和基础。

2016年郑州—卢森堡"空中丝绸之路"受到了国家领导人的肯定和支持，河南坚持民航优先发展大力推进航空货运的地方战略，已经升格为国家方略。"空中丝绸之路"是构建贯通全球的空中通道的空铁联运行动，是形成双枢纽、多节点、全网络的发展格局，是打造内陆地区融入全球产业链的重要纽带。为此，多式联运国际航空物流中心发展规划制定要结合"一带一路"、国家中心城市建设、综合交通枢纽建设，更需要凸显国际航空物流中心战略定位，将郑州国际物流中心打造成为立足中原，依托空铁，辐射全球，承载国家经济动能转换战略需求，具有全球性供应链管理和多式联运资源配置能力的国际物流中心。

（三）运输、物流、产业互动，提出多式联运"河南方案"

河南自贸试验区多式联运发展攻坚方案不仅是依托航空枢纽和国际铁路通道降低物流成本的有效途径、提高运输效率的根本出路，更应当是供应链技术推动公路、水运、铁路、港口、运输代理、信息平台等多种运输与物流服务业务、环节的有机融合，以多式联运为牵引的运输与物流服务模式创新。从中西部建设发展战略层面，加快中原城市群国际物流中心多式联运系统建设本身不是目的，目的在于营造中原城市群良好的产业梯度转移和布局发展条件，以运输服务的选择性、运输方式的衔接性为产业布局发展提供新空间。将多式联运作为构建现代物流体系的着力点和破解中原城市群运输效率提升瓶颈，依托自贸试验区制度优势，抓住机遇、创新发展，努力为全国提供可资借鉴的"河南方案"将是规划编制的重点。

二 中外多式联运发展差距

源于北美、欧洲的多式联运是指 Multimodal Internodal，它突出均衡投资/技术创新，强调低碳，会把更多公路货运转向铁路和水路，并将多式联运当作一种模式创新。源于苏联和中国的综合运输是指 Comprehensive，它突出体制机制和规划建设，强调比较优势和组合效率，仅将多式联运作为区别于其他单一运输方式的一种新方式。

多式联运发展经历了三个发展阶段，第一阶段：运输链条延伸，陆桥运输兴起。第二阶段：世界贸易模式转变，运输业管制放松推动多式联运发展。第三阶段：经济全球化加剧促进运输网络进一步完善。

与发达国家相比，我国多式联运发展尚处于初级阶段，目前我国多式联运量仅占全社会货运量的2.9%，而美国为10%左右；货物中转转运所耗费的成本约占全程物流成本的30%。欧美国家的多式联运总体上指的是以集装箱为载体的各个运输环节的衔接，而我国多式联运占总运量的比例非常低，能够装集装箱的运量更少，没有办法形成规模，很难支撑运输规模经济下的联运系统的建设，这也是我们喊了几十年多式联运，却一直没有进展的原因。

其实我国多式联运的发展没有取得预想的结果，与顶层设计的缺失有关。由于顶层层面对多式联运的认识是片面的，所以缺乏对各种运输方式形成总体效益的统筹，聚焦过于微观，包括现在交通运输部和国家发改委联合推动的多式联运的试点，最后都聚焦在一点，即建一个多式联运的基础设施系统。

三　多式联运发展存在的问题

与发达国家相比，我国多式联运发展尚处于初级阶段，降低了运输组织效率，增加了企业经营成本。多式联运发展滞后，已成为综合交通运输体系建设的"短板"。主要原因有六个方面。

一是市场竞争秩序不适应。各种运输方式独立分散发展，统一开放、公平竞争的运输市场格局尚未形成。

二是货运供给结构不适应。铁路、水路比较优势尚未得到充分发挥，公路过多承担了低附加值、大宗物资的中长距离运输任务。

三是信息共享能力不适应。部门间、企业间、区域间"信息孤岛"现象严重，信息资源交互共享不足。

四是运行服务规则不适应。各种运输方式在票证单据、货类品名、包装与装载要求、保险理赔、责任识别等方面规则不统一。

五是设施衔接水平不适应。不同运输方式枢纽站场统筹布局和一体化建设不足，枢纽间"连而不畅""邻而不接"现象严重。

六是装备发展水平不适应。多式联运专用装备的技术研发和推广应用滞后，运载单元、吊装设备、托盘等装备的标准匹配性较差。这些问题需要引起高度重视，凝聚各方力量，综合施策加快解决。

四　多式联运国际航空物流中心顶层设计——"空中丝绸之路"

（一）中国多式联运不同于欧美，是类集装箱多体系非标准化联运

欧美的多式联运强调全流程组织，美国的产业升级需要东西海岸路桥衔接港口这么一条系统实现美国在全球获取资源时的低综合成本和高物流效率；欧盟是区域一体化，环保和集约要求成员国必须要尽可能少地使用高排放比的运输工具。

运输比重的变化是有产业结构背景的。目前我国多式联运的比重不如欧美，但是如果我们分类别地考虑集装箱，可能每一种都有比较高的联运比重。这就是口径的问题，我国90%的适箱货集中在港口300公里以内范围，需要把这些问题综合起来考虑发展问题。欧美是以标准和集装箱化以及集装

箱联运发展多式联运，我国是非标准化的集装箱联运。所以我们有散货的运输、有集装箱化的运输、有集装箱运输，再到集装箱联运，我们采用的是类集装箱这种运作模式下的多体系的非标准化的联运。我们要按照这个来构建多式联运系统，设计多式联运的未来。这个设计包括系统本身的物理设计，包括政策环境的设计、保证发展路径的设计等。

（二）内陆的多式联运不同沿海，以航空枢纽和国际铁路通道为主

不同于沿海沿江的水运优势或沿边地区的边贸优势，内陆地区的对外开放具有非水性、中心性、安全性等三个特征维度，河南自贸试验区多式联运攻坚方案设计需要是突出郑州作为中国地理中心性的区位优势，依托航空枢纽和国际铁路通道，侧重于高附加值、时效性强及高科技创新产品及其服务领域的开发开放，侧重于发挥内陆纵深的军民深度融合优势，具有郑州特色的大广角、高张力、强辐射的"郑州模式"内陆多式联运系统。重点提高郑州航空枢纽一体化成熟度，加快铁路枢纽铁路集装箱多式联运发展。

（三）多式联运国际航空物流中心设计：郑州—卢森堡"空中丝绸之路"建设专项规划

2017年6月14日，习近平主席在会见卢森堡首相贝泰尔时强调，要深化双方在"一带一路"建设框架内金融和产能等合作，中方支持建设郑州—卢森堡"空中丝绸之路"。

2017年2月，河南省省长陈润儿在省政府常务会议上说，郑州航空港经济综合实验区要坚持建设大枢纽、发展大物流、培育大产业、塑造大都市的发展思路，坚持东联西进、贯通全球、构建枢纽的战略导向。随后，河南省委、省政府又出台了《关于加快推进郑州航空港经济综合实验区建设的若干意见》，指出到2020年，全面建成以航空运输为主体、融合多种交通方式的现代综合交通枢纽，基本建成国际航空物流中心和连通境内外的多式联运现代物流中心，基本建成以航空经济为引领的现代产业基地和现代航空都市框架。

2017年9月26日，《郑州—卢森堡"空中丝绸之路"建设专项规划（2017～2025年）》（简称《专项规划》）正式出台，与之相配套的工作方案同步出台。根据《专项规划》，双方将以航空网络为依托，拓展覆盖区域和合作领域，构建"双枢纽、多节点、多线路、广覆盖"的发展格局。

五　以国际物流数据标准作为突破口的空铁多式联运系统

立足郑州航空港和机场集团，构建铁空联运、空铁快运、空铁联程等运输组织模式，建构辐射中西部、面向国内外的空铁公联运网络以及新郑国际机场 500 公里高铁范围内旅客空铁联运网络，推动新型专业化运输系统，以贸易物权管控为手段，打造"提单郑州""结算郑州"，通过多元化商业模式、产业形态创新和应用，形成全模式运输服务业态包容格局。

六　携手周口航运港打造"空水"联运平台

为实现空水衔接、在积极参与"一带一路"建设中加快发展现代物流产业，郑州航空港和周口航运港走到了一起。7 月 20 日，郑州航空港经济综合实验区与周口市签署了战略合作框架协议。协议规定，双方将本着"优势互补、互惠互利、协同创新、共同发展"原则，发挥彼此资源优势，加强航空运输和内河航运要素优化整合，促进航空物流与内河水运临港产业协同发展，实现互利共赢。

双方将发挥郑州机场货运航线优势和周口中心港依托沙颍河通江达海的优势，建设"空水"联运平台，重点为中部地区的货物运输、集装箱运输、冷链物流、跨境电商、国际快件等物流企业提供便利，促进两地现代物流产业发展。

第三节　航空物流产业集群

航空港实验区在五年上规模阶段，航空物流产业集群的态势逐渐开始显现，以航空物流枢纽打造为核心，通过大力发展航空物流业，集聚各种生产要素反哺航空经济，实现了区域物流与产业融合互动发展，2016 年全省社会物流总额突破 10 万亿元，实现增加值 2130 亿元，增长 9.1%，成为推动经济社会发展的重要力量，郑州国际航空物流中心地位初显。郑州市列入国家物流创新发展试点城市、城市共同配送试点城市，郑州航空国际物流园、河南保税物流中心成为国家级示范物流园区。

河南省多举措支持多式联运服务体系建设，2017 年 11 月 8 日，河南省政府新闻办召开新闻发布会，由省交通运输厅宣布，在全省实施省级多式联运示范工程，以强力支持河南省多式联运服务体系建设，并以现代立体综合交通枢纽建设为依托，努力引进物流集成商及航空运输企业。

一　航空货运业

国际航空货运枢纽是郑州航空港经济综合实验区建设的核心任务。航空枢纽是航空港经济的依托，它不仅可以服务和促进实验区智能终端、跨境电商等产业发展，而且有利于提升实验区面向全球吸引、集聚高端产业的能力。通过国际航空货运枢纽构建大范围、大规模、高密度的航班集群，形成面向全球、具有高水平通达性、专业化、国际化的物流服务优势，对于降低企业物流成本、提高物流时效性具有重要作用。同时，建设国际航空货运枢纽，拓展面向"一带一路"沿线国家的航空网络，有利于提升河南在"一带一路"中的战略地位。

虽然郑州机场在行业内赢得了一定地位，但未来仍然面临严峻的挑战。一是航空货运市场在空间上高度集中，上海、广州、深圳等地的大型机场行业地位相当稳固，其他机场向上突破的难度很大。二是昆明、重庆、西安、武汉等地围绕国际航空货运枢纽地位展开激烈竞争。三是北京第二机场建成后将进入"两场运营"新阶段，在"京津冀一体化"战略下区域机场群重新分工布局，将对区域外其他机场形成新的竞争压力。四是掌握大量货源的大型快递企业加速向物流服务集成商转型，有的已开始筹备自建专门的货运枢纽机场，这也会对国内航空货运枢纽竞争格局带来新的影响。未来要把郑州机场建成竞争力强的国际航空货运枢纽，关键是持续提升竞争力，既要巩固已有的优势，又要创造新的优势，在关键环节实现新的突破。

（一）郑州国际航空货运枢纽战略规划编制启动

由中国民航局、河南省发改委组织的郑州国际航空货运枢纽战略规划编制工作于 2017 年 10 月 10 日在郑州启动，来自全国民航系统和河南省的几十位专家将对郑州国际航空货运枢纽战略规划进行基础调研。民航枢纽战略是我国发展民航强国的重要工作和抓手，郑州国际航空货运枢纽战略规划编制是其中之一，正因为如此，中国民航局组织了计划司、财务司、国际司、运输司、机场司、空管办等司局及民航规划研究机构，会同河南省发改委、铁路、海关、国检等单位的领导和专家共同编制郑州国际航空货运枢纽战略规划。

在10日举行的启动会上，专家组专家对此做了简要介绍：在年旅客吞吐量2000万人次以上的机场中，郑州机场的基础条件比较好，2010～2016年，郑州机场的货运业务年均增速全国第一，2016年，郑州机场货邮吞吐量在全球居第54位，在中部地区，郑州机场已经确立了货运优势地位，河南空运进出口总值占全省近八成，占比全国最高。郑州国际航空货运枢纽战略规划将着眼于三个定位：全球国际航空货运枢纽、现代国际综合交通枢纽、中部崛起的动力源，到2030年，可满足年旅客吞吐量8000万人次、货运吞吐量400万吨的发展目标。

（二）客运腹舱货运、全货机货运

航空公司在机场建立的航空网络，是影响航空枢纽竞争力的核心因素。航空运输业是高度网络化的行业，郑州机场要形成航空网络的持续竞争力，关键是要扎根本地的航空公司。一方面，要在继续引进航空公司开辟航线航班的同时，加大力度争取航空公司在机场设立基地，在"落地"的基础上实现"生根"；另一方面，要加快培育发展本土航空公司，增强网络建设的主动权，加强战略性航线开发，弥补网络中的空白点。要发挥基地航空公司和本土航空公司的骨干力量，保持航空网络稳定，推动网络扩大优化。目前，有南航、东航、国航、厦航、深航、东海航、扬子江航、西部航、祥鹏航等41家客运航空公司在郑州机场运营，有UPS、俄罗斯空桥、卢森堡货航、中货航等21家货运航空公司在郑州机场开展业务。

2017年11月9日，河南省机场集团有限公司和中国邮政速递物流股份有限公司河南省分公司在郑州机场联合举行中国邮政"郑州—芝加哥"国际邮件包机启动仪式，此次中国邮政郑州直飞芝加哥国际邮件包机航线的开通，是对2015年河南省人民政府与中国邮政集团公司战略合作协议的进一步深化和落实。在包机启动仪式上，河南省机场集团有限公司和中国邮政速递物流股份有限公司河南省分公司宣布，从即日起，中国邮政将原来北京、上海、江苏、浙江、广州等省（市）国际邮件互换局出口至芝加哥、纽约的国际总包邮件，调运至郑州机场出境，该包机使用 N8638 航班，机型为波音 747 - 400，满载邮件量约 85 吨，2017 年旺季预计发运包机 10 架次。

（三）货代与航空物流服务商

航空港实验区加大力度引进大型货代企业和物流服务集成商，充分借助货代的揽货能力，扩大中转市场，使外部货源转化为本地需求。在货运枢纽规划、基础设施和网络建设中，吸纳主要货源企业参与，积极响应市场需求变化，发挥好需求的导向作用，促进货运服务供给结构优化和能力提升。

航空港实验区目前有 UPS、FedEx、敦豪、贝斯塔、环宇天马、丹马士、辛克、海程邦达、上海畅联、中汐物流、捷运国际等多家知名货代企业在郑州开展业务。同时引进 DHL 中西区物流分拨中心、中外运空港物流网络枢纽、省航投郑卢双枢纽物流基地等货代基地项目。已引进菜鸟智能骨干网二期、中国邮政集团航空邮件处理中心、顺丰电商产业园、中通快递国际快递业务基地、申通快递公司供应链基地、传化物流、苏宁云商华中区域枢纽、唯品会中部地区运营中心等项目，形成物流产业集聚。

二　电子信息产品物流

增强本地航空货运市场需求驱动力。本地航空货运需求是吸引航空公司、支撑网络运营的重要条件，也是驱动航空物流企业加大投入、创新发展的动力。做强本地航空货运市场，航空港实验区继续加快智能终端、跨境电商等产业集群的发展，推动本地市场需求稳定扩大。

电子信息产品物流中心为电子信息产品发往全球提供强大的保障，航空港实验区已经形成了全球重要的智能终端研发制造基地雏形，电子信息产业的发展为电子产品航空货运提供了良好的平台。同样，电子信息产品航空货运的高时效性要求也提高了郑州机场航空货运的效率和准确度，为企业节省了时间，降低了交易成本，进一步助推了电子信息产业的发展。

航空港实验区围绕建设全球重要的智能终端研发制造基地，强化产业配套，全面构建智能终端产业链，以富士康产业集群为龙头的全球智能终端手机生产基地已经形成，2016 年在实验区的苹果手机 1.26 亿部，由联邦快递（FedEx）通过波音 777 飞机将 iPhone 从郑州运往美国田纳西州孟菲斯的一个大型空运中转中心，这些飞机在长达 15 个小时的飞行途中无须加油，当然也有 1.26 亿部苹果手机零部件构成了从世界各地到郑州的庞大的物流量。随着富士康产业集群后劲勃发，年产值 100 亿元的富士康后端模组项目于 2016 年 6 月 16 日正式签约；投资 26.13 亿元的综保区 M 区手机生产项目和 K 区智能仓储项目于 9 月 13 日正式签约；中州研发中心项目已投入运营。

非苹智能终端产业集群发展迅速，"抱团发展、集群引进"效应明显，规模不断壮大，出货量迅速增加；全年新增入区项目超过 60 家，累计入区企业 171 家，其中已投产运营 34 家，正在装修及拟进场装修企业 24 家。智能终端（手机）产业实现了从一企独大到百花齐放的转变，抗风险能力进一步增强。运用退税资金池平台，提高资金周转效率。出口退税资金池作为实验区特色的金融服务平台，通过 3 亿元出口退税资金池合理调整各银行间配资额度，采用创新政银组合融资模式为 30 余家智能终端企业提供退税周转资金支持，累计办理退税业务 106 笔，使用财政资金 44157 万元。发展智能终端检测平台，提升综合配套服务。智能终端公共服务平台作为省委、省政府重点打造的智能终端研发制造基地的配套工程，已于 2017 年 5 月 3 日正式开工建设，已到位资金约 1.2 亿元，年底可投入试运行，建筑面积约 1.3 万平方米，切实解决了区内智能终端手机企业检验检测需求。搭建政银企合作平台，优化产业融资途径。实验区积极搭建产投基金，成立兴港投融资等开放式智能终端金融服务平台，同时，还引进了年富、商贸通、科泰等供应链金融服务公司，既能有效破解企业融资难题，又可充分展现航空港实验区承接产业助力企业扎根发展的决心。

三　快递物流

2017 年 10 月，河南省人民政府办公厅下发了关于印发河南省物流业转型发展三个工作方案的通知（豫政办〔2017〕126 号），《河南省冷链物流转型发展工作方案》《河南省快递物流转型发展工作方案》《河南省电商物流转型发展工作方案》为三大特色物流发展提供了技术路线思路。随着跨境电子商务的迅速发展，快递物流业依托航空港实验区丰富的国际航线发展势头迅猛，河南快递业处于全国第一方阵，电商快递物流已成为引领河南物流业发展的强劲动力。

航空港实验区抓住中国（郑州）跨境电子商务综合试验区建设机遇，大力发展电子商务产业，积极引进国内外大型电商，支持本地电商发展，截至 2017 年 2 月已入区电商企业 215 家，其中跨境电商 142 家。已有菜鸟智能骨干网项目、唯品会中部区域枢纽物流项目、苏宁云商华中物流枢纽项目、顺丰电商产业园等 10 个，总投资 210 亿元的电商项目正在有序推进。2016 年电子商务交易额 437 亿元，跨境电商共申报进出口 209 万票，增长163.7%。2017 年 1~6 月，实验区跨境电商进出口业务累计完成 407.84 万单，是 2016 年全年的 2.6 倍，货值 2.39 亿元。其中，综保区共完成 378.78万单，货值 1.87 亿元；机场口岸共完成 29.06 万单，货值 5167.4 万元。

根据《郑州航空港经济综合实验区跨境电子商务发展行动计划（2016~2018 年）》安排，实验区在全力打造跨境电商智慧物流示范区。该区计划 2016 年实现跨境电子商务交易额 15 亿美元，培育 4 家省级跨境电子商务园区、40 家跨境电商重点企业，设立 4 家公共海外仓；2017 年力争实现跨境电子商务交易额 40 亿美元，培育 6 家省级跨境电子商务园区、80 家跨境电商重点企业，设立 6 家公共海外仓。为此，该区将推进菜鸟中国智能骨干网、苏宁云商华中区域枢纽项目、唯品会中部区域运营枢纽项目、顺丰电商产业园等项目建设，通过 UPS、DHL 等知名现代物流企业集聚发展，打造集保税物流、快递物流、航空物流、公路物流、智能物流、仓储物流、跨境物流等于一体的"智慧物流"产业链。

同时，实验区依托鲜切花口岸，全面整合河南省五大花卉生产基地，建设花卉宝电子商务交易平台、综保区中转中心、花卉交易中心、花卉苗木种植基地、仓储物流配送中心，大力发展鲜切花进出口业务。依托鲜果口岸，使通过跨境电商进口的水果，当日就可完成检验检疫清关流程并实现即时发货。依托河南电子口岸，实现"一次申报、一次检验、一次放行"，省内通关流程全覆盖，构建中部最具效率优势的综合口岸平台。

2017 年，河南省商务厅发布了《关于认定首批河南省跨境电子商务示范园区的通知》（豫商综〔2017〕11 号）。航空港实验区内有三个产业园成功获批，郑州航空港经济综合实验区跨境电商示范园、河南易通跨境供应链电子商务产业园、航投物流双向跨境 E 贸易保税展示交易中心成为全省首批 21 个跨境电子商务示范园区中的 3 个。

四 冷链物流

进口肉类口岸、进口水果口岸的运营也促使航空港试验区冷链物流产业获得巨大的发展，河南成为国家重点支持发展冷链物流的 10 个省份之一，已引进大连港毅都冷链公司华中冷鲜港、河南中原四季水产物流港公司中部四季国际商品交易中心，正在对接微软产品分拨中心、ZARA 服装分拨中心项目和物美分拨中心项目。冷链物流企业争相在航空港实验区落户，促进了多种类的冷链物流企业集聚，形成冷链物流的产业集群。

积极协调国检，优化口岸查验流程。内陆口岸相比于沿海口岸，在先天地理位置上存在一定的劣势。为了吸引客户到口岸走货，宏品公司积极与河南检验检疫局沟通，提出业务开展需求，检验检疫局对肉类口岸给予大力支持，做到货物随到随查，实现 7×24 小时预约查验，同时对肉类产品许可证的审批时间由原来的 7～10 天缩短至 3 天内，口岸抽检比例下降至 20%。同时利用全国内陆首个进口肉类指定口岸标准化、智能化、规范化的配套设施，吸引了全国 28 家国检系统单位前来参观交流，有效地提升了郑州口岸的知名度。

五 航空物流金融

2017 年 3 月 6 日，河南省机场集团与中国民生投资股份有限公司、国新国际投资有限公司签订战略合作协议，将设立 500 亿元人民币规模的航空产业发展基金，促进河南加快建设通达全球的航空物流集疏网络。中国民生投资股份有限公司和国新国际投资有限公司将充分发挥各方优势，与河南省机场集团一起，以直接股权投资、组建航空物流产业基金等共同投资方式，设立航空产业发展基金。基于河南省优越的区位优势和良好的发展环境，三方决定深入合作组建航空物流产业基金，整合全球资源，打造国际航空物流中心。

第四节 航空物流业对区域经济的影响

一 中西部地区航空物流发展综合竞争力评价

为探索中西部地区航空物流的发展方向、策略并提供理论支持，选取中西部典型代表城市郑州、武汉和西安为研究对象，从发展基础、临空产业基础、服务吸引力、交通联运条件、政策保障等方面建立中西部地区航空物流发展综合竞争力评价指标体系，然后采用层次分析法（AHP）与逼近理想点法（TOPSIS）构建评价模型，并构建障碍度模型对航空物流发展的障碍因子进行分析，对中西部地区航空物流发展综合竞争力进行评价，得出航空物流排序郑州＞武汉＞西安：郑州市航空物流最具竞争力，武汉市紧随其后，西安市排名最后。

研究分析表明，阻碍郑州市航空物流竞争力提升的最主要的因素分别是适航货物产业规模和 GDP。河南省是农业大省，粮食精深加工的高值产品比较少。尽管河南省大力培育生物制药、医疗器械、新材料等高技术产业，并引进如富士康等精密制造企业，带动河南省进出口贸易量大幅提升，使郑州航空物流业务量大大增加，但除此之外，河南省总体上仍以化工、有色金属、钢铁、纺织等传统产业为主，轻工业产值仅为河南省工业总产值的30％，适航货物量不足，在较大程度上限制了郑州市航空物流进一步发展。制约郑州航空港发展的另一个重要因素是 GDP，经济发展水平的提升能够极大地促进航空物流的发展。未来郑州市要通过发展自身经济，大力发展临空经济、高端制造业，为航空物流发展打下坚实的基础，同时吸引航空公司开设更多的货运航线，以增强郑州市航空物流的竞争力。

二 航空物流对区域经济的影响

分析航空物流促进区域经济的增长的机理，科学地评估航空物流业对区域经济的影响，能够更加清晰地认识到发展航空物流所带来的经济效益。一方面，促进地方政府制定相关鼓励政策，为政府的宏观调控提供依据，为航空物流业发展提供良好的环境；另一方面，促进企业加快对航空物流业相关业务的发展，为城市的航空物流企业提供投资和经营指南。

这里选取货邮吞吐量表示郑州航空物流业发展水平；选取郑州市地区生产总值（GDP）作为衡量郑州市经济增长水平的指标。郑州航空港实验区才成立几年，所以选取2011～2016年实验区发展的数据进行分析。分析结果表明，航空物流业对区域经济的影响过程遵循生长曲线规律，如图6-1所示。

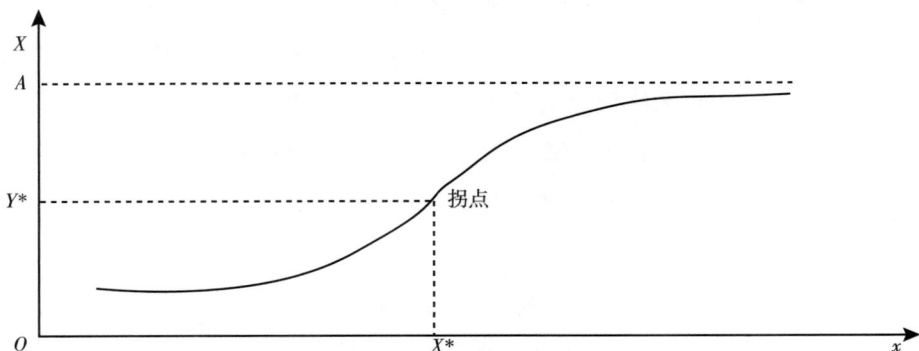

图6-1 Logistics 函数增长曲线

对比 Logistics 函数增长曲线可知，郑州市航空物流发展水平正处在生长曲线拐点前半部分，这是因为在航空物流发展初级阶段，航空物流业规模较小，物流总量不高，对区域经济发展的推动作用尚不明显，航空物流业对区域经济的贡献表现出平缓增长趋势；随着航空物流业的蓬勃发展，基础设施的完善和管理水平的提高，航空物流规模进一步扩大，航空物流业对经济的贡献作用越来越明显，呈现急剧上升趋势；但是航空物流市场和基础设施扩大到一定规模后都会达到饱和值，航空物流业对区域经济的贡献也存在一个最大值，之后趋于平稳。

第七章
航空都市建设

第一节　战略规划与顶层设计

2017 年是郑州建设国家中心城市的开局之年，也是航空港实验区实现"五年成规模"的关键一年、实现战略转型的重要一年。新的一年，国家战略叠加优势进一步凸显，经济社会发展环境进一步趋好；以园博园建设为带动，城市承载力和宜居宜业环境加快优化；一批重大产业项目即将建成投产，产业基础将更加牢固。在梳理郑州国家中心城市建设发展思路过程中，航空港实验区被市委、市政府进一步明确为郑州国家中心城市建设的引领，在国家战略、在省市发展布局中的地位进一步提升，发展基础更加坚实，政策叠加优势更加显著。

一　中原城市群发展规划

2016 年 12 月，国家发改委关于印发《中原城市群发展规划》的通知，明确把支持郑州建设国家中心城市作为提升城市群竞争力的首要突破口，强化郑州对外开放门户功能，提升综合交通枢纽和现代物流中心功能，集聚高端产业，完善综合服务，推动与周边毗邻城市融合发展，形成带动周边、辐射全国、联通国际的核心区域。提出加快郑州航空港经济综合实验区、郑洛新国家自主创新示范区、河南自由贸易试验区和跨境电子商务综合试验区建设，强化物流及商贸中心、综合交通枢纽和中西部地区现代服务业中心、对外开放门户功能，全面增强国内辐射力、国内外资源整合力。推动郑州与开封、新乡、焦作、许昌四市深度融合，建设现代化大都市区，进一步深化与洛阳、平顶山、漯河、济源等城市联动发展。提出依托郑州中心城区、航空港实验区等，强化国际开放门户和多式联运物流中心功能，建设国家级"双创"示范基地和区域经济、文化、商贸中心，打造集中体现区域竞争力的大都市区核心区，进一步发挥辐射带动作用。

二　航空港实验区"十三五"发展规划

2017年3月，河南省人民政府办公厅印发《郑州航空港经济综合实验区"十三五"发展规划》，提出产城融合，建设现代航空都市。按照"环形＋放射"路网框架，建成"三纵两横"高速公路网、"三横两纵"干线公路网。加快推进连接主城区及各城市组团的快速路网建设，构建"四纵五横半环"路网布局，实现对实验区各功能片区及重要枢纽节点全覆盖。建成开封至实验区、许昌至实验区快速通道，为开港、许港产业带发展提供支撑。

建设高水平城市功能区。推进城市功能区连片综合开发，高标准建设四大功能片区，推动空港片区建设公共文化、航空金融中心，率先形成航空都市样板区；古城片区建设生产性服务中心，形成中部领先的电子信息产业基地；双鹤湖片区建设智能终端（手机）生产、研发设计、交易基地和总部经济基地，形成高端产业集聚中心；东部会展物流片区建设集大型会展、物流集散为一体的临港型商展交易中心，形成现代服务业集聚区。高标准开展城市设计，严格落实控制性详细规划指标，加强对重点区域和重要地段城市风貌、建筑及其外部环境的规划管控，加快迎宾大道与四港联动大道T字形区域城市形象的改造提升，塑造国际化城市形象。

高标准推进新型城市建设。完善与功能和空间布局相协调的道路交通体系，加快推进内部路网建设，畅通"七纵九横"主干路网，加密次干道和支线路网，大幅提高路网密度，推进多层次枢纽场站建设；构建轨道交通、公交等公共交通体系，实现网络全覆盖。全面提升基础设施承载能力，建设保障有力的供排水系统，推进电网改造升级，争取开展实验区核心区增量配电业务试点，扩大光纤接入和移动宽带网络覆盖面，优化天然气利用结构，优先保障居民生活用气，构建多热源联网供热体系，完善城市生活垃圾分类处理、消防体系。大力推进地下综合管廊建设，编制地下综合管廊建设专项规划。全面落实国家和省"海绵城市"建设要求，加快海绵型建筑、海绵型居住区、海绵型道路和广场建设。

打造智慧人文航空都市。坚持统一规划、集约建设、资源共享、规范管理原则，加强宽带网络基础设施建设，实现无线网络全覆盖，推动下一代互联网、物联网、云计算等新技术应用，建设功能配套、安全高效的智慧实验区。加速推进信息服务平台建设，整合公共管理信息资源，提升政府公共服务和城市管理信息化水平，实现城市管理网格化、精细化、智能化。提升城市文化品位，梳理城市文化要素，建设兼具中原文化特色和航空都市文化特色的人文城市，完善城市高端服务功能，塑造时尚、开放、包容的魅力都市。

三　省委、省政府关于加快推进实验区建设的若干意见

2017 年 4 月 8 日，中共河南省委、河南省人民政府印发《关于加快推进郑州航空港经济综合实验区建设的若干意见》，明确提出到 2020 年，基本建成竞争优势彰显、创新活力迸发、区域带动力显著增强、国际影响力大幅提升的实验区。全面建成以航空运输为主体、融合多种交通方式的现代综合交通枢纽，基本建成国际航空物流中心和连通境内外的多式联运现代物流中心，基本建成以航空经济为引领的现代产业基地，基本形成现代航空都市框架。实验区地区生产总值实现翻番，突破 1000 亿元；建成区面积实现翻番，突破 100 平方公里；集聚人口实现翻番，突破 100 万人。

建设现代航空都市。按照促进生产空间集约高效、生活空间宜居适度、生态空间山青水秀的总体要求，统筹产业布局、人口分布、资源利用和基础设施建设，高水平推进城市功能区连片综合开发，形成空港、产业、居住、生态功能区共同支撑的航空都市。将实验区规划范围内村庄改造优先纳入棚户区改造计划，实行直通车管理，加大城镇化基金支持实验区基础设施建设力度，吸引人口和高端要素集聚，形成有特色、高品位的城市功能区；大力推进综合管廊规划建设，提高管理运营水平，积极推行低影响开发模式，加大"海绵城市"规划建设力度，构建智慧城市体系；构建以南水北调滨水景观廊、小清河滨水景观廊为两脉的生态绿网，合理划定城市绿地系统的绿线

保护范围，加快河流水系、城乡道路、公园等连通建设，构建人工景观与自然景观和谐共生、"林、水、城"相互交融的生态景观。全面推进园博园建设，创建低碳社区，加强历史文化和风貌特色保护，实现城市设计全覆盖。

发挥实验区综合服务功能，推动与郑州主城区、郑州大都市区和全省其他地区融合互动发展，形成实验区与区域经济互促互进、良性互动发展新格局。一方面，加强实验区与周边区域合作对接。推动将实验区纳入郑州市城市总体规划，打造郑州国家中心城市核心支撑区，形成实验区、郑东新区、经开区、高新区、上街通用航空试验区等区域协调联动的发展格局。围绕推进郑州大都市区建设，加快建设开港产业带、许港产业带，强化与新乡、焦作等毗邻区域对接，实现基础设施一体协同，打造全球智能终端、高端制造、航空物流产业发展密集区。另一方面，提升对全省发展的引领带动作用。按照"利用关口、借助交通、产业链接"的思路，推动各地与实验区加强战略合作，提升实验区辐射带动作用，强化实验区腹地支撑，发挥航空港国际门户枢纽和口岸功能优势，推动各地企业与实验区高效对接，融入全球供应链体系，提高全省外向型经济发展水平；发挥实验区现代综合交通枢纽优势，构建连接各地的综合交通廊道，降低物流成本；发挥实验区高端产业集聚优势，推动各地与实验区分工协作、协同发展，带动全省产业结构转型升级。

四　郑州市城市总体规划（2010～2020年）

2017年7月，郑州市政府发布《郑州市城市总体规划（2010～2020年)》（2017年修订）批前公示，向社会公众公开征求意见。总体规划明确，郑州城市性质为国家中心城市、国际综合交通枢纽和物流中心、国家历史文化名城、河南省省会。依托交通干线及沿线城镇，构建"一主一城三区四组团"的城镇布局结构。其中，一主为郑州主城区；一城为航空城（郑州航空港经济综合实验区）；三区为东部新城区、西部新城区和南部新城区；四组团为登封、巩义、新郑、新密四个外围组团。

规划明确，巩固提升郑州国家中心城市、国际性综合交通枢纽的地位和作用，建成面向国际的大型航空枢纽、国际物流中心、"一带一路"核心节点城市、国家综合交通枢纽示范城市。至 2020 年，市域总人口 1245 万人，城镇人口 1025 万人，城镇化水平 82% 左右。中心城区城市人口 610 万人。其中，主城区 470 万人，航空城 140 万人。至 2020 年，中心城区城市建设用地控制在 583 平方千米，人均城市建设用地 95.6 平方米。其中，主城区城市建设用地控制在 420 平方千米，人均城市建设用地 89.4 平方米；航空城城市建设用地控制在 163 平方千米，人均城市建设用地 116.6 平方米。

第二节　市政基础设施建设

一　市政道路

2016 年以来，航空港实验区道路交通及基础设施建设正在全力推进，部分道路已通车，连接四大片区的主干路网初步成型。南北互动、两翼齐飞的城市发展格局基本形成。机场高速改扩建、机西高速、商登高速与进出机场的迎宾路高架、东西贯穿路、海枣路、郑港 11 路等 8 条机场配套道路已全部建成通车，京港澳高速双湖大道、志洋路出入口已开工建设，四港联动大道南延、G107、S102 等一批外联道路建设正在加快推进。

2013 年以来，航空港实验区建成通车道路总里程加速推进（见表 7-1），2017 年截至第三季度，航空港实验区通车总里程约 375 公里，在建道路总里程近 200 公里，新增具备通车条件道路里程约 75 公里，计划年内新增具备通车条件道路里程超过 100 公里，届时航空港实验区通车总里程达到 400 公里。园博园周边 60 公里续建道路全部建成通车。不断提升空港、古城片区城市服务功能，推进会展物流、双鹤湖片区尽快形成城市框架，力争建成区面积达到 80 平方公里。

表 7-1　航空港实验区建成通车道路总里程

单位：公里

年份	2013	2014	2015	2016	2017 前三季度
总里程	69	145	248	303	375

二 市政配套

2016 年以来，航空港实验区公共配套设施建设加快推进。切实推进水、电、气、暖等配套设施建设，切实满足生产生活需求。

自来水工程：第二水厂土建、设备安装工程均已完成，一期即将投用，已实现正式供水。新建自来水管网约 120 公里，日处理能力 20 万吨，达到直饮水标准。

电力工程：2016 年新建变电站 6 个，其中，康仁、新苑、凌云、晶店变主体施工已完成，港南、梦泽变土建正在收尾，配套输电线路建设已全面启动；2017 年开工的 6 座变电站中 220 千伏航东变、陈楼变以及 110 千伏腾飞变、园博变、苑陵变、和苑变已开工建设；新铺设完成电力排管约 110 公里。全省首个移动变电站已在双鹤湖地区投入使用。总投资 18 亿元的电力高压廊道开工建设，将实现高压电力线路全部入地。

燃气工程：港南燃气调压站前期手续办理工作已全部完成，待近期土地手续办理完成后即可进场施工；完成燃气管网铺设约 90 公里。

通信管网：累计敷设管网约 150 公里。

综治中心：13 个办事处 25 个新建安置区"双创"合格达标率超过 80%。总投资 1.67 亿元的南、北区环卫管养中心项目已完成近半工程量，投用后将明显提升全区环卫保障能力。办事处、村（社区）综治中心建成率达到 80%。视频监控综合指挥中心建成，基本实现了建成区技防设施"全覆盖"。

综合管廊建设：城市地下空间综合利用的规划开发和建设兼顾人民防空要求，以提升城市承载力和应急避险能力。2017 年第三季度，双鹤湖片区综合管廊已完工，长度约 6.1 公里。会展高铁商务区综合管廊与园博园片区综合管廊总长度约 8.35 公里，其中会展高铁商务区综合管廊目前主体已完成。总面积超过 15 平方公里的双鹤湖海绵新城区建设正在快速推进，包含地下商业、地下停车场和综合管廊在内的地下城市综合体建设已完工。

正在开发建设的区域内供水、污水处理、电力、燃气、热力等基础设施已实现全覆盖，累计投入资金 54 亿元。

第三节　都市生态建设

一　公园绿地与生态廊道

以"绿地—碧水—蓝天"园林生态城市为目标，生态体系建设加快推进。2016 年以来生态绿化建设快速推进，新开工绿地面积超过 1000 万平方米、新增绿化面积近 300 万平方米。2017 年截至第三季度，全区新增绿化总面积超过 300 万平方米（不含园博园）。计划年内新增绿化总面积将达到 400 万平方米。

1. 继续推进生态公园建设

南水北调生态文化公园试验段总长约 8 公里，2017 年截至第三季度，已完成绿化面积 235 万平方米。

双鹤湖中央公园东西长约 5 公里，南北宽 600～800 米，总占地面积 5300 多亩。其中，一期占地 2475 亩，总投资约 40 亿元。规划设计以本地出土的青铜器代表作莲鹤方壶为创意起点，按照欢乐岛、探索岛、鲜花港的三区多元的规划结构，把水与城、园与丘、花与田等景观特色交汇于莲鹤双湖之间，主要建设环湖景观区、商务休闲区、核心演绎区和娱乐游览区四个主要功能分区，实现现代科技与乡土记忆的有机融合，承载了航空港实验区城市生态价值、城市精神凝聚价值和城市文化延续价值。双鹤湖中央公园音乐喷泉的投用，标志着双鹤湖中央公园地下城市设施与地上生态景观建设全部完成，正式转入公园周边城市功能提升与产业发展阶段。

绿地公园是城市绿地系统中最大的绿色生态板块，是城市中动植物资源最为丰富之所在，被人们亲切地称为"城市的肺""城市的氧吧"。城市中央公园对于改善城市生态环境、保护生物多样性起着积极的作用。对于一座城市，不仅起到平衡城市环境的作用，还有着精神昭示、活动聚集的作用。世界四大城市中央公园设计与建设莫不如是（见表 7 - 2）。以航空港双鹤湖中央公园设计为例，双鹤湖中央公园为响应园博会配套服务要求，满足园博会餐饮、休憩、购物的需求，同时保证双鹤湖公园的环境品质，定位为中高端

"科技生态"旅游公园，融入现代科技及中原文化特色；满足双鹤湖片区高端集聚区所需的高端餐饮、商务宴请、生活配套、娱乐休闲、文化体验等功能。

表7-2　世界四大城市中央公园设计概况

城市中央公园	概况	特色与著名景点
美国纽约曼哈顿中央公园	占地面积达843英亩	华尔街、第五大道、Tiffany总店、华尔道夫、文华东方、半岛……名店林立、豪华酒店云集
英国伦敦海德公园	在泰晤士河东，占地面积360英亩	伦敦金融城CBD、Burberry旗舰店、大本钟、伦敦眼……均环伺于海德公园左右
郑州双鹤湖中央公园	总占地面积5300多亩。其中，一期占地2475亩	以莲鹤方壶为创意起点，按照欢乐岛、探索岛、鲜花港的三区多元规划结构，把水与城、园与丘、花与田等景观特色交汇
重庆中央公园	两江新区同茂大道和节庆大道间，规模2300亩	依托重庆山水风貌特色，体现自然和谐之美的现代城市公园，公园周边规划人口20万，中央为公园绿地，西侧商务集聚，东侧高端配套

2. 全面推进生态廊道建设

机场高速二期（即两侧后50米段）全长约2公里，总面积约7.1万平方米，2017年截至第三季度该区段生态廊道已基本建成；河东南区"三纵三横"生态廊道总绿化面积约为450万平方米，2017年截至第三季度，已完成绿化面积近200万平方米，栽植乔木7万余株、灌木7.6万株、地被超过80万平方米。

3. 全面推进道路及街边游园绿化建设

苑陵路（滨河东路—冀州路）、晶店路（商登高速—冀州路）、华夏大道（祥港路—南海大道）、金陵大道（华夏大道—冀州路）等4条园博园主要进园道路绿化，总面积约440万平方米，2017年截至第三季度累计完成投资约2.7亿元；河西南区园博园C区周边新港十路、梅河西路、航兴路、苑陵西路等10条路道路，现已累计栽植乔灌木约4万株、地被约17万平方米，完成绿化面积约50万平方米。

二　园博会与园博园建设

郑州市历经四次、历时八载方得以成功举办第十一届中国（郑州）

国际园林博览会。本届园博会对于促进郑州市生态文明建设、满足人民群众日益增长的生态园林文化景观需求、改善百姓居住环境、带动航空港实验区双鹤湖片区综合立体开发、展示实验区建设国际航空大都市形象、彰显郑州建设国家中心城市的后劲与实力，具有重大意义。

郑州园博会以"传承华夏文明、引领绿色发展"为主题，突出"文化园博、百姓园博、海绵园博、智慧园博"特色，围绕"中华一脉、九州同梦、丝路花海"设计主题，打造"与城市共生长有机体，增强市民参与性、互动性和趣味性"。

郑州园博会展园区按照"一园三区"进行规划建设，即园博园（园博园 A 区）、双鹤湖中央公园（园博园 B 区）、苑陵故城遗址公园（园博园 C 区），三个园区采取差异化定位，同步规划，同步建设，同步开园。园博园三区总面积 6180 亩，三区总投资约 70 亿元，2016 年实际完成投资 29.5 亿元，园林绿化、树木种植约 6.3 万棵。

园博园主展区（园博园 A 区）规划设计秉承传统自然山水的造园理念，构建一湖一山、一园多区，主要分为公共景区和室外展园区。公共景区重点建设具有浓郁中原传统文化特色的轩辕阁、华夏馆、同心湖、华盛轩、儿童馆、豫园、民俗文化园等一系列园林山水景观。园博园主展区自 2016 年 3 月 18 日正式开工建设。2017 年伊始，园博园 A 区挖湖、堆丘、桥梁等土建工程基本完成；四个入口及配套建筑、轩辕阁、主展馆等设施完成主体建设，开始进行外装。至园博会开幕前夕，所有建设调试试运行均顺利结束。

双鹤湖中央公园（园博园 B 区）位于航空港实验区南区，定位为区域共建高端制造业园区。双鹤湖中央公园处在双鹤湖片区核心区内，占地面积 2475 亩，它以"科技生态"为主题，按照欢乐岛、探索岛、鲜花港的三区多元的规划结构，把水与城、园与丘、花与田等景观特色融汇于莲鹤双湖之间，旨在实现乡土记忆与现代科技的有机融合。

苑陵故城遗址公园（园博园 C 区）是国家级重点文物保护单位。通过绿地与其东南的园博园 A 区连成一片，占地面积 1920 亩。公园以古遗址保护为前提，进行内城园林绿化景观建设和部分遗址发掘展示。

园博园主展区（园博园 A 区）与国家级文物保护项目苑陵故城遗址公

园（园博园 C 区）呼应相连，呈"绿色如意"形，体现了"古苑新园、古今对话"的设计理念。双鹤湖中央公园（园博园 B 区）以"科技生态"为主题，建设一个完全不同于传统的崭新园博会展区，同时建设一座先于城市又融于城市的中央公园。

三 生态水系建设

以园博园建设为带动，大力推进生态绿化和生态水系建设，推动园林生态城市和生态水系风貌塑造。围绕园博园建设，着力做好南部片区水系生态建设工作，2017 年完成南水北调生态文化公园试验段、航兴游园、和昌游园与梅河干流、梅河支流、高路河及 24 座跨河桥梁建设，兴空明渠、晴空明渠完成工程量的 90%，南水北调生态文化公园北段启动建设。2017 年开工梅河二期、梅河支流及高路河三条水系，总长度约 26.6 公里，总投资约26 亿元，截至第三季度，河道土方开挖累计完成约 1150 万立方米，累计栽植乔灌木 6.2 万棵、植被 106 万平方米，跨河景观桥梁已完成 22 座，营造绿色、滨水、宜居的生活环境。

四 环境治理

经与《中共中央国务院关于加快推进生态文明建设的意见》《河南省主体功能区规划》等规划衔接，航空港实验区"十三五"规划坚持绿色发展理念，按照节约集约的原则，切实提升资源、能源综合利用水平。规划的项目严格按照环境影响评价要求，对气环境、声环境、水环境及土壤环境影响均在可控范围内，能够满足规划环境影响评价技术要求。

大气污染防治。2016 年以来，严格落实环保治理措施，空气质量取得明显改善。全区 220 个施工工地基本实现了"六个到位""七个百分之百""两个禁止"标准；燃煤小锅炉专项集中整治全面完成；禁燃区实现建成区全覆盖；道路洒水降尘作业不断强化，全年实施应急管控 12 次，有效降低了不利气象条件对空气质量的影响。PM10 年均浓度 137 微克/立方米，低于目标数 2 个单位；PM2.5 年均浓度 76 微克/立方米，低于目标数 16 个单位；优良天气 216 天，完成全年目标的 113.7%。2017 年深入实施蓝天工程，严格执行"7个100%"要求，计划全年实现PM10平均浓度不高于118微克/立方米、PM2.5平均浓度不高于63微克/立方米、优良天数达到219天以上的目标。

碧水工程。2017年，航空港实验区加快第三污水处理厂等污水处理设施建设，编制水污染防治攻坚战实施方案，促进水环境质量全面改善。

扬尘治理。市政道路工地实行分段作业，规范出入口设置。对长期堆放的土方，全部实行先撒播草籽，再覆盖防尘网的办法进行治理。对工地围挡的设置，要求不低于2.5米（房建）或2米（市政），围挡上部设置喷淋。2017年以来，各工地累计投入扬尘治理费用4.3亿元，购买防尘网311万卷、洒水车296辆、雾炮机241台、抑尘雾炮车18辆，工地管理水平实现跨越式提升。建立了扬尘监测云平台，实现了辖区工地远程视频监控和PM2.5、PM10监测数据的互联互通。并安排专人对平台24小时值班，紧盯违法行为。实行"五加二"、"白加黑"巡查和"周通报、月排名"制度，对工地违法行为实行顶格处罚、按日计罚。截至第三季度，发现扬尘污染问题761项，下发整改通知书672份，下发停工通知书19份，行政处罚47起，处罚金额391余万元。先后以S102绿化项目、雁鸣路、河东安置五棚户区、兴港大厦项目为典型，组织召开了扬尘治理现场观摩会，树立先进标杆，统一治理标准，相互借鉴提升，全面提高施工工地扬尘整治水平。

整治取缔"散乱污"企业。为确保"散乱污"治理取得实效，管委会与各部门、各办事处签下"军令状"，通过"日排名"督促整治进度。多部门联合推进，针对每个企业实行"一企一策"，明确标准，倒排工期，全力整治；各办事处充分发挥三级环保网格督查的作用，早晨例会、夜晚开会，全体班子成员人人承担任务、全员"攻坚"；村组一线工作人员严密配合，现场盯守；督查组高频督查，一天一通报。为了做到全覆盖、无"死角"，管委会组织相关部门进行逐级抽查，对新发现的"散乱污"企业及时进行补录，真正做到100%全覆盖。截至第三季度，全区全部完成整改取缔任务。同时，健全完善属地管理、部门监管、社会监督的长效机制，村级一天一巡查，办事处一周两次巡查，发现违法违规企业，做到露头就打，发现就拆，严防关停取缔企业死灰复燃。

机动车污染治理。在辖区设立2个机动车遥感监测卡口，严格查处行驶超标车辆，对重型车辆实行绕行，减少建成区的空气污染。提前完成黄标车淘汰任务。2017年第四季度起辖区全面禁售普通柴油和低于国六标准的汽柴油。

第四节　都市空间建设

一　新型城镇化建设

全域城镇化建设加快推进。以百城提质工程为契机，全力推进城市建设，完善城市功能。以"四大片区"为载体，加快水、电、气、暖、路等配套设施建设，加快推进棚户区改造和特色商业街区建设，尽快形成以产兴城、以城带产、产城并进的发展格局，将航空港实验区打造成郑州国家中心城市建设的航空新城、国际新城。2016年完成17个村486万平方米拆迁。新开工村民安置房建设927万平方米，累计开工面积1534万平方米，累计竣工面积270万平方米，累计回迁村民超过5万人，累计置换宅基地为建设用地超过3万亩，现已成为河南省最大的棚户区改造区域。

持续深化土地管理、融资体制创新。全区土地利用总体规划调整方案及永久基本农田划定方案完成上报，调出基本农田1.03万公顷，"十三五"用地空间得到有效拓展。航空港实验区共规划建设13个居民安置区，总建筑面积2041.93万平方米，规划楼栋1069栋，供房142749套，总投资约523亿元。其中，南水北调运河以西区域4个居民安置区（郑港、滨河、新港、银河），共33个安置房项目，占地面积3584亩，建筑面积608.35万平方米，规划楼栋574栋，供房52133套，总投资约141亿元；运河以东万三公路以西区域规划建设9个居民安置区，占地面积4759亩，建筑面积1433.58万平方米，规划楼栋495栋，供房90616套，总投资约382亿元。

2016年安置房建设及居民安置。启动河东第4~9共6个安置区38个项目地块，总建筑面积约 962 万平方米。完成桩基施工 1000 万平方米，其中，正在进行主体施工地块 19 个，总建筑面积 533.2 万平方米；基础施工地块 9 个，总建筑面积 186.77 万平方米；土方开挖地块 10 个，总建筑面积 242.33 万平方米。2016 年共 5 个项目地块完成回迁，共 6756 套房，安置山石王、冢刘、湛庄、后宋、柿吴、炮李、翟庄、王庄、柿元吴 9 个村共 11578 人。累计 20 个项目地块完成回迁，共 26433 套房，30 个行政村，安置村民 50070 人。

2017 年前三季度安置房建设及居民安置。2017 年前三季度，航空港实验区南水北调运河以西区域共 4 个居民安置区 34 个安置房项目。其中，已完成移交项目 23 个，建筑面积 322 万平方米；基本完工计划移交项目 7 个，建筑面积 199 万平方米；在建项目 4 个，总建筑面积 87 万平方米，目前已全部封顶，正在进行内部安装、小区绿化、庭院铺装等工作。南水北调运河以东区域第四至第九共 6 个安置区 38 个项目地块，目前已全部开工建设。其中，正在进行主体施工地块 36 个，建筑面积 920 万平方米，已封顶 186 栋楼；土方开挖地块 2 个，建筑面积 38 万平方米。南水北调运河以东区域第一至第三安置区共 20 个地块，目前已开工建设 6 个地块。2017 年前三季度，航空港实验区共完成回迁项目 22 个，安置村民 53300 人，共回迁了 4343 人。

二 智慧城市建设

2017 年 9 月 29 日，第十一届中国（郑州）国际园林博览会（简称"郑州园博会"）盛大开幕，作为我国规模最大、规格最高、内容最丰富的风景园林与花卉盆景行业盛会，已成功举办过十届。郑州园博会在航空港实验区南部片区召开，园博园占地约 3800 亩，包含室外展园 94 个，其中省内展园 18 个，省外展园 53 个，港澳台展园 3 个，国外展园 18 个，另有 2 个大师园。中秋、国庆双节期间省内外大量游客畅游郑州园博园。

园博园工作人员利用多路大屏智能监控系统、智能管控平台、大数据分析平台等应用，实时监测园区状态及各项数据指标，根据园区客流情况随时进行调度管理，现场采取疏导、限流等措施，避免人流过度聚集，排除安全隐患。同时通过微信公众号、APP、智能广播、多媒体信息屏等多个渠道应用及时发布公告信息，引导游客有序游园。用 APP 网络订票后仅需要刷身份证即可轻松入园；用手机享受电子地图导航、智能储物、智能停车、智能排号预约等贴心服务；随时随地通过微信摇一摇自助听免费讲解。园区内同时设置了多套信息化触摸屏查询系统，通过这些智能设备同样可以享受到"智慧园博"带来的方便与快捷。河南移动还在全园建立有公共 WiFi 系统，游览中可以随时使用免费无线网络。"智慧园博"系统不仅为入园游客提供着方便，还为园区管理人员的安保调度、后勤保障保驾护航。2017 年的"十一"黄金周期间，在郑州园博园游览的游客着实体会到了由河南移动建设的"智慧园博"带来的红利。

据官方统计，8 天"十一"长假期间，郑州园博园三园累计接待游客约 47 万人次，其中 A 区入园游客 27.5 万人次。省外游客占比 9.8%，国外游客占比 0.5%，省内以郑州、开封和洛阳游客最多。园区无线网络接入登录用户 6 万余人，微信公众号关注 7 万余人，网上购票 3 万余张，非现金购票占比 44%。在线收集并处理游客诉求及建议 1000 余条。河南移动"智慧园博"各系统顺利完成了"十一"黄金周期间的保障任务和便捷服务。

三 领事馆片区城市设计

领事馆是一国驻在他国某个城市的领事代表机关的总称，负责管理当地本国侨民和其他领事事务。领事馆旨在努力促进两国的贸易和投资，实现贸易和投资的多样化；增进两国的了解；互相帮助发展，以实现其地区一体化和全球一体化；建立两国之间的联系；以及帮助出行旅游的本国公民。当前，我国拥有领事馆的城市共有 17 个（见表 7-3）。其中，北京、上海、广州等城市都有集中的领事馆片区，不但活跃了区域经济，还使周围的房产价格成为区域高地，使馆区巨大的推动效应更使该区域价值得到极大提升，成为众人眼中的"财富区"。

表 7－3　我国设有领事馆的城市统计

单位：个

城市	领事馆数量	城市	领事馆数量
香　港	89	厦　门	3
上　海	72	青　岛	3
广　州	43	西　安	3
成　都	15	呼伦贝尔	1
重　庆	10	呼和浩特	1
沈　阳	7	二连浩特	1
昆　明	6	拉　萨	1
南　宁	6	澳　门	1
武　汉	5		

注：数据统计不包括我国台湾地区。

　　航空港实验区将建设中原地区首个领事馆区。在郑州专门设立领事馆区，兴建领事馆大厦，着手吸引"一带一路"沿线国家、外国或国际组织设立驻郑州代表处或办事机构，这将为河南乃至中部地区对外交往提供更完善的服务和更舒适的环境，提升郑州的国际化水平。

　　2016 年 6 月 13 日，郑州航空港经济综合实验区（郑州新郑综合保税区）官方网站发布《郑州航空港经济综合实验区领事馆片区城市设计招标公告》。航空港实验区领事馆片区城市设计规划范围为北至郑港三路、南至郑港六路、东至国道107、西至富航路，领事馆片区城市设计规划范围面积为 10.75 平方公里，拓展范围为 23 平方公里；2017 年 6 月 22 日，《郑州航空港经济综合实验区领事馆片区城市设计》召开专家评审会，专家组原则同意设计方案通过评审，并提出若干深化完善意见。按规划，领事馆片区将被打造为国际化高端领事馆片区、城市公共服务中心、智慧型创意研发片区、生态型开发宜居片区。该项工作于 2016 年下半年启动开展，规划编制单位为英国合乐（上海）工程咨询有限公司。

第八章

民生建设

第一节　航空港实验区民生建设任重道远

目前，航空港实验区建成区面积 70 多平方公里，代管面积 415 平方公里，常住人口 70 余万。在教育、医疗、社会服务、居民素质、参与能力等方面，距离国际航空大都市目标差距很大，在建设郑州国家中心城市引领方面，还需继续努力。但总体来看，2017 年航空港实验区在教育、医疗、社保、交通、生态、保障性住房建设等方面推进顺利，很好地完成了年初规定的民生建设任务。

一　航空港实验区民生建设主要内容

2017 年初，航空港实验区提出了包括教育、医疗、社保等 10 个领域、23 项任务的民生实事。

（1）教育发展：新建航空港实验区第九初级中学可提供学位 1500 个，新建九号安置区小学及郑港五路小学可提供学位近 3000 个，新建新港八路第一幼儿园及大马幼儿园可提供学位 540 个。

（2）医疗服务：在双鹤湖二街东侧、规划工业十一路南侧，开工新建一座公共卫生综合服务中心，项目总建筑面积 3 万余平方米；将为符合条件的已婚育龄妇女提供免费孕前检查，年内计划完成 2000 名符合条件的已婚育龄妇女免费孕前检查；继续免费为 60 岁以上低保老人及优抚对象进行一次健康体检。

（3）社会保障：管理参保单位 67 个，累计征缴社会保险费 16.14 亿元，办理业务 246019 笔，全年共支付稳岗补贴 5898.97 万元，统筹支付

3440141.34元，个人账户支付47327.24元。新申请参保被征地农民7819名，月发放金额1100余万元，累计发放被征地农民社会保障待遇8491.969万元。新建一座现代化养老院，提供600张床位。

（4）交通服务：新建枣园过街天桥，新郑综保区E区、K区下穿通道；计划新开郑州机场至园博园、北部交通枢纽中心至园博园、园博园A区至B区环线、郑港六路与郑港四街交叉口至北部交通中心枢纽4条公交线路。

（5）生态环境：新增新港十路、梅河西路、航兴路等10条道路，河道土方开挖累计完成约1150万立方米，累计栽植乔灌木6.2万棵、植被106万平方米，跨河景观桥梁已完成22座，通过实施蓝天工程，优良天数达到219天以上。

（6）饮食安全：实施严格的食品药品安全制度。采取定期和不定期抽查方式，对航空港实验区内的药店、学校食堂、居住区饭店进行监督检查。已经完成4家大型农贸市场和4家大型超市安装农产检测设备及公示系统。

（7）安居工程：2017年前三季度航空港实验区已经完成移交项目23个，建筑面积322万平方米；新开工南水北调运河以东区域38个项目地块；完成回迁项目22个，安置村民53300人。

（8）就业促进：全区共新增城镇就业2540人，失业人员再就业344人，就业困难人员就业20人，转移农村劳动力1650人。开展再就业培训100人，举办创业培训60人，组织职业技能培训1404人。发放创业担保贷款270万元。

（9）文化服务及其他：免费为全区173个行政村每月放映一场公益电影；拟新建9个警务工作站，新建1座消防应急调度指挥中心暨特勤消防站。

二　航空港实验区民生建设特点

当前，实验区实际建成区面积约为总面积的1/6，所以大部分地区处于在建状态，这些区域多集中在远离机场的南部、北部和东部地区，主要是八千、明港、龙王、冯唐、清河、八岗、滨河几个办事处。建成区和待建区经济社会发展差距较大，民生实事内容和形式也有很大不同。

（一）建成区的民生建设更加关注提升社区居民素质

例如，为提升优生优育水平，郑港办事处在辖区开展了为期一周的免费孕前优生健康检查宣传活动。活动共发放免费孕前优生健康检查宣传资料5000 多份，宣传纪念品 3000 多份。新港办事处为提升居民的法律素质，积极开展"法进万家"大讲堂活动，邀请河南国基律师事务所公司法部主任王术军律师为全体与会单位人员讲授了"行政法相关法律问题"。授课结束后，王律师还与大家进行了互动交流，现场解答了大家日常工作、学习中遇到的或是感兴趣的法律问题。滨河等办事处开始部署"新家庭计划——家庭发展能力建设"项目工作。作为一个国际理论热点——家庭生计、志愿服务等已经在航空港实验区变为现实，可以说走在了国际社区治理的前列。其他办事处也在积极对失地农民进行职业培训和补助。

三官庙办事处针对辖区内重点建设项目多、工期紧、任务重的实际情况，积极实施责任制，即办事处对辖区内正在施工或即将开工的重点建设项目实行"1 + 1"包保责任制，办事处主要领导带头分包，每个重点项目明确一名班子成员，针对每个项目实际情况，制定具体推进实施方案，明确工作标准和时限要求，量化分解任务到人，确保项目进度有序推进。同时，加强监督检查，办事处建立重点项目工作台账，加强重点项目日常巡查和走访，对项目工地要求文明施工，科学管理，保障工程进度。

（二）在建区民生建设突出拆迁安置和脱贫攻坚

例如岗冯村通过制度建设进一步完善了预征收土地管理工作。一是确边划界，核定亩数。村干部带领村民组长和村民代表对鼎航公寓、飞霞街、园博园东七街、园博园东八街、园博园东九街等项目预征收土地进行确边划界，确定各组所占亩数。二是积极疏导，合理耕种。由各组组长和群众代表一起丈量本组农户征地面积，并负责劝导本组农户，秋收结束后，不要在预征收土地内耕种，确保按照时间节点清表交地，避免带来不必要的经济损失。三是及时造册，兑付补偿。村干部督促各组迅速召集群众代表研究地款及青苗费分配方案，及时上报，申请资金，确保第一时间将地款及青苗费发放到群众手中。张庄办事处通过拆迁扫尾和建筑垃圾清运，即"双清零"工作，全面改善群众居住环境，共清运建筑垃圾 5970 立方米，扫尾拆迁 13处，为第十一届中国（郑州）国际园林博览会创造了良好周边环境。

明港办事处依托网格化管理不断提升社区治理水平。明港办事处针对辖区 90 多家开工项目，依照项目区域进行网格划分，按照属地管理原则在每个项目部树立网格长公示牌，明确职责，方便项目单位咨询求助。同时，要求三级网格长每天巡查一遍在建工地，询问了解情况，使问题第一时间得到发现、解决或上报、处理。另外，每位三级网格长还负责监督协调项目涉及的所有建筑垃圾、工地黄土裸露等情况的处理工作，降低环境污染。

冯堂办事处针对辖区的贫困人口，积极开展档卡规范工作。在"两不愁三保障"基础上，按照坚持公开、公正、透明原则，按照扶贫对象精准、项目安排精准、资金使用精准、措施到户精准、因村派人精准、脱贫成效精准的"六个精准"，贫困户识别零差错、贫困户退出零差错、扶贫资金使用零差错的"三个零差错"和精准度明显提高、认同度明显提高、满意度明显提高的"三个明显提高"为原则深入农户填写精准识别入户普查表和贫困户精准扶贫明白卡。办事处成立五个扶贫攻坚责任组，每组由包村领导、村支部书记、第一支部书记、村主任、驻村工作队和包村干部组成。责任组在办事处领导下开展工作，具体负责所在村脱贫攻坚工作的组织领导，综合协调，贫困人口精准识别和精准退出，帮扶措施落实以及贫困档案建立等工作。

八千办事处建立了扶贫对象动态管理制度体系。按照《传达河南省脱贫攻坚领导小组办公室关于做好 2017 年度扶贫对象动态管理工作的通知》、《郑州市脱贫攻坚领导小组关于做好 2017 年度扶贫对象动态管理工作的通知》、《郑州市扶贫开发办公室关于郑州市建档立卡系统信息数据质量抽查情况的通报》、《河南省贫困退出实施办法》及《航空港实验区 2017 年度扶贫对象动态调整管理工作要点》文件，要求各包村干部及行政村严格按照航空港实验区有关扶贫对象动态调整管理工作要点，按时间节点，对脱贫标准、纳入标准及流程等进行制度设计，确保高质量完成脱贫攻坚任务。

三 航空港实验区民生建设的政策基础

（一）河南省民生建设

2017 年河南省继续从全省人民最关心、最直接、最现实的利益问题入手，集中力量办好关系群众切身利益的社保、就业、教育、农村电网改造等十项重点民生实事，努力使人民群众享受到更多的改革发展成果。

同时，省长陈润儿强调，要以对人民高度负责的态度，提高政治站位、精心组织实施、改进干部作风，确保十件重点民生实事件件办好、件件见效（见图 8－1）。应尽量克服以往民生实事存在的重视程度不够高、工作推进不够实、项目质量不够好等问题，实施"可考核、可追责"制度，回应百姓"最关心、最迫切"的诉求，顺应群众"看得见、摸得着"的期待。河南省这些民生内容和要求，为郑州市和航空港实验区民生建设提供了重要基础和指导。

图 8－1　2017 年河南省十件重点民生实事

（二）郑州市民生建设

郑州市民生实事内容比河南省要求更加具体和宽泛，除了医疗、教育、就业、文化、社会保障等内容外，还增加了交通、生态环境、饮食安全、便民服务等内容。

（1）医疗服务：强调继续实行免费医疗筛查、大病医疗保险等内容，突出提升乡镇卫生院公共卫生保障能力、加强社区卫生服务中心建设内容。

（2）社会保障：不但强调建立困难群众大病补充医疗保险制度，还提出关注低收入群体、提高城乡孤儿养育标准、关爱留守流动儿童等内容，主动回应发展不平衡、不充分问题。

（3）教育发展：已经走在全省的前列，突出加强普通中小学校基础设施建设、继续实行教育建设资金奖补、改善贫困地区薄弱中小学办学条件、实施新风系统试点。

（4）交通建设：这是河南省民生建设没有涉及的内容，郑州市提出"六推进""一加强"，即推进轨道交通建设、推进城市快速路工程、推进市内下穿隧道工程、推进支线路网工程建设、推进公交设施建设、推进停车场建设，加强市政道路整治。这些措施一方面提升了郑州市内外的通达能力，另一方面为建设国家中心城市奠定交通基础。

（5）生态环境：加快推进冬季清洁取暖、加大燃煤锅炉拆改力度、推进机动车污染治理、加强流域生态治理、加强绿色生态建设、加快农村生活污水治理、加强农村生活垃圾集中处理、加强农村畜禽养殖管理。

（6）饮食安全：加强食品安全监管检测、加强生活饮用水安全检测，创建10条餐饮服务食品安全示范街。与河南省相比较，郑州市在饮食安全方面更加具体。

（7）安居工程：加大保障房建设力度，建成1万套公租房，开建超10万套棚改安置房，推进农村危房改造，完成全市100户农村危房改造。

（8）便民服务：推进农贸市场建设，开展"绿城妈妈"社区环保服务，推进智能信报箱建设，全力打造"15分钟便民生活圈"。

（9）就业促进：再就业培训3万人、创业培训2万人，组织农村劳动力职业技能培训5万人、高技能人才培训1.85万人，全市实现新增城镇就业13万人，农村劳动力转移就业7万人，城镇"零就业"家庭动态为零。

（10）文化服务：开展"舞台艺术进乡村、进社区"千场文艺演出活动，开展农村公益电影放映工程，在全市行政村免费放映电影2万场（次）以上。

（三）国家民生建设新动向

2017年10月，习总书记代表十八届中央委员会所做的《决胜全面建成小康社会夺取新时代中国特色社会主义伟大胜利》，全文透露出我党对民生实事的新观点、新要求，内容包括：

（1）扩大中等收入群体；

（2）促进农民工多渠道就业；

（3）尽快实现养老保险全国统筹；

（4）全面取消以药养医；

（5）使绝大多数城乡新增劳动力接受高中阶段教育；

（6）确保 2020 年贫困人口和地区脱真贫、真脱贫；

（7）着力解决空气、水、土壤等突出环境问题；

（8）加快建立多主体供给、多渠道保障、租购并举的住房制度；

（9）实施食品安全战略；

（10）健全留守儿童和妇女、老年人的关爱服务体系。

（四）航空港实验区民生建设展望

民生建设具有不同的水平和层次，结合航空港实验区发展定位，即航空经济发展先行区、郑州国家中心城市引领区和双创示范区，航空港实验区在民生建设方面应当突出以下几个方面的内容。

（1）提高民生建设的标准，继续走在全市乃至全省的前列。作为国家中心城市的引领区、航空经济发展先行区，航空港实验区民生建设标准要有标杆作用，应对标发达地区或国外的社会民生建设，提高民生建设水准，创新服务能力。

（2）突出重点，根据建成区、在建区的不同，分类施策，统筹各项民生建设资金、资源，在机场周边打造民生服务城市品牌，在远离机场区域，打造民生建设转型发展的航空港实验区品牌，把资金、人员和技术投入进行充分优化，夯实民生建设的物质技术条件，为打造现代国际航空大都市奠定基础。

（3）加强协同，增强民生建设的部门与区域协调能力。一方面，民生建设涉及教育、医疗、社保、公共服务、住房、就业等方方面面，需要航空港实验区党政主要领导亲自抓，成立专门部门、抽调精干人员进行督办，与征地、拆迁、城市建设等协同推进。另一方面，民生建设具有动态性、流动性，需要区域协同，比如机场周边办事处、社区要与机场集团充分合作，在被征地农民就业、生活方式转变等方面进行深度协同，共同做好民生建设工作，积极打造航空港实验区机场—政府—居民协同创新模式，即成立专门民生协调机构，把政府、机场、附近企业、居民等协调进来，充分发挥各自功能，实施多元主体共治模式。

第二节　航空港实验区精准脱贫经验

郑州市规定，贫困户脱贫由村民小组提名、村级评议、乡级初核后，县级组织考核审定；贫困村退出由村级申请、乡级评议、县级初核后，市里组织考核审定。贫困村、贫困户退出后，在攻坚期内继续享受原有扶贫政策。

一　总体情况

《郑州市2017年脱贫攻坚工作要点》（郑脱贫组〔2017〕3号）以及《关于深入推进精准扶贫打赢脱贫攻坚战的实施意见》明确提出，郑州将按照"两年脱贫攻坚、后续巩固提升"的总要求，坚持问题导向，聚焦薄弱环节，继续以"N+2"脱贫计划为主线、以"五对"措施为抓手、以"转、扶、搬、保、救"为基本路径，一手抓脱贫攻坚扫尾，一手抓脱贫成效巩固提升，统筹推进"六个精准"，确保在全省率先完成脱贫攻坚任务。

郑州将围绕"转、扶、搬、保、救"五大路径，提出2017~2018年工作目标：对生存条件较差地区的2.1万贫困群众实施异地扶贫搬迁脱贫；通过产业扶持实现脱贫1.4万人，通过培训就业带动脱贫1.6万人；对建档立卡的2115名无劳动能力贫困人口实施低保兜底脱贫；构建新农合医疗补贴、大病保险覆盖、商业保险补充和医疗救助四重保障体系，防止因病致贫、因病返贫。

依据实验区居民的收入水平，可以将居民分为有扶贫任务的街道和无扶贫任务的街道。最有效的办法是城镇化和拆迁，由于实验区大部分原居民都是农民，所以，在快速城镇化之后，他们可以获得一大笔征地补贴、拆迁安置补助，对于很多农村来说，拆迁使贫困户迅速脱贫，但是若要实现真正脱贫、长期脱贫还需进行深入研究。按照"初选对象、公示公告、制定帮扶方案、制订帮扶计划、填写扶贫手册、数据录入"等程序，实验区已经完成所有贫困户的建档立卡入库工作，新识别贫困户137户337人。

航空港实验区原有贫困村11个（全部为2014年从中牟县移交过来），

建档立卡认定贫困户 2212 户，贫困人数 9171 人，于 2015 年全部脱贫。2016 年 1 月，从新郑市新划转至实验区的八千办事处共有 3 个市级贫困村（路庄村、李久昌村、香炉朱村），共有贫困户 84 户 216 人，于 2016 年底全部脱贫。2017 年，按照上级要求和部署，实验区全面开展了档卡整改工作，共建档立卡 825 户 3161 人，新识别贫困户 137 户 337 人（其中因病致贫 63 户 164 人，因残致贫 23 户 72 人，因学致贫 2 户 6 人，因缺少劳动力致贫 49 户 95 人），全区贫困发生率为 0.12%。截止到 11 月全区共为 2798 人发放低保金 741.1 万元。

二 基础能力建设

（一）层层分包的运作体系

郑州市《关于深入推进精准扶贫打赢脱贫攻坚战的实施意见》（2016 年 3 月 19 日）提出，精准扶贫要解决"谁来扶"的问题。实施脱贫攻坚目标责任制，层层签订脱贫攻坚责任书，立军令状。市委、市政府对扶贫开发工作负总责。县级党委、政府在扶贫开发工作中负主体责任，党政主要负责同志是第一责任人。乡（镇）党委政府要做好政策衔接、组织实施、分类推进等具体工作。要压实村第一书记、村党支部书记、驻村工作队队长的责任，切实做好驻村帮扶工作，做到村村都有帮扶工作队，户户都有帮扶责任人，不脱贫不脱钩。要建立完善脱贫攻坚干部分包责任体系，市、县、乡三级领导要包村到户到人。要制定监督考核办法，确保分包责任的落实。层层分包的科层体系提高了执行力，但也存在共同分摊责任的风险，甚至有些干部会以程序的合法性来逃避责任。

为完成上级规定的脱贫攻坚任务，实验区相应建设了实验区、办事处和社区（村）三级管理体系，发挥三级联动，精准施策，结合征地补偿、拆迁安置、就业服务、社会保障等政策体制优势，快速完成脱贫攻坚任务。

（二）技术服务系统

国家建立了统一扶贫开发信息系统业务管理平台，对全国脱贫攻坚工作进行数据管理。在工作中形成一支由专业技术人员、网站管理人员、大学生志愿者等组成的专业人才队伍。加上动态数据分析、比对，通过大数据应用技术，对脱贫攻坚工作进行监管，及时发现、反馈和跟踪脱贫攻坚工作。

及时应对上级反馈信息。2017 年初，八千办事处针对国扶办、省扶办反馈的涉及的 22 户 50 人低保且无劳动能力贫困户、45 户 107 人疑似患病未参加大病保险贫困户问题，依托网格化管理优势对此类问题进行了排查核实。并制定三条整改措施：一是成立了"脱贫回退"工作领导小组，包含党政干部、各三级网格长、各行政村专项工作小组；二是对照办事处前期脱贫帮扶计划，挨家挨户入户确认情况，做到排查无死角；三是在前期排查核实基础上，对确实存在低保且无劳动能力贫困户、未做到大病保障的贫困户及时在国办系统中给予脱贫回退操作，确保贫困户数据管理工作落到实处。

（三）督导与问责

把握脱贫攻坚任务完成时间节点，制定具体督导办法，加强工作督导。落实市委、市政府制定的扶贫攻坚考核办法，对有扶贫开发任务的办事处党政领导班子实行严格考核，重点考核减贫成效、精准识别扶贫对象、精准帮扶效果和扶贫资金使用等。同时，各办事处结合实际，制定考核办法，加强对社区或村的考核。发挥第一书记和驻村工作队作用，全面制定考核内容。充分发挥督导考核的导向作用，把扶贫开发工作实绩作为选拔使用干部的重要依据，对未能完成年度扶贫开发目标任务的启动追责程序。

三　航空港实验区亮点

随着航空港实验区管辖区域的移交工作不断进行，脱贫攻坚工作具有大起大落的特点，比如航空港实验区 2014 年从中牟县移交过来的有 11 个贫困村，随着征地补偿、拆迁安置等工作的开展，每户居民都领到政府的拆迁补偿等费用，迅速提高了其人均收入水平，快速脱贫。

同时，围绕脱贫攻坚任务，航空港实验区在进行传统节日慰问基础上，大胆创新，初步开创了以党建促脱贫、企业参与、系统管理、直接督导等脱贫攻坚新形式，积累了新时期脱贫攻坚新经验。

（一）传统慰问

利用重大节庆日进行慰问活动。多年来，由不同级别的领导带队，深入扶贫户进行慰问活动，以体恤民情，增加政府公信力。2017 年 1 月，航空港实验区管委会马健主任到贫困户张软花家进行慰问活动。

马健主任向张软花一家转达了实验区党工委、管委会的慰问和祝福，送去了慰问品和慰问金，并详细问询了张软花家庭情况以及一年来的生产、生活状况，在了解到其丈夫早亡、母亲年迈多病、儿子年幼仍在上小学、家庭生活困难无经济来源时，马主任鼓励她要勇敢面对困难，依托党和政府的惠民政策，早日走出困境，步入生活正轨。

马健主任还叮嘱随行工作人员和滨河办事处负责同志，一定要深入基层，心系困难群众，切实安排好他们的生活，力所能及地帮助他们解决实际困难。这些反映出航空港实验区政府在新形势下的为民亲民姿态。

（二）以党建促脱贫

八千办事处提出"围绕发展抓党建、抓好党建促发展"的总体思路，提出要充分发挥党组织在脱贫攻坚工作中的领导核心作用，扎实开展脱贫攻坚整改、规范、建档立卡等工作。

深入开展建档立卡工作。在成立 3 个贫困村村级脱贫责任组的基础上，将办事处领导班子成员、机关党员干部、包村干部分派到 14 个行政村，成立了 14 个由领导班子成员任组长的扶贫工作小组，各扶贫工作小组深入各村相关农户家中实地调查，填写表格，对贫困户进行精准识别。同时办事处在工作人员的分派上重点向 3 个贫困村倾斜，积极配合驻村第一书记、驻村工作队做好脱贫攻坚工作。

充分发挥党组织的领导作用和党员的带动作用。各村党支部在办事处党工委的领导下，结合推进"两学一做"学习教育常态化制度化，按要求规范落实"三会一课"制度，通过召开支部会议、党员大会，讨论制订脱贫工作计划、安排部署整改规范档卡工作，为打赢脱贫攻坚战提供坚强组织保证。

（三）直接督导

领导深入基层直接督导，获取一手资料。航空港实验区党工委书记张延明采取不打招呼、随机抽查的方式到基层调研脱贫攻坚工作。他先到香炉朱村村委会，察看精准扶贫建档立卡情况，认真查阅该村的村级档案及贫困户户级档案的规范化建设情况。然后详细询问了村上贫困群众情况及扶贫工作进展，并就第一书记、帮扶工作队驻村工作进行谈话，直接检验村"两委"成员对扶贫政策的熟悉程度。最后，认真听取同志们对下阶段脱贫工作的意见和建议。

走访村民掌握社保政策。张延明书记亲自走访 68 岁的贫困户左智民，当面询问医保、社保、低保政策落实情况，鼓励左智民要坚定美好生活信心，相信政府。

提出脱贫攻坚工作建议。基层干部、第一书记坚决落实中央、省、市、实验区关于脱贫攻坚工作的要求，深入学习郑州市脱贫攻坚问题整改推进会议精神，对照标准、全面排查、加强整改、担当责任，坚定信心、大胆工作、把握大局、掌握主动，全力以赴打赢脱贫攻坚战。一是激发内生动力，坚持扶贫与扶志、扶智、扶产相统一。二是充分调动干部群众的积极性主动性，确保提前实现脱贫目标。三是认真抓好村级党组织建设，努力把品行好、素质高、能力强的年轻人吸收到党员队伍中来，为党培养可靠接班人，把事业的接力棒一代一代传下去。

（四）实施多元主体参与脱贫工作

充分发挥基层党组织的战斗堡垒作用和党员的先锋模范作用。加强有扶贫开发任务的乡镇领导班子建设，有针对性地选配政治素质高、工作能力强、熟悉"三农"工作的干部担任乡镇主要负责同志。抓好以村党组织为核心的村级组织建设，选好配强村级领导班子。

利用春节等重要传统节庆活动，积极与企业合作开展扶贫攻坚工作，形成政府主导并与企事业单位参与的态势。八千办事处按照"财政扶贫 + 社会资金联合扶贫"的工作思路，积极寻求社会力量加入扶贫攻坚工作中。办事处联合中国圣牧集团、新郑福缘有限责任公司联合向八千办事处贫困户捐赠了 200 件有机纯牛奶，八千办事处党员志愿服务队入村入户，亲手将慰问品发放到了 85 户建档立卡贫困户手中。这样既让困难群众感受到了温暖，提升了政府公信力，也调动了企业参与社会扶贫，增强社会责任的意识和水平。

（五）"回头看"工作策略使脱贫工作更加扎实

为认真贯彻落实脱贫攻坚工作，航空港实验区制定了《郑州航空港经济综合实验区脱贫攻坚"回头看"实施方案》，滨河等办事处进行了重点培训，突出扶贫对象的识别标准和识别程序，并对脱贫攻坚工作开展提出具体要求：一方面要求各村认真学习上级文件精神，严格按照流程开展，做好入户调查工作；另一方面要求各部门相互配合，按照办事处的要求，对照时间节点，保质保量按期完成工作任务。从工作理念、组织结构、责任主体、工作对象等各个方面确保脱贫攻坚工作的落实。

第九章
通用航空发展

第一节　国家通用航空产业综合示范区建设启动实施

2016 年出台的《国务院办公厅关于促进通用航空业发展的指导意见》（国办发〔2016〕38 号）（简称《意见》）提出，充分释放通用航空市场潜力，推动空域改革先行先试，发展新经济、培育新动能等一系设想与目标。

《意见》提出，2020 年建设 50 个通用航空产业综合示范区，自主研制的通用航空器对新增市场的贡献率达到 50%，带动建成 50 个以上通用机场，力争实现通用航空产业经济规模 5000 亿元，成为区域经济发展的新增长极和产业转型升级的新引擎。

在《意见》基础上，从《直升机电力作业安全规程》、《关于建设通用航空产业综合示范区的实施意见》到《2017 年通用航空专项资金预算方案》、《小型航空器实施 135 运行的简化程序》等，包括国家发改委、交通部、民航局等在内的国家各部门，于 2017 年发布支持通用航空发展政策 60 多条。

一　通用航空产业综合示范区的建设思路

坚持市场主导，政府引导。发挥市场在资源配置中的决定性作用，鼓励企业创新产品和服务，培育通用航空新业态新模式。发挥政府统筹规划、政策支持、完善标准、安全监管的作用，优化飞行服务、提高审批效率，引导各类要素向通用航空产业领域集聚。

坚持需求引领，供给创新。面向日益增长的通用航空市场需求，加快推进新产品新服务的开发和应用推广，及时将潜在需求转化为现实供给，以消费升级带动产业升级。夯实通用航空研发制造基础，创新人才、技术、资金等要素的供给方式，加速带动制造业转型升级。

坚持自主发展，开放融合。按照国家区域发展战略和航空产业发展战略部署，加强技术创新，大力提升通用航空产业自主发展能力。推进军民深度融合发展，协调军地资源开放共享。充分利用国际资源，推动引进消化吸收再创新，提升通用航空产业国际竞争力。

坚持集聚发展，示范先行。在通用航空发展具有比较优势的地区，有序推进综合示范区建设，打造通用航空产业发展策源地，培育一批特色突出、优势明显的产业集群。以综合示范区为改革创新的平台和载体，创新发展模式，不断总结和推广经验，构建有利于通用航空产业健康发展的生态体系。

主要目标有以下三点。

（1）实现发展环境新突破。通过通用航空产业领域改革先行和政策先试，突破制约通用航空产业发展的体制机制障碍，形成一批可复制可推广的经验，构建支撑通用航空产业加快发展的制度环境。

（2）形成产业发展新支撑。培育壮大布局合理、功能完备、特色鲜明的通用航空产业集聚发展平台，探索通用航空产业发展新模式新业态，形成一批通用航空产业创新发展策源地。

（3）取得自主发展新优势。突破一批制约通用航空产业发展的核心技术，打造一批具有自主知识产权和品牌的通用航空产品，培育 2~3 个具有国际竞争力的龙头企业和一批特色鲜明的骨干企业。

二 通用航空产业综合示范区的布局

紧紧围绕国家区域发展战略的总体部署，选择产业基础好、综合实力强、体制机制活、短期能突破、示范有带动的区域，统筹有序推进通用航空产业综合示范区建设。综合示范区主要以集聚示范任务为核心，强化顶层设计，注重分类指导，体现差异化和特色化。

承担综合示范的区域需具备相应的基本条件：一是通用航空产业发展基础良好，通用航空制造业或服务业已形成明显的集聚效应，产业综合实力位居全国前列；二是优先考虑现有国家、省（市）级航空产业基地、园区以及具有通用航空机场规划建设等重要基础设施配套、已出台支持通用航空产业发展的政策文件或编制通用航空产业发展规划、产业发展环境具有比较优势的地区；三是区域体制机制改革走在全国前列，在产业供给创新和消费需求引领等方面示范带动能力强，对稳增长、调结构具有重要作用的地区。

根据以上基本条件，围绕协同推进"一带一路"建设、京津冀协同发展、长江经济带发展"三大战略"，结合东部、中部、西部和东北等区域航空产业发展特点，按照"总体统筹布局、条件具备先行、有序分批建设"的原则，首批综合示范区选择在北京市、天津市、石家庄市、沈阳市、大连市、南京市、绍兴市、芜湖市、南昌市、景德镇市、青岛市、郑州市、安阳市、荆门市、株洲市、深圳市、珠海市、重庆市、成都市、昆明市、西安市、银川市等26个城市先期开展试点示范。

首批综合示范区要结合自身优势和特点，研究制定具体实施方案，明确各自建设目标、建设重点、时间表和路线图。国家发改委组织评估、推动完善实施方案，建立执行评估体系和通报制度。

在第一批26个综合示范区开展先行先试和阶段性总结评估基础上，结合各地通用航空产业发展条件和潜力，有序扩大示范范围，再滚动建设24个综合示范区。

三　通用航空产业综合示范区建设重点任务

（1）促进制造水平升级。面向市场，鼓励开展先进通用航空器研发设计、工艺及制造技术研究，加大力度支持大型水陆两栖飞机、新能源飞机、喷气公务机、民用直升机、多用途固定翼飞机等新产品和新型号的研制，加快促进系列产品开发，积极推进国内国际适航取证，培育形成有明显市场竞争力的整机型号和通用航空整机制造龙头企业，带动众多上下游中小企业集聚创新。

此外，把握无人机快速发展机遇，扩大中高端无人机的市场应用，打造国际知名的无人机优势企业。

（2）大力发展配套产业。围绕整机制造，延伸完善通用航空发动机、机载系统、空管和地面设备及系统、航空新材料等配套产业链，培育产业核心竞争力。

提高中小型航空发动机自主研制水平，加快产业化进程。提升通用航空系统、设备以及元器件标准化协作配套水平，形成高质量、高效率的配套体系。不断扩大高性能复合材料、功能材料、特种金属材料等新型航空材料的应用范围。

（3）加强创新创业能力建设。鼓励通用航空企业加强产学研用合作，搭建服务国家创新战略的公共服务平台，完善通用航空研发生产和试验试飞条件，瞄准国际领先技术，构建研发创新体系和环境，建立高端研发中心、协同创新中心和技术孵化中心，加快通用航空装备研发和科研成果产业化发展。

另外，推动军民融合协同创新，支持军民合作开发新技术、新产品。加快推进专业化创业孵化、知识产权交易、第三方检验检测认证等平台建设，鼓励实验类航空器研制，推动企业技术创新、管理创新及服务模式创新，形成开放共享的通用航空创业发展支撑体系。

（4）加快通用机场规划建设。打破行政区划限制，实现通用机场互通互联，支撑通用航空产业规模化发展。鼓励示范区通用机场规划建设与地方经济社会发展相适应、与区域战略总体相协调、与民用运输航空相补充、与地面交通体系相衔接。

鼓励采用PPP等多种模式，加快推进通用机场建设及互联互通工程建设，支持建设飞行服务站和地面运营服务设施，发展固定运营服务商。统筹推动油料储运、航材备件、客户服务等专业化支援保障能力建设。

（5）积极拓展运营服务。结合示范区发展特点，培育壮大通航公司、航空俱乐部、通航小镇等主体和载体，打造地方特色运营服务品牌。强化交通运输服务功能，重点发展偏远、地面交通不便地区短途运输等服务，以及中心城市和周边地区私人飞行、公务航空、物流应用等新型服务。

面向公益、生产应用需求，建立和完善应急救援、医疗救护、警务安保等公共通航服务体系，深化工业生产、农林植保、能源建设、资源勘查、环境监测、通信中继等传统通航服务应用。培育新兴消费市场，推动通用航空与互联网、创意、旅游等融合发展，壮大航空培训、飞行体验、航空运动、航空会展、空中游览、航空文化传播等服务。推动通用航空运营普及化规模化发展。

（6）促进产业融合与协同发展。全面营造有利于通用航空研发制造、运营服务、基础设施建设等协同发展的产业环境，支持通用航空运营企业使用自主研制生产的先进通用航空器，开展示范应用和运营。鼓励成立产业发展基金，吸引社会资本投资，拓展通用航空发展资源。支持开展通用航空投资、租赁、保险等业务，推动产融结合。

（7）推动改革政策先行先试。以充分开发和有效利用空域资源为宗旨，综合示范区中已开展低空空域管理改革试点的地区，协调当地军民航管理部门，落实低空空域分类管理，根据产业发展需要，合理划设低空目视飞行航线，建立空域灵活使用、动态管理机制；在示范区率先试点真高3000米以下监视空域和报告空域有效衔接、便捷使用。配合民航统一监视系统和机场服务标准应用，积极推广北斗导航、广播式自动监视等新技术。

鼓励地方创新支持政策，推动通用航空产品研制、运营补贴、创新服务等支持政策先行先试。

（8）鼓励开放合作发展。鼓励通用航空制造企业积极对接和吸纳国际优质资源，优先引进已取得适航证、技术成熟先进、具备较大市场潜力的通用航空器生产线，通过逐步消化吸收，实现自主研发生产和再创新。

鼓励优势企业依托"一带一路"建设、自由贸易区等政策，加快通用航空产品和服务"走出去"，积极开拓国外市场。

第二节　河南省通用航空发展规划情况

历经几年的探索发展，在飞行运营、机场建设、无人机研发制造，以及航空文化打造、中高级专业人才培训等方面，河南通用航空较快发展，在国内的影响力不断增强。

一　郑州都市区通用航空机场布局规划

2017年9月11日，郑州市公示《郑州都市区通用航空机场布局规划》。

公示的规划图共 8 张，分别为通用航空机场总体布局规划图、上街通用机场与城市规划关系图、中牟通用机场与城市规划关系图、登封通用机场与城市规划关系图、新郑机场与城市规划关系图、巩义通用机场与城市规划关系图、新密通用机场与城市规划关系图、郑州通用机场航线网络规划图。

在通用航空机场总体布局规划图上，上街、中牟、登封和新郑机场通航部分规划为 A1 类通用机场，新密、巩义规划为 A2 类通用机场。此外，郑州市还规划了 56 个 A3 类通用机场，位于郑州中心城区的有 27 个。

根据国家民航局 2017 年 4 月发布的《通用机场分类管理办法》，A1 级通用机场可使用乘客座位数在 10 座以上的航空器开展商业载客飞行活动；A2 级通用机场可使用乘客座位数在 5～9 座的航空器开展商业载客飞行活动；A3 类通用机场是除 A1 级和 A2 级以外的通用机场，一般只起降直升机。

二 郑州通用航空产业综合示范区实施方案

2017 年 11 月 2 日，郑州市市长程志明主持召开市政府第 76 次常务会议，审议并原则通过《郑州国家通用航空产业综合示范区实施方案（2017～2020）》。

按照《郑州国家通用航空产业综合示范区实施方案（2017～2020）》，示范区以郑州通航试验区为核心，规划面积 120 平方公里，分为起步区、发展区和控制区，将实施"一体为本、三业联动、精准保障"的发展模式，即以郑州国家通用航空产业综合示范区建设为主体，加快发展通航研发与制造、通航运营、通航现代服务业，形成三业联动，在通航网络、地面服务、体制机制等方面提供精准保障，力争建成在规模、效益、影响力上竞争力突出的通用航空产业园，成为区域经济转型升级的新引擎和供给侧结构性改革的新亮点。

三 安阳市通用航空产业综合示范区实施方案

2017 年 10 月，国家发改委批复了《安阳通用航空产业综合示范区实施方案》，标志着安阳市作为全国首批 26 个通用航空产业综合示范区城市进入全面实施阶段。这是安阳市继 2012 年被中国民航局授予"全国通用航空产业园区试点"称号之后获得的第二个航空产业发展的"国字号"品牌。

安阳市抓住成功纳入全国首批 26 个通用航空产业综合示范区的机遇，全面启动安阳通用航空产业综合示范区建设，围绕"一区三园"（即安阳通用航空产业综合示范区、安阳航空教育与科技研发园、安阳林州航空运动与航空旅游产业园、安阳航空产业园）建设任务，加快安阳机场、林州通用机场、汤阴通用机场等基础设施建设，继续办好安阳航空运动文化旅游节，搭建航空产品信息交易平台、航空运动旅游产品交易平台、全国通用航空权威发布平台。

同时，组织好中国安阳林虑山国际滑翔伞公开赛、全国航模比赛等传统项目，积极申办滑翔伞世界锦标赛、国际航空模型运动大赛等国际重要赛事，建成以通用航空研发、销售、维修、教育、运营、服务保障为一体的综合示范园区，提升"航空运动之都"城市品牌效应，打造成为区域通用航空产业发展核心增长极。

第三节　河南省通用航空产业发展

受各方面因素制约，河南通用航空产业发展仍处于起步阶段，产业链的上、中、下游各环节发展不均衡，尤其在通用航空研发制造、基础设施建设及扶持政策等方面落后于国内其他省份。

一　通用航空研发制造业发展状况

经过几年的积累，河南崛起了一批本土航空生产制造企业，例如以无人机研发、生产制造的河南翱翔航空科技有限公司、河南全丰航空植保科技有限公司、大诚通用航空科技有限公司等。

1. 无人机

河南省通用航空研发制造业落后于国内其他省份，大多是小型通用航空飞机零部件制造、组装企业和部分无人机、航模生产企业。

河南翱翔航空科技有限公司成立于 2003 年，是集无人机设计、航电研发、无人机生产、产品销售、技术服务以及飞行培训为一体的研发类高科技企业，同时也是较早在无人机应用领域进行技术研究的企业。2008 年 5 月汶川地震期间，翱翔生产的 DB－2 型航拍无人机，第一时间飞赴灾区现场，并成功取得第一手受灾资料，为后期部队进入灾区提供了及时、有效的数据；亦是国家第一次在重大灾害上，利用无人机航拍、传图收集灾害信息的实践。

2010 年，国家测绘局列装翱翔 DB－2 型无人机系统，并将该系统应用于我国城市航拍、测绘等作业领域。

目前，该公司自主研发设计的多款无人机系统已成功运用于国内外航拍测绘、人工降雨、海航巡线、电力巡查、培训教学以及军事侦察等领域，在国内及国际均享有较高声誉。

2016 年 11 月，该公司第一架 DIY 单人座有人驾驶飞机在珠海航展正式亮相，受到国内外众多业内人士关注与咨询。

2. 有人驾驶航空器

成立于 2013 年 5 月 13 日，第一期投资 9 亿元人民币，占地 300 亩，建筑面积 20 万平方米的郑州市啸鹰航空有限公司，是河南省美景集团的全资子公司。2013 年成功收购美国得克萨斯州的穆尼飞机公司，自此成功进军通用航空产业。

现主要生产穆尼飞机原有机型 M20R/TN 及改进型 M20U 零部件、金属及铝合金航材及新机型 M10X 零部件、航空复合材料等。

穆尼国际公司（前身穆尼飞机公司）创立于 1929 年，是世界知名的单引擎通用航空飞机制造商，引领全球通用航空业长达数十年。至今在全球范围已制造并交付超过 11000 架飞机，目前仍有 8000 余架穆尼飞机正在使用，累计飞行时间超过 4000 万小时。

截至目前，穆尼飞机拥有超过 130 项世界纪录，也是目前单引擎认证飞机中飞行速度的纪录保持者。

二　通用航空运营企业发展状况

河南省通用航空作业量处于国内中等水平。来自民航河南监管局的统计数据，正式注册被批准运营的通用航空企业 12 家，本土企业自有飞机 61 架。2017 年，河南通用航空通用作业飞行 5338 架次，共 2036 小时；训练飞行 43512 架次，共 6606 小时，全年飞行共 8642 小时。河南蓝翔、安阳、永翔、贯辰、中宇等骨干企业，2017 年营业额大幅提升，主要业务涉及空中旅游、飞行培训、电力巡检、农林飞防等领域。

三　通用航空服务业的发展

河南省通用航空培训基础较好，国家体育总局安阳航空运动学校主要从事直升机私用、商用飞行执照培训业务；中国民航飞行学院洛阳分院和中国南方航空南阳飞行培训基地主要从事民航飞行员（含通用航空飞行员）培训业务。安阳工学院、安阳职业技术学院、郑州航空工业管理学院等省内院校，近年来增设通用航空机务维修、航务等专业，加快通用航空专业人才培养。河南省飞机销售、租赁、托管、维修等通用航空服务环节尚处于起步阶段。

第四节　河南通用航空基础设施建设

河南省现有郑州上街机场和安阳机场 2 个运营的通用机场，有 9 个经批准建设的通用机场，分别位于安阳林州市、新乡长垣县、周口西华县、驻马店平舆县、郑州登封市、南阳淅川县、新乡卫辉市、漯河舞阳县和洛阳伊滨区，可供小型通用航空飞行器起降，南阳鸭河、鹿邑、商丘民权等通用机场申建工作加紧推进。郑州新郑、洛阳北郊、南阳姜营三个民用运输机场可兼顾通用航空业务，信阳明港机场建设加快推进。

第五节　河南省通用航空文化建设

近两年，河南通用航空文化建设大胆创新，取得重大突破，走在国内前列。

一　政府牵头举办行业中高级管理人员培训

为促进河南通航持续、快速、健康发展，2015 ~ 2017 年，河南省民航办连续 3 年牵头组织举办全省通用航空中高级管理人员培训班，培训内容涉及机场建设规划及审批流程、通航产业园区建设、航空制造、安全管理等，在为行业发展培养骨干人才的同时，带领河南通航加强对外交流，持续扩大在全国的影响力。

图 9 - 1　政府举办行业中高级管理人员培训班

二　民间自发倡议成立河南通航人节日

2016 年 6 月 1 日，在儿童节到来之际，由通用航空新媒体《掌上通航》组织、策划，河南省民航办、河南农业植保站、安阳航办、加拿大河南商会、郑州雁鸣湖机场、万创航投等政府、民间社团、企业和媒体共同发起倡议，把每年"六一"定为河南通航人节日，并在当日举办自发沙龙活动。至 2017 年，活动已成功举办两届，大大加强了行业内外的沟通和交流。

图 9-2　河南省通用航空举办各项活动

三　2017 年郑州与安阳航展

起步于 2014 年的郑州航展，以后来者居上的态势，规模、层次快速提升，成为河南通航界的两大会展品牌之一。2017 郑州航展暨世界编队特技飞行年度颁奖盛典即于 4 月 27 日至 5 月 1 日在郑州上街机场拉开序幕。本次航展主要包含亚洲私人与公务航空博览会、中原飞行大会、通航高端论坛和世界编队特技飞行年度颁奖盛典四个板块，以及其他航空体育表演和系列配套活动。苏29X、埃克斯特拉、雅克－50等几十架飞行器，从世界各地运抵郑州；来自法国、美国、俄罗斯、西班牙、澳大利亚等国的40多支飞行表演队，其高难度的特技表演吸引了20多万市民前来观看，为广大市民献上了一场飞行饕餮盛宴。

始于2009年的安阳航空运动文化旅游节，依托当地自身优势，经过近十年探索与发展，逐渐找到自己更明晰的定位，从之前的飞机静展、飞行表演等项目为主，逐步转向以航空运动与航空文化传播等为主，形成河南航空会展的又一重要品牌。

第十章
自贸区与航空经济

2016 年 8 月 31 日，中国（河南）自由贸易试验区（以下简称河南自贸区）获得国务院批复。2017 年 4 月 1 日，河南自贸区 3 个片区同时挂牌成立，其中郑州片区范围主要位于经开区和郑东新区，之前呼声较高的郑州航空港经济综合实验区则未包含在内，在此背景下，航空港实验区如何实现与自贸区的经济支撑与互动，彼此借鉴成熟的发展经验，助力本地经济再上一个新台阶则成了一个新的研究点。

第一节 中国（河南）自由贸易试验区概况

一 实施范围

河南自贸区实施范围共 119.77 平方公里，涵盖郑州片区 73.17 平方公里，开封片区 19.94 平方公里，洛阳片区 26.66 平方公里。

郑州片区核心区域包括经开区区块、郑东区块和金水区块。

洛阳片区位于洛阳地理位置最核心、经济发展最具活力、政策改革最前沿的区域，承担着自由贸易先行先试、当好改革排头兵、创新发展先行者的使命。

开封片区位于城区西部，毗邻郑州，以郑开大道为轴心两侧布局，处于国家级开封经济技术开发区及开封城乡一体化示范区的核心区域。

二 功能定位

（一）战略定位

以制度创新为核心，以可复制推广为基本要求，加快建设贯彻南北、连接东西的现代立体交通体系和现代物流体系，将自贸试验区建设成为服务于"一带一路"建设的现代综合交通枢纽、全面改革开放试验田和内陆开放型经济示范区。

（二）发展目标

经过三至五年改革探索，形成与国际投资贸易通行规则相衔接的制度创新体系，营造法治化、国际化、便利化的营商环境，努力将自贸试验区建设成为投资贸易便利、高端产业集聚、交通物流通达、监管高效便利、辐射带动作用突出的高水平高标准自由贸易园区，引领内陆经济转型发展，推动构建全方位对外开放新格局。

（三）区位布局

在区位布局上，郑州片区重点发展智能终端、高端装备及汽车制造、生物医药等先进制造业以及现代物流、国际商贸、跨境电商、现代金融服务、服务外包、创意设计、商务会展、动漫游戏等现代服务业，在促进交通物流融合发展和投资贸易便利化方面推进体制机制创新，打造多式联运国际性物流中心，发挥服务"一带一路"建设的现代综合交通枢纽作用。

开封片区重点发展服务外包、医疗旅游、创意设计、文化传媒、文化金融、艺术品交易、现代物流等服务业，提升装备制造、农副产品加工国际合作及贸易能力，构建国际文化贸易和人文旅游合作平台，打造服务贸易创新发展区和文创产业对外开放先行区，促进国际文化旅游融合发展。

洛阳片区重点发展装备制造、机器人、新材料等高端制造业以及研发设计、电子商务、服务外包、国际文化旅游、文化创意、文化贸易、文化展示等现代服务业，提升装备制造业转型升级能力和国际产能合作能力，打造国际智能制造合作示范区，推进华夏历史文明重要传承区建设。

三 自贸区的重大意义

虽然河南经济一直在增长，但是经济下行压力一直在加大，特别是改革已进入深水区，在新形势下要有新的抓手。自贸区能带来新一轮的改革开放，河南必须跟上国家这一轮改革开放潮流，才能在未来发展中不落后于人。河南自贸区的获批，是河南省继实施粮食生产核心区、中原经济区、郑州航空港经济综合实验区、郑洛新国家自主创新示范区四大国家战略后河南第五大国家战略。建设自贸区是深化流通体制改革、促进流通国际化的战略需要，是打造内陆对外开放新高地的迫切需要，是全面服务国家区域协调发展大局的内在需要。

第二节　郑州航空港经济综合实验区未被批复自贸区对航空港经济发展的影响

综观国内已有自贸区实施范围，上海、天津等自贸区包含机场在内。郑州航空港经济综合实验区是首个批复的国家级航空港经济实验区，历经三年多的发展，成绩喜人，但航空港实验区的进一步发展需要更大程度的制度创新和贸易便利化政策支持，而不能同时享受自贸区红利将对航空港实验区的进一步发展产生一定的制约和影响。

一　投资领域受到制约

在吸引外商投资时，自贸区内实施"准入前国民待遇"加"负面清单"制度，2017 版负面清单对 2016 版再次缩减 27 条，已降至 95 条。自贸区内对外商投资的限制领域逐渐减少，对外资的开放范围逐渐扩大，此举当然有利于自贸区内扩大对外商的招商引资，吸引更多企业和国际优秀人才入驻自贸区。《河南省人民政府办公厅关于印发郑州航空港经济综合实验区"十三五"发展规划的通知》指出，"积极复制推广上海等自贸试验区成功经验，积极实行'准入前国民待遇'加'负面清单'管理模式，完善投资者权益保护制度"。但若在航空港实验区推行和自贸区完全一致的负面清单招商引资模式还需时日。

二　政府职能转变难以快速实现

自贸区内一直在探索深化商事制度改革，探索"二十二证"合一等制度创新，而航空港实验区只能等待自贸区内制度探索成熟后加以推广时才能使用。航空港实验区内产业以智能终端、电子信息、航空物流、生物医药等高新技术产业为主，政府管理模式若不及时进行改革，适应新产业的要求，则会制约这些产业的发展。

三　制约飞机租赁、飞机维修等业务的发展

长期以来，我国飞机租赁行业多面临税负过高、外汇结汇难以与国际化接轨等问题。2013年9月18日，国务院印发《中国（上海）自由贸易试验区总体方案的通知》，方案中政府对于改革与促进航空租赁行业做了诸多努力，主要体现在单机公司（SPV）设立、购机税收政策、外汇融资和支付便利化等方面。位于自贸区内的航空租赁企业可享受税收优惠、外汇融资和支付便利化等政策，而区外企业暂时难以享受这些政策优惠。

飞机维修业务涉及飞机零部件、维修材料等的进口报关及担保等工作，手续烦琐，管理复杂。为支持飞机维修业务的发展，国家相继出台了多个文件支持自贸区内发展飞机维修业务。如：天津自贸区获批《中国（天津）自由贸易试验区境内外航空维修再制造试点项目的核准方案》，商务部《关于厦门自贸片区建设全球一站式航空维修基地的复函》，同意厦门片区航空维修企业在海关特殊监管区域外按照保税监管方式开展全球航空维修业务。经国家质检总局同意，上海检验检疫局向上海波音航空改装维修工程有限公司颁发了"中国质量诚信企业"与"入境维修/再制造业务资质"证书，为上海自贸区入境维修产业打开新的贸易便利化通道。除此以外，各自贸区也都出台相关措施，鼓励区内发展飞机维修业务。航空公司的飞机停场费用极高，而快捷的服务、及时的支持是航空维修企业的核心竞争力之一，自贸区拥有制度创新的便捷性，可根据维修企业需要，及时快捷地调整政策制度，如得益于制度创新，天津自贸区内航空企业维修周转件清关时间可由3天减至15分钟。而自贸区以外，不管是政策调整还是制度创新都难以赶上自贸区的步伐。

第三节　自贸区与航空港实验区的相互支撑关系

一　自贸区对航空经济的支撑作用

虽然河南自贸区范围没有涵盖航空港实验区，但自贸区的实施发展亦能对航空港经济的发展起到积极的支撑作用。自贸区的优势在其制度创新而非税收红利，自贸区实施的政府职能转变、加快贸易和投资便利化以及金融创新等制度将推动河南对外开放再上一个新台阶，加快物流、客流及信息流的集聚，助推航空经济发展。

（一）航空港实验区可吸收自贸区探索成熟的制度经验，积极引进先进管理理念，推进贸易、投资便利化

国家对自贸区的批复实施"1+3+7"的雁阵模式，首先获得批复的上海自贸区已探索出国际贸易"单一窗口"改革、企业准入"单一窗口"改革、"证照分离"等116项行政许可改革以及跨境融资、利率市场化等23项金融制度创新改革成果。这些改革成果已分领域、分层次在全国复制推广。其中国际贸易"单一窗口"及企业准入"单一窗口"已在全国复制，行政许可改革及金融制度创新改革已在其余自贸区及有条件的开发区、自主创新实验区等区域推广。

河南自贸区在复制、吸收其他自贸区的经验的同时，也在积极创新、探索新的适应改革开放的新制度、新政策。例如，河南自贸区开封片区在行政审批改革方面，探索实施了放、管、服"四个五"服务制度创新：商事登记改革五项创新制度、行政审批服务"五个一"创新模式、投资建设项目审批五项保障举措、提高投资建设项目五项机制，并在全国率先实现"二十二证合一、四十八证联办"等一系列改革举措。"二十二证合一"是河南自贸区开封片区把"多证合一、多项联办"作为制度创新的突破口，在工商登记"五证合一"基础上，将另外10个部门核发的17个登记、备案信息利用政务服务平台有效整合，最终实现"二十二证合一"。

郑州片区在开封片区"二十二证合一"的基础上，推行"三十五证合一"。"三十五证合一"是指在营业执照、组织机构代码证、税务登记证、社会保险登记证、统计登记证"五证合一"的基础上，再将17个部门的30个涉企证照事项整合到营业执照上。"三十五证合一"采用统一规范标准、简化优化企业办事流程、利用信息共享平台，实施企业信息共享互认，为企业提供便捷高效的服务，减轻了企业往返各部门奔波之苦，大幅缩短企业开办时间，降低企业的制度性成本，真正实现"让信息多跑路、让企业少跑腿"。

在对外开放方面，自贸区采取"准入前国民待遇"加"负面清单"制度，自贸区实施"准入前国民待遇"，使外资企业及其代理人在注册前就能享受国民待遇，"负面清单"更是进一步扩大了对外开放的领域，"法无禁止皆可为"，只要不在负面清单列出的，外商均可在自贸区注册成立，并经营业务。郑州航空港经济综合实验区作为中国首个国家级航空港经济综合实验区，可以通过政策支持，在区内借鉴自贸区的"准入前国民待遇"加"负面清单"制度，以扩大实验区对外开放领域，进一步增加航空港对外招商引资的能力，吸引更多高科技产业入驻，扩大服务业开放，更好地服务于航空港地区的经济发展。

（二）促进航空港产业结构调整，带动产业优化

航空港实验区重点发展具有临空指向性和关联性的高端产业，培育临空高端服务功能和知识创新功能，构筑中原经济区一体化框架下具有明显特色和竞争力的空港产业体系。着重发展航空物流业、高端制造业和现代服务业。虽然河南自贸区地理位置与郑州航空港经济综合实验区地理位置无重合，但郑州航空港实验区与开封片区、郑州片区距离较近。河南自贸区的不断发展，促使政府减政放权，促进贸易便利化和投资便利化，想企业之所想，最大限度地减轻企业负担。所以，河南自贸区的发展将极大地提高河南省对外开放度，打造内陆开放新高地，优化营商环境，吸引更多企业入驻河南，此举必将有助于航空港实验区吸引更多优势企业入驻，提升区内产业优化。

同时，自贸区建设将加强外贸制度探索创新，将有利于货航开展新型国际货运业务，如跨境电商。河南自贸区总体方案中指出，"积极培育贸易新型业态和功能，大力发展服务贸易，积极发展跨境电子商务，加快融入境外零售体系，探索建设全球性产品交易展示中心和国内进出口货物集散中心"。跨境电商的发展要求完善与之相适应的海关监管、检验检疫、退税、跨境支付、物流等配套流程，这有利于跨境电商货物在这些地区的运输及集散。

（三）促进航空港内航空物流的发展

自贸区的自由贸易面向世界，带来巨大的人流、物流和信息流在航空港内集聚，为航空市场的发展描绘了一幅前程似锦的壮丽景观。

以中国—东盟自贸区为例：2010 年中国—东盟自贸区建成后的降税效应把双边贸易额推到了一个新的高点，接近 3000 亿美元，2011 年的双边贸易额达 3623.3 亿美元，2012 年更是超过了 4000 亿美元，2009～2012 年，中国连续 4 年成为东盟第一大贸易伙伴，东盟现为中国第三大贸易伙伴。

自贸区的通关便利化能极大地提高国际物流效率，缩短通关时间，将有利于增加贸易活动和货物的快捷运输，吸引大批物流企业来此注册、建立集散基地等，亦将带动仓储贸易、加工制造等产业的发展，以生产更多的高临空性产品，可以提供充足的航空货源，有利于进一步增大机场的货运流量。

更多的企业向自贸区聚集，自然会带动郑州新郑机场的旅客流量。新郑机场应尽快落实"国外游客落地签"及"中转游客 72 小时免签制"，简化出入境手续，为新郑机场在将来发展成为客运枢纽打下良好基础。尤其是中转旅客的增加，将会充分利用国际、国内两个客源市场，促进机场客运稳定性，还有望给机场的餐饮、购物、旅游等非航空业务带来新的发展机遇，促进河南省的旅游业发展。

河南自贸区获批不久，制度复制和创新还在摸索阶段，相信随着河南自贸区的进一步发展，对航空港航空物流的影响将逐步显现。

（四）扩大国际航空货源的腹地范围

自贸区建设强调其辐射功能，未来各个自贸区内的枢纽机场腹地范围将进一步扩大，有利于推动所在区域的一体化进程，促进区域内航空货物的运输集散。

二 航空港实验区对河南自贸区发展的支撑

航空港实验区东距开封片区 45 公里、西距洛阳片区 134 公里、北距郑州片区中心 48 公里，基本位于三区弧形焦点，交通区位优势明显。因此航空港实验区可以点亮三片区的发展，积聚三片区发展能量，举全省的要素资源、优惠政策，在全省发展大局中发挥举足轻重的作用，实现河南自贸区"两体系一枢纽"功能。在《关于加快推进郑州航空港经济综合实验区建设的若干意见》中，也特别强调航空港实验区要积极融入自贸区建设，在交通物流融合、口岸平台建设、贸易转型升级、产业体系构建等方面与自贸区全面对接，带动政府管理、金融、贸易等领域改革。未来河南自贸区探索成熟的部分改革经验，会在郑州全市推广，航空港实验区也不例外。所以，河南自贸区的建设离不开航空港实验区的支持和配合，航空港实验区的各项优势也将有效促进自贸区的进一步发展，引领河南更好地融入国家"一带一路"倡议。

（一）为河南自贸区枢纽建设提供支撑

国家批复的 11 个自贸区讲究"求同存异"，提出错位发展，每个自贸区在探索制度创新和贸易便利化的同时，各有自身发展特色和战略定位。河南自贸区战略定位为以可复制推广为基本要求，加快建设贯通南北、连接东西的现代立体交通体系和现代物流体系，将自贸试验区建设成为服务于"一带一路"建设的现代综合交通枢纽，即"两体系一枢纽"。可以看出，河南自贸区的最大特色为通道建设，而郑州航空港经济综合实验区是一个拥有航空、高铁、地铁、城铁、普铁、高速公路与快速路等多种交通方式的立体综合交通枢纽，在货运方面可实现空铁联运、陆空联运等，将为自贸区"两体系一枢纽"建设提供强大支撑。

（二）为自贸区内人流、物流提供快速、高效、便捷的服务

自贸区着眼于对外开放，随着自贸区制度创新和进一步改革的发展，自贸区内将聚集大量参与国际竞争的国内企业，以及外商投资企业，企业产品和管理人员对时效要求较高，区内产品需在较短时间内到达全球其他地方，而航空运输是其首选。航空港以其四通八达的运输网络、快速高效的信息管

理平台、方便快捷的中转换乘为自贸区的物流和人流运输需求提供强有力地支持。

郑州国际航空物流中心体系由"一个平台、三个片区、多点"组成，郑州航空港以机场为核心，为自贸区人流、物流的移动提供了快速便捷的通道。

（三）促进跨境电子商务发展

综观国内多个自贸区实施方案中，大多数自贸区均将发展跨境电子商务作为其一个主要部分，通过跨境电商有效实施服务贸易转型升级，加速国内企业"走出去"步伐。跨境电子商务不同于传统大宗贸易，大宗贸易对商品时效性要求较低，一般货物运输采取海运或铁路运输方式，运输以大批量为主，运输时间长，平均单位产品的运输成本较低，而跨境电子商务物流以小批量为主，交易双方位于不同国家（地区），相对位置较远，且每次交易量较小，产品以日用品为主，用户对产品的运输时间要求较高，网上下单后希望在最短时间内收到货物，所以，跨境电商物流以航空运输为主。在河南，郑州只有新郑机场一个机场，开封没有机场，洛阳北郊机场国际航线极为有限，所以为满足自贸区跨境电商对物流的需求，郑州机场是核心支撑。

（四）航空经济成熟的经济环境和布局，将更有效地吸引资本和人员流入

河南自贸区刚刚起步，很多设施还在逐步完善中，而航空港实验区是在2013由国务院批复的国内第一家航空经济综合实验区，经过三年多的发展，航空港实验区已拥有较先进的高端制造业、航空物流业和现代服务业，区内设施较为完善。航空港实验区近几年的发展亦可为自贸区的发展提供可借鉴的经验，航空经济成熟的经济环境也有助于自贸区吸引更多国际资本和人才进入。合理的航空产业规划布局和发展会创造大量就业岗位、吸引高素质人才、创造直接和间接的巨大经济效益，进而促进地区、国家的经济发展。

第四节 自贸区背景下航空经济发展的新任务

航空港实验区可充分利用自贸区建设的历史机遇，争取政策支持，积极

借鉴引入自贸区的制度创新，加强航空港实验区政府职能转变，以开放促改革、促创新、促发展，加快构建"三中心两基地"空港经济新体系，推进航空港经济实现新跨越。

一　复制借鉴自贸区成熟的创新制度，加快政府"放管服"职能转变，打造国际投资中心，推动国际贸易便利化通关平台建设，构建市场化、法治化、国际化一流营商环境

（一）加强体制创新，推进政府职能转变

目前，航空港实验区行政体制方面实行"两级三层"的管理体制，行政审批采取"五单一网"制度，减少了行政审批前置程序，提高了政府服务效率，但相比于河南自贸区郑州片区的"三十五证合一"制度，航空港实验区还有改善空间。在郑州片区"三十五证合一"制度探索成熟后，航空港实验区可争取国家相关部门和河南省委、省政府的支持，尽快复制推广自贸区成熟的创新制度，减少航空港实验区行政审批流程，提高政府管理效率。

（二）推进投资和贸易便利化

河南自贸区实施外商投资"准入前国民待遇"加"负面清单"管理制度，国际贸易采取"单一窗口"制度。首先由上海自贸区探索实施的单一窗口已在全国复制。2016 年 12 月 26 日，中国（河南）国际贸易"单一窗口"2016 版上线运行，该平台为办理进出口业务的企业提供"一个平台登录、一次提交申报、统一数据标准、统一办理反馈和一站式通关"服务。该平台将为航空港实验区发挥综合交通区位优势、打造内陆开放高地发挥重要作用。上海自贸区经过 3 年多的探索，目前已推出"单一窗口"3.0 版，该版本已全面覆盖各类口岸执法和贸易管理业务，服务功能更加优化。航空港实验区应尽快适应国际贸易发展的需要，积极助力推动河南"单一窗口"优化升级，并争取在合适的时间，与兄弟省市"单一窗口"连接，打造区域一体化通关平台。

二　借助河南自贸区"两体系一枢纽"战略定位，对接国家"一带一路"倡议，发挥交通枢纽优势，打造顺畅便捷的多式联运系统

"一带一路"是大国崛起战略，目的是构建以中国为中心的世界经济新格局，而河南自贸区则是"一带一路"的战略支点。中央要求河南自贸区主要探索建设贯通南北、连接东西的现代立体交通体系和现代物流体系，建设服务于"一带一路"建设的现代综合交通枢纽，即"两体系一枢纽"。

首先，强化郑州在全国八横八纵高铁网络中的枢纽地位，加快郑万、郑合高铁建设进度，加快郑太、郑济高铁开工建设，力争 2020 年建成全国第一个"米"字形高铁枢纽网络。

其次，要构建航空与高铁、普铁、城铁、轻轨、地铁等无缝对接零换乘的"五网一体化"现代化轨道交通网络体系。强化郑州南站集航空、轨道、高速公路等综合交通枢纽建设，完善网络，健全配套、提升功能。探索建立统一的信息化平台，货流、客流等可通过信息平台直接办理中转，减少中转换乘的等待时间和工作流程，打造统一便捷的多式联运平台。

三　加快航空港实验区内航空物流发展

（一）增加国际中转航班数量

自贸区着眼于对外开放，随着自贸区内招商引资进程的推进，将会有更多外资企业入驻自贸区，而其产品更是放眼全球，从原材料采购到产品分销网络，都是全球调度。所以，航空港实验区可借助自贸区对国际航空需求的增加，重点打造国际货运，增加国际中转航班数量，打造国际航空枢纽。

（二）加速推动航空货运的基础设施建设

综观国内航空物流市场，航空货运基础设施落后、人才储备不足、公司管理能力低下等是一直困扰民航的问题，本土航空企业应积极参与机场的升级改造，以提升机场航空货运保障能力。

（三）提高航空货运服务水平

未来航空不再仅仅是货物的位置移动，而是更多的不同消费者的个性化需求。虽然郑州航空港是唯一一个由国务院批复的国家级航空经济实验区，但陕西有西安阎良国家航空高技术产业基地，同时国内还有青岛胶东、重庆、北京新机场、上海虹桥和广州临空经济区，郑州航空港面临的竞争压力依然较大。所以实验区在增加通航城市、起飞架次等硬件能力的同时，应着眼于服务水平的提高，满足不同消费者的个性化需求，提高客户满意度。

四 探索发展国际贸易自由港

党的十九大报告提出"推动形成全面开放新格局"。随后，中国政治局常委、国务院副总理汪洋发文《推动形成全面开放新格局》，提出建设国际贸易自由港。"自由港是设在一国（地区）境内关外、货物资金人员进出自由、绝大多数商品免征关税的特定区域，是目前全球开放水平最高的特殊经济功能区"。可以看出，自由港是比自贸区开放程度更高的区域。自贸区实行"一线放开，区内自由"，"先进区，后报关"。货物到港后，要向海关申报，需要进境备案清单，特别是十几个国家部门针对一些货物，都设置许可证件，现在虽有了国际贸易"单一窗口"，"多头跑"大幅减少，但企业仍要申请，因此，即便在自贸区内，也不是最高的自由。而自由港考虑的是在生态安全、经济安全都管得住的前提下，一线不申报。由于一线几乎没有海关的监管，将吸引货物、资本、服务等全球资源的汇集。因此，在航空港实验区错失自贸区大好机会的情境下，可考虑申请自由港区，发展更高水平的自由贸易，以带动区内离岸贸易、服务贸易以及离岸金融的发展。

第十一章
国内航空经济发展情况比较

第一节 我国民航业发展情况

2016 年，相较于世界经济和贸易增速跌至 7 年来的最低水平的低迷，我国航空经济相关运输指标保持平稳较快增长。全国民航运输机场完成旅客吞吐量 10.16 亿人次，比上年增长 11.1%，预计到 2020 年将达到 15 亿人次；完成货邮吞吐量 1510.40 万吨，比上年增长 7.2%，仍低于客运量增速，但相较于 2015 年 3.9% 的同期增速有较大幅度回升；完成起降架次 923.8 万架次，比上年增长 7.9%，延续了过去五年增速下降的趋势；全行业运输飞机期末在册架数 2950 架，比上年同期增加 300 架（见图 11 - 1 至图 11 - 3）。

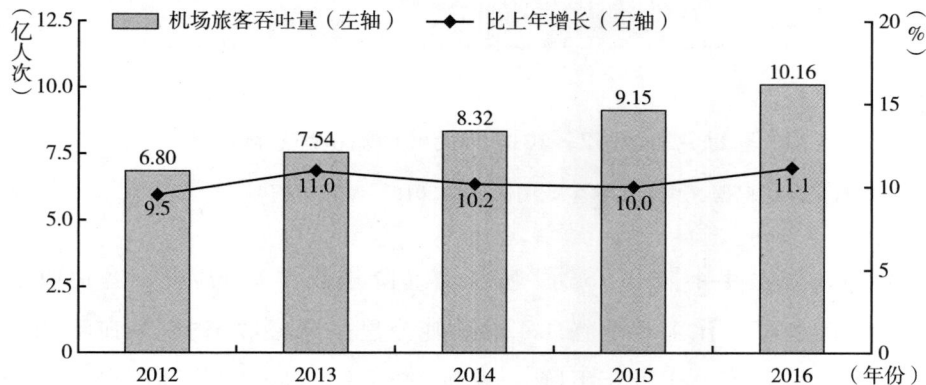

图 11 - 1 2012 ~ 2016 年民航运输机场旅客吞吐量

资料来源：根据《中国民航生产统计公报 2016》整理得到。

虽然客货运与飞机起降架次增速平稳，但民航业全行业仍处于竞争加大、利润空间不断被挤压的状态。2016 年，全行业运输收入水平为 4.51

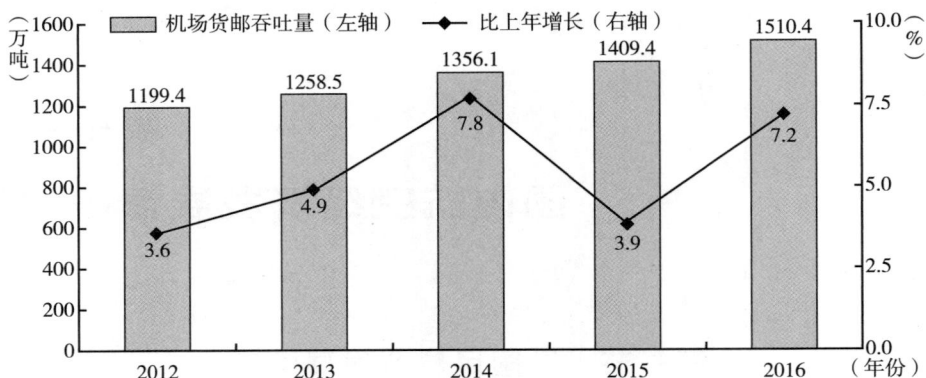

图 11 - 2　2012～2016 年民航运输机场货邮吞吐量

资料来源：根据《中国民航生产统计公报 2016》整理得到。

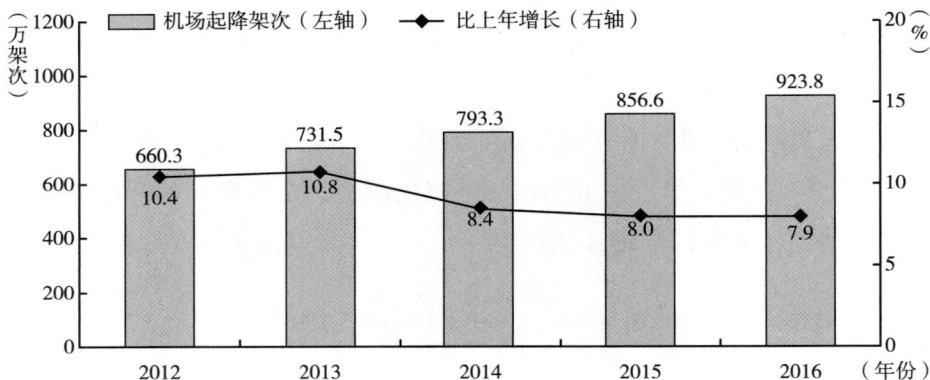

图 11 - 3　2012～2016 年民航运输机场起降架次

资料来源：根据《中国民航生产统计公报 2016》整理得到。

元/吨公里，比上年下降 0.28 元/吨公里（降幅收窄）。其中，客运收入水平 5.5 元/吨公里，比上年下降 0.42 元/吨公里（降幅收窄）；货邮运输收入水平 1.3 元/吨公里，比上年下降 0.09 元/吨公里（降幅明显收窄）。全行业盈利能力整体下降，累计实现营业收入 6393 亿元，相较上年 2.3% 的负增长增长 6.3%，利润总额 568.4 亿元，比上年增加 81.7 亿元。其中，航空公司实现营业收入 4694.7 亿元，比上年增长 8.2%，利润总额 364.8 亿元，比上年增加 37.9 亿元；机场实现营业收入 832.5 亿元，比上年增长 7.2%，利润总额 117.7 亿元，比上年增加 17.1 亿元；保障企业的盈利能力相较上年有所提高，实现营业收入 865.8 亿元，比上年减少 3.5%，利润总额 85.9 亿元，比上年增加 26.7 亿元。

2016 年，全国客运航空公司共执行航班 367.9 万班次，较上年增长 9.1%，其中正常航班 282.4 万班次，平均航班正常率为 76.76%，较上年提高 8.43 个百分点。航班不正常原因中航空公司原因占到 9.54%（较上年下降 9.56 个百分点），空管原因 8.24%（较上年同期下降 22.44 个百分点），天气原因占到 56.52%（较上年同期增长 26.99 个百分点），其他原因占 25.70%（相较上年上升 5.01 个百分点）；全国客运航班平均延误时间为 16 分钟，同比下降 5 分钟。民航固定资产投资总额 1700 亿元，增长 8.55%，其中民航基本建设和技术改造投资 782.4 亿元，比上年增长 1.7%，增长速度相较上年有所放缓，为近三年最低（见图 11-4）。

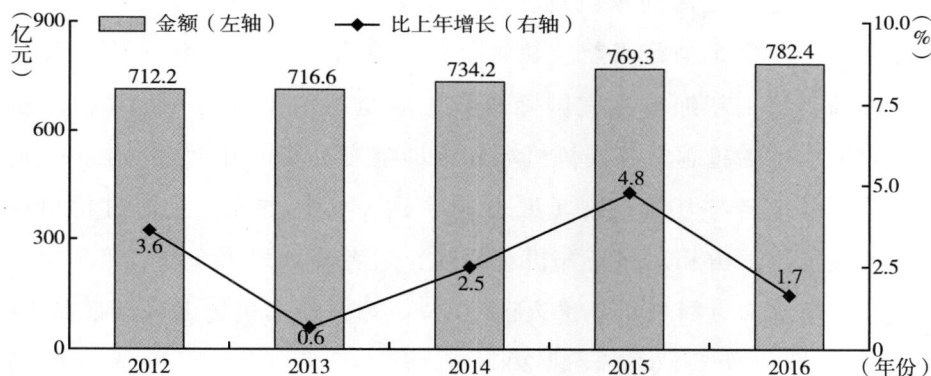

图 11-4 2012~2016 年民航基本建设和技术改造投资额

资料来源：根据《中国民航生产统计公报 2016》整理得到。

第二节 我国主要民航机场基本情况对比

截至 2016 年底，我国共有颁证运输机场 218 个，较上年增加 8 个，根据 2017 年 2 月最新修订的《全国民用运输机场布局规划》，到 2020 年将达到 260 个左右，到 2025 年形成京津冀、长三角、珠三角三大世界级机场群，成都、重庆、昆明等 10 个国际枢纽，29 个区域枢纽。2016 年我国民航机场的客货吞吐量分布仍然不均衡，主要集中在东部，东部地区民航运输机场客货吞吐量分别占全国的54.2%和74.9%。年旅客吞吐量千万级以上机场有28个，其中北京、上海和广州三大城市机场旅客吞吐量占全部境内机场旅客吞吐量的26.2%；50个年货邮吞吐量1万吨以上的运输机场占全部境内机场货邮吞吐量的98.3%，其中北京、上海和广州三大城市机场货邮吞吐量占全部境内机场货邮吞吐量的49.6%。这反映了我国人口分布集中度弱于经济集中度的现实。

一　旅客、货邮吞吐量对比

2016年，我国民航旅客吞吐量排名首位的机场为北京首都机场，连续7年蝉联世界第二，与第一位的美国亚特兰大机场客运量差距缩小为不足1000万；第二位为上海浦东机场，世界排名较上年提高4位为第9位，自此上海成为全球第5个跨入航空旅客亿级"俱乐部"的城市；第三位为广州白云机场，超越新加坡樟宜国际机场，居全球第16位；前10位的机场中，昆明长水机场超越上海虹桥机场和深圳宝安机场上升至第5位，其他机场旅客吞吐量排名与上年一致（见表11-1）。货运方面，上海虹桥机场出现负增长被杭州萧山和郑州新郑机场超越，后者分别列第6位、第7位，重庆江北机场超越南京禄口机场进入前10位。郑州新郑机场以客运量前20位机场增速之最成功跨入客运量2000万级"俱乐部"，杭州萧山机场以14.8%的同比增速居货邮吞吐量前20位机场增速之最，而上海虹桥机场不论是客运量还是货运量均为前20位机场增速最慢。

从省际层面看，民用机场最多的省份为新疆和内蒙古。民用机场旅客吞吐量过亿、货邮吞吐量过200万吨的省份为广东和上海，北京2017年有望进入该行列。从旅客吞吐量、货邮吞吐量方面来看，河南分别为第17位、第8位，重庆均为第11位，天津为第22位、第14位，湖北为第15位、第16位，湖南为第16位、第19位。湖北、湖南和河南三省的航空运输发展水平在客运方面十分接近，而不论与其他国家中心城市或与中部其他省份比较，河南在航空货运方面已具有明显优势（见表11-2）。2017年10月10日，由中国民航局、河南省发改委组织的郑州国际航空货运枢纽战略规划编制启动。

表 11-1 2016年我国千万级别民航机场吞吐量排名

机场	旅客吞吐量（万人次）				货邮吞吐量（万吨）				起降架次（万架次）			
	名次	本期完成	上年同期	同比增速（%）	名次	本期完成	上年同期	同比增速（%）	名次	本期完成	上年同期	同比增速（%）
北京/首都	1	9439.35	8993.90	5.0	2	194.32	188.94	2.8	1	60.61	59.02	2.7
上海/浦东	2	6600.24	6009.81	9.8	1	344.03	327.52	5.0	2	47.99	44.92	6.8
广州/白云	3	5973.21	5520.19	8.2	3	165.22	153.78	7.4	3	43.52	40.97	6.2
成都/双流	4	4603.90	4223.95	9.0	5	61.16	55.66	9.9	5	31.94	29.36	8.8
昆明/长水	5	4198.03	3752.31	11.9	9	38.29	35.54	7.7	4	32.59	30.04	8.5
深圳/宝安	6	4197.51	3972.16	5.7	4	112.60	101.37	11.1	6	31.86	30.55	4.3
上海/虹桥	7	4046.01	3909.09	3.5	8	42.89	43.36	-1.1	9	26.20	25.66	2.1
西安/咸阳	8	3699.45	3297.02	12.2	14	23.38	21.16	10.5	7	29.10	26.71	9.0
重庆/江北	9	3588.88	3240.22	10.8	10	36.11	31.88	13.3	8	27.68	25.54	8.4
杭州/萧山	10	3159.50	2835.44	11.4	6	48.80	42.49	14.8	10	25.10	23.21	8.2
厦门/高崎	11	2273.76	2181.42	4.2	12	32.84	31.06	5.7	13	18.35	18.01	1.9
南京/禄口	12	2235.80	1916.38	16.7	11	34.13	32.60	4.7	12	18.80	16.69	12.7
长沙/黄花	13	2129.67	1871.53	13.8	21	13.03	12.20	6.8	18	16.79	15.34	9.5
武汉/天河	14	2077.16	1894.20	9.7	16	17.53	15.47	13.3	16	17.57	16.45	6.8
郑州/新郑	15	2076.32	1729.74	20.0	7	45.67	40.33	13.2	14	17.81	15.45	15.3

续表

机场	旅客吞吐量（万人次）				货邮吞吐量（万吨）				起降架次（万架次）			
	名次	本期完成	上年同期	同比增速（%）	名次	本期完成	上年同期	同比增速（%）	名次	本期完成	上年同期	同比增速（%）
青岛/流亭	16	2050.50	1820.21	12.7	15	23.07	20.81	10.9	17	16.85	15.55	8.4
乌鲁木齐/地窝堡	17	2020.08	1850.65	9.2	17	15.75	15.65	0.7	19	16.23	15.31	6.0
海口/美兰	18	1880.38	1616.70	16.3	20	14.88	13.59	9.5	21	13.55	12.18	11.2
三亚/凤凰	19	1736.96	1619.19	7.3	29	8.68	8.54	1.7	26	11.46	10.85	5.6
天津/滨海	20	1687.19	1431.43	17.9	13	23.71	21.73	9.1	20	14.38	12.57	14.4
哈尔滨/太平	21	1626.71	1405.44	15.7	22	12.48	11.61	7.5	24	12.23	10.84	12.8
大连/周水子	22	1525.82	1415.41	7.8	19	14.90	13.70	8.7	23	12.77	11.78	8.4
贵阳/龙洞堡	23	1510.52	1324.50	14.0	28	9.59	8.72	10.0	22	12.90	11.69	10.3
沈阳/桃仙	24	1496.72	1268.01	18.0	18	15.58	14.21	9.6	25	11.52	9.96	15.7
济南/遥墙	25	1161.69	952.09	22.0	26	10.00	8.63	15.8	27	10.02	8.62	16.2
福州/长乐	26	1160.64	1088.73	6.6	23	12.17	11.65	4.4	28	9.76	9.61	1.5
南宁/吴圩	27	1155.99	1039.37	11.2	25	10.46	9.57	9.3	30	9.41	8.69	8.3
兰州/中川	28	1089.70	800.90	36.1	32	5.95	5.01	18.7	31	9.11	6.78	34.3
全国合计	—	101635.71	91477.33	11.1	—	1510.41	1409.40	7.2	—	923.83	856.55	7.9

注："千万级别"指客运吞吐量千万；"全国合计"为2016年全国民航机场合计情况。

资料来源：http：//www.askci.com/news/paihang/20170306/17454092657.shtml。

表 11-2 2016 年我国各省民用机场吞吐量情况排名

排名	省份	民用机场数量	旅客吞吐量（万人次）			货邮吞吐量（万吨）			起降架次（万架次）		
			本期完成	上年同期	同比增速（%）	本期完成	上年同期	同比增速（%）	本期完成	上年同期	同比增速（%）
1	广东	8	11439.71	10493.60	9.02	284.36	260.36	9.22	89.00	83.19	6.98
2	上海	2	10646.25	9918.89	7.33	386.92	370.88	4.32	74.19	70.58	5.12
3	北京	2	9997.98	9520.43	5.02	196.98	192.62	2.26	64.56	63.23	2.10
4	云南	14	5897.15	5234.27	12.66	41.90	38.64	8.43	46.96	43.14	8.87
5	四川	13	5336.14	4881.81	9.31	63.19	57.42	10.06	57.44	55.74	3.07
6	浙江	7	5050.42	4520.85	11.71	68.63	58.71	16.90	42.26	38.82	8.86
7	山东	10	4237.82	3576.01	18.51	40.94	36.17	13.20	42.18	34.98	20.60
8	陕西	5	3894.04	3479.38	11.92	23.81	21.53	10.58	32.17	30.77	4.53
9	福建	6	3877.86	3694.47	4.96	50.08	47.15	6.21	32.39	31.59	2.53
10	江苏	9	3725.67	3100.07	20.18	51.66	48.55	6.42	39.35	34.34	14.60
11	重庆	3	3659.30	3309.82	10.56	36.34	32.14	13.08	29.63	26.59	11.45
12	海南	3	3617.42	3235.89	11.79	23.57	22.13	6.48	25.01	23.04	8.58
13	辽宁	8	3099.89	2746.93	12.85	30.74	28.17	9.10	33.41	32.53	2.69
14	新疆	18	2784.60	2536.27	9.79	18.22	17.79	2.38	33.01	30.20	9.31
15	湖北	6	2403.46	2141.41	12.24	18.26	16.16	12.97	30.96	28.04	10.41
16	湖南	7	2396.17	2085.99	14.87	13.25	12.37	7.13	28.26	25.74	9.78

续表

排名	省份	民用机场数量	旅客吞吐量（万人次）			货邮吞吐量（万吨）			起降架次（万架次）		
			本期完成	上年同期	同比增速（%）	本期完成	上年同期	同比增速（%）	本期完成	上年同期	同比增速（%）
17	河南	3	2229.18	1858.61	19.94	45.90	40.58	13.12	40.30	38.92	3.53
18	广西	7	2066.08	1885.46	9.58	14.11	13.36	5.63	27.58	24.86	10.94
19	黑龙江	11	1894.90	1681.98	12.66	12.97	12.24	6.01	15.09	13.91	8.54
20	贵州	10	1873.81	1563.28	19.86	9.86	8.96	10.03	18.70	15.58	20.06
21	内蒙古	18	1798.75	1685.97	6.69	7.49	8.14	-7.97	24.03	20.92	14.89
22	天津	1	1687.19	1431.43	17.87	23.71	21.73	9.12	14.38	12.57	14.42
23	甘肃	8	1255.09	928.36	35.19	6.22	5.27	18.07	12.97	9.70	33.65
24	山西	7	1245.36	1088.78	14.38	5.49	5.05	8.77	13.45	11.84	13.54
25	吉林	4	1158.71	1059.58	9.36	9.40	8.46	11.06	9.40	8.61	9.16
26	江西	6	1050.11	985.07	6.60	6.30	6.25	0.78	9.69	9.61	0.83
27	安徽	5	912.88	814.76	12.04	6.25	5.48	13.95	8.71	7.60	14.58
28	河北	4	827.02	669.30	23.56	4.52	4.59	-1.47	10.03	10.10	-0.63
29	宁夏	3	655.17	553.96	18.27	3.72	3.34	11.40	10.21	12.33	-17.21
30	青海	6	511.08	433.71	17.84	2.56	2.33	9.73	4.60	3.92	17.56
31	西藏	5	406.51	360.96	12.62	3.06	2.84	7.98	3.91	3.59	8.89
合计		219	101635.71	91477.33	11.10	1510.41	1409.40	7.17	923.83	856.55	7.85

资料来源：中国民用航空局发展计划司，《民航机场生产统计公报 2016》。

由表 11-3 可以看到，2017 年前三季度，我国主要千万级机场的排名变化不大。郑州在 2017 年前三季度已完成了对武汉与长沙的超越，而武汉从 2016 年的中部第二，跌至第三。上海虹桥机场因跑道、航站楼等基础设施限制进一步被西安咸阳机场超越跌至大陆机场第 8 位。香港机场因受空域限制（与深圳机场的空域交叉严重），近三年增长态势逐渐放缓。

表 11-3 2017 年前三季度我国主要民航机场运营情况

机场	排名	旅客吞吐量		货邮吞吐量		飞机起降架次	
		1~9 月（万人次）	同比增速（%）	1~9 月（万吨）	同比增速（%）	1~9 月（万架次）	同比增速（%）
北京/首都	1	7111.80	0.7	—	—	44.30	2.3
香港/赤鱲角	2	5440.00	2.1	358.00	10.9	31.31	1.4
上海/浦东	3	5249.35	5.3	279.16	13.3	37.05	3.3
广州/白云	4	4858.71	10.1	127.56	7.3	34.51	6.9
成都/双流	5	3706.07	8.0	46.44	6.9	25.05	5.7
深圳/宝安	6	3356.49	7.9	84.70	4.6	25.20	6.9
昆明/长水	7	3347.93	7.5	30.56	8.3	26.23	8.3
台北/桃园	8	3329.26	5.1	165.99	9.8	18.28	-0.4
西安/咸阳	9	3117.74	13.1	19.03	13.7	25.81	10.3
上海/虹桥	10	3101.77	3.3	29.14	-4.1	19.61	0.6
重庆/江北	11	2876.31	7.0	25.92	2.0	21.56	4.0
杭州/萧山	12	2654.09	12.3	41.54	22.8	20.19	7.7
南京/禄口	13	1915.66	13.1	27.30	11.4	15.64	10.5
厦门/高崎	14	1801.24	6.0	24.76	4.6	13.83	0.7
郑州/新郑	15	1799.15	16.8	—	—	—	—
长沙/黄花	16	1777.40	11.2	—	—	—	—
青岛/流亭	17	1745.39	13.2	16.96	1.5	13.56	7.0
武汉/天河	18	1732.60	11.9	—	—	—	—
海口/美兰	19	1667.04	21.5	22.42	9.5	11.51	18.3
天津/滨海	20	1543.51	21.9	—	—	—	—
三亚/凤凰	21	1425.84	12.4	—	—	8.80	5.8
贵阳/龙洞堡	22	1340.91	19.2	7.46	8.2	11.08	15.8
济南/遥墙	23	1055.25	21.4	7.04	0.1	8.60	14.9
南宁/吴圩	24	1033.60	22.3	8.30	7.4	8.10	16.7

续表

机场	排名	旅客吞吐量		货邮吞吐量		飞机起降架次	
		1~9月（万人次）	同比增速（%）	1~9月（万吨）	同比增速（%）	1~9月（万架次）	同比增速（%）
福州/长乐	25	929.66	4.6	9.07	3.0	7.34	-2.1
南昌/昌北	26	748.52	27.2	3.59	0.3	6.18	24.6
宁波/栎社	27	694.85	19.5	8.87	19.7	5.47	15.6
温州/龙湾	28	692.99	13.9	5.45	-2.6	5.55	10.5
合肥/新桥	29	667.99	22.0	4.55	10.2	5.56	18.2
桂林/两江	30	597.50	17.6	—	—	—	—

资料来源：http：//tieba.baidu.com/p/5389212819。

二 通达性比较

截至2016年底，我国共有运输航空公司59家。其中，国有控股公司44家，民营和民营控股公司15家；全部运输航空公司中全货运航空公司8家，中外合资航空公司11家，上市公司7家。我国共有定期航班航线3794条，定期航班国内通航城市214个（较上年增加10个，不含港澳台）。我国航空公司国际定期航班通航56个国家的145个城市（较上年增加8个）。目前，全球约有5511条航线，12259个航班，联通了168个国家和地区、1249个机场。[①] 对各个机场的航司及通航点数量进行对比可以发现，与各机场的运量能级相对应，我国航司超过80家同时通航点超过200个的机场仅有北京首都机场、上海浦东机场、广州白云机场和成都双流机场四家。其余主要机场航司数量差距不大，多在50~60家，而客运量前10位的机场中虹桥机场的航司与通航点数量明显低于同级机场，这也是虹桥机场近年来增长疲软的直接原因。除北京、上海、广州、成都以外的四个国家中心城市机场通航点，重庆江北机场与天津滨海机场均为180个以上，武汉天河机场与郑州新郑机场为150个左右（见表11-4）。

我国千万级民航机场的准点率可以大致分为70%以下、70%~80%、80%~90%三档。2017年10月处于80%~90%档的机场共7家，其中旅客

---

① 由 https：//data.variflight.com/profiles/Airports/PEK，2017年11月29日11时数据整理得到。

吞吐量前 10 位的机场有 3 个；处于 70% ~ 80% 的机场有 15 家，除兰州中川机场外，其余均为旅客吞吐量前 20 位的机场。拥有全国第 4 位和第 5 位客、货邮吞吐量的成都机场在准点率方面表现不俗，达到 82.47%。郑州新郑机场准点率排第 14 位（见表 11 - 5）。

表 11 - 4　国内千万级民航机场航司、通航点数量

单位：个

机场	航司	境内航司	境外航司	通航点	境内通航点	境外通航点
北京/首都	109	22	87	337	170	167
上海/浦东	109	24	85	290	149	141
广州/白云	90	25	65	260	159	101
成都/双流	82	30	52	226	151	75
昆明/长水	50	30	20	197	135	62
深圳/宝安	53	26	27	204	145	59
上海/虹桥	35	19	16	163	138	25
西安/咸阳	64	34	30	207	163	44
重庆/江北	63	32	31	184	139	45
杭州/萧山	71	28	43	189	138	51
厦门/高崎	47	26	21	145	110	35
南京/禄口	61	30	31	138	102	36
长沙/黄花	62	34	28	146	102	44
武汉/天河	62	29	33	151	97	54
郑州/新郑	62	32	30	147	109	38
青岛/流亭	51	28	23	141	112	29
乌鲁木齐/地窝堡	37	24	13	126	93	33
海口/美兰	49	32	17	144	114	30
三亚/凤凰	45	29	16	112	83	29
天津/滨海	59	32	27	188	139	49
哈尔滨/太平	51	33	18	137	110	27
大连/周水子	51	31	20	128	107	21
贵阳/龙洞堡	48	34	14	127	103	24
沈阳/桃仙	60	31	29	131	94	37
济南/遥墙	48	30	18	121	97	24
福州/长乐	41	26	15	118	89	29
南宁/吴圩	48	30	18	120	91	29
兰州/中川	39	32	7	105	87	18

资料来源：https：//data. variflight. com/profiles/Airports/PEK，经数据整理得到。

表 11－5　2017 年 10 月我国千万级民航机场放行准点率排名

机场放行准点率排名	执行航班量（架次）	准点率（%）	延误 2 小时以内（%）	延误 2~4 小时（%）	延误 4 小时以上（%）	平均延误时间（分钟）
乌鲁木齐/地窝堡	7326	89.34	7.06	1.84	1.56	19
济南/遥墙	4881	82.63	13.07	0.84	0.41	17
成都/双流	13865	82.47	15.78	1.38	0.36	23
大连/国际	6301	81.40	13.95	1.27	0.19	17
重庆/江北	12094	81.40	13.27	1.73	0.53	20
深圳/宝安	13621	81.05	17.04	1.56	0.35	24
昆明/长水	14627	80.81	17.21	1.63	0.35	24
兰州/中川	4488	79.37	14.93	2.09	0.78	21
上海/虹桥	11371	79.18	19.22	1.38	0.21	24
长沙/黄花	7679	77.90	17.22	2.68	0.42	23
天津/滨海	7013	76.89	17.91	2.92	0.57	26
海口/美兰	6296	76.65	17.46	1.70	0.54	22
青岛/流亭	7740	75.96	19.20	1.96	0.25	24
郑州/新郑	8367	75.79	19.34	2.40	0.51	23
西安/咸阳	13748	75.73	16.69	3.53	0.61	27
广州/白云	19273	75.40	22.81	1.53	0.26	27
上海/浦东	19249	74.78	23.50	1.36	0.36	27
三亚/凤凰	4801	74.53	18.64	2.81	0.52	25
南京/禄口	8558	73.10	22.56	2.56	0.40	29
武汉/天河	7538	72.72	20.44	3.75	0.37	27
贵阳/龙洞堡	6508	70.42	21.60	2.40	0.45	26
北京/首都	25239	70.35	27.18	1.86	0.61	30
杭州/萧山	10786	69.48	23.47	2.85	0.51	30
哈尔滨/太平	5792	69.23	20.96	2.95	0.81	28
福州/长乐	3870	68.35	25.12	1.81	0.21	26
沈阳/桃仙	5436	66.59	23.12	3.20	0.24	28
南宁/吴圩	4528	58.52	29.17	4.92	1.21	38
厦门/高崎	7878	57.21	35.66	3.35	0.36	27

注：放行准点率（航班实际起飞时间＜计划起飞时间＋30min）。

资料来源：https：//data.variflight.com。

　　跑道是机场各项基础设置中最关键的设施，而其数量、构型、间距以及运行管理水平、空域条件等，成为机场吞吐量的主要决定因素。我国机场多跑道运行在硬件配置、运行经验、人才培养、飞行员驾驶水平等方面与欧美等航空运输成熟的国家相比还存在较大差距，同等的跑道构型，高峰小时容量约为欧美国家机场的 1/2 到 2/3。此外，我国空域开放也比较有限，因此，我国机场多跑道系统的容量还有很大提升空间。表 11－6 中可以看到上

表 11-6　我国多跑道机场小时航班量情况

机场	高峰小时航班时刻容量（架次）	跑道数量（条）	跑道间距（米）	双跑道运行模式	机位数（近机位）（个）	2016 年日均起降（架次）	最高日起降（架次）	历史小时峰值起降（架次）
北京/首都	86（88）	3	1960；1525	三跑道独立起飞，左右跑道相关进近	328（133）	1660.5	1915	114
上海/浦东	74	4	460；2260；440	左右两组跑道独立接近、中间两组近距跑道一起一降	218	1314.8	1498	98
广州/白云	71	3	2200；400	远距跑道独立起降运行、近距跑道一起一降	161（68）	1192.4	1308	80
香港/赤鱲角	68	2	1525	远距跑道独立运行	182（117）	1127.5	1318	91
昆明/长水	56	2	1950	双跑道独立运行	161（68）	892.97	1067	76
成都/双流	52	2	1525	双跑道独立起飞，相关平行进近（多数情况一起一降）	178（74）	875.02	982	66
西安/咸阳	51	2	2100	双跑道独立起飞，相关平行进近	127（44）	797.33	949	64
深圳/宝安	48	2	1600	隔离模式，一起一降	199（62）	872.83	1045	58
重庆/江北	45	3	380；1620	隔离平行运行，一起一降	200	758.38	780	57
杭州/萧山	45	2	1920	一起一降隔离运行	115	687.8	804	45
上海/虹桥	43	2	365	一起一降隔离运行	66	717.76	863	58
郑州/新郑	39	2	2050	隔离平行运行，一起一降	77（48）	487.82	604	40
南京/禄口	38	2	2000	隔离离模式，即一起一降、老跑道用于起飞、新跑道用于降落	53	514.98	621	47
武汉/天河	33	2	2100	一起一降隔离运行	78	481.28	—	40
长沙/黄花	33	2	380	一起一降隔离运行	49	460.03	550	39
厦门/高崎	32	1	—	—	90	502.87	545	38
青岛/流亭	31	1	—	—	61	461.75	513	36
乌鲁木齐/地窝堡	31	1	—	—	101（34）	444.56	520	38
天津/滨海	31（32）	2	2100	隔离模式，即一起一降	—	394.03	518	38

资料来源：http://bbs.feeyo.com/posts/578/topic-0011-5788953.html，根据公开资料整理。

海虹桥机场的两条跑道间距仅为 365 米，高峰小时航班时刻容量仅为 43，历史高峰小时起降架次为 58，机位仅为 66 个，远低于客运量同级别的其他国内机场，这也是其近年来增长疲软的原因。香港机场的运营模式是最为先进的双跑道独立运行，而其两条跑道间距仅为 1525 米，但由于空域、地理位置限制，机位、航班时刻紧张，长期处于满负荷运营状态。观察其基础设施条件，如果上海浦东机场提高运营能力，在不久的将来可能会实现对香港机场的超越。

第三节　基于自由贸易试验区的国家中心城市航空经济对比

机场的存在在于以高速的运输机制，实现对旅客、高单位重量价值货物的运输。高单位重量价值商品的物流发展是对一地航空经济发展情况的良好表征，对周边产业具有良好的辐射带动作用。与航空运输对周边地区的辐射带动作用和国际性类似，国家中心城市的核心意义在于该中心城市对周边城市的辐射带动作用及其国际外向性。而我国自由贸易试验区的设立对于增加所在城市及其机场的国际外向性、制度创新具有重要意义，也体现了其辐射带动作用。机场所在城市不同层次区域间的良好互动所需的以政策为代表的多方面衔接需要相应的制度创新支撑。一个城市机场及其周边航空经济的发展与城市周边腹地的经济发展情况可谓休戚与共。

新时期"一带一路"建设使我国的对外开放格局从过去的沿海一个方向转向沿海与内陆边境两个维度，由此将形成纵深联动的区域开发局面。这一点在近些年我国国家中心城市、自由贸易试验区的设立中得到充分体现。而这也将对未来一段时期我国各地航空经济的发展产生深远影响。

2010 年 2 月，住房和城乡建设部发布的《全国城镇体系规划纲要（2010～2020 年）》明确提出建设五大（北京、天津、上海、广州、重庆）国家中心城市的规划和定位。随后国家发改委分别于 2016 年 5 月 31 日、2016 年 12 月 20 日印发《成渝经济群区域规划》《促进中部地区崛起"十三五"规划》，先后将成都、武汉、郑州列入国家中心城市范围，以期辐射带动周边地区发展，增强国际性。其中对重庆的定位为西部开发开放战略支撑和长江经济带西部中心枢纽载体，长江上游地区经济中心、金融中心、商贸物流中心、科技创新中心、航运中心；武汉的定位是全面提升辐射带动能力和国际竞争力；郑州的定位是全面提升经济发展水平和辐射带动功能。八座城市共同构成了从东部到西部，从沿海到内地，契合我国经济改革发展脉络的国家中心城市体系。

综合前文所述可以发现，北京、上海、广州、成都四个城市机场基本同属国内机场第一梯队，相对其他机场具有显著优势。故此处选取机场量级相近、同处内陆的重庆、武汉、郑州三个城市的航空经济进行对比。2017 年我国多个航空经济区获批国家级临空经济示范区，同时多个城市设立了自由贸易试验区片区，这些我国对外开放领域的大动作，将对当地的航空经济发展起到积极的推动作用。

一　自由贸易试验区对比

机场是一个城市国际化的重要载体，依托机场、航空经济区设置的自由贸易试验区（简称"自贸试验区"）将这一要义进一步放大。2017 年 4 月第三批自贸试验区的正式挂牌运营，标志着我国形成了东中西协调、陆海统筹的全方位、高水平对外开放新格局。作为机场周边开放程度最高的腹地，自贸试验区的设立为航空经济的发展带来了新机遇，其与所在城市航空经济区的衔接程度，将对该城市航空经济的发展产生深远影响。重庆、武汉和郑州的自贸试验区均为 2017 年 3 月底作为第三批设立，相关机制体制、政策创新还有待观察。故此处通过其定位、目标、空间和产业布局来进行对比分析。

（一）定位与目标对比

目前，八个国家中心城市除北京外均先后设立了自由贸易试验区进行可复制可推广的制度创新，对接高标准国际贸易规则，以在更广领域、更大范围形成各具特色、各有侧重的试点格局，推动全面深化改革扩大开放。

河南省自由贸易试验区的定位主要是落实中央关于加快建设贯通南北、连接东西的现代立体交通体系和现代物流体系的要求，将自贸试验区建设成为服务于"一带一路"建设的现代综合交通枢纽、全面改革开放试验田和内陆开放型经济示范区。以期经过三至五年改革探索，形成与国际投资贸易通行规则相衔接的制度创新体系，营造法治化、国际化、便利化的营商环境，努力将自贸试验区建设成为投资贸易便利、高端产业集聚、交通物流通达、监管高效便捷、辐射带动作用突出的高水平高标准自由贸易园区，引领内陆经济转型发展，推动构建全方位对外开放新格局。[①] 其中仅提及了"一带一路"一个国家级倡议。

湖北省自由贸易试验区的定位为立足中部、辐射全国、走向世界，努力成为中部有序承接产业转移示范区、战略性新兴产业和高技术产业集聚区、全面改革开放试验田和内陆对外开放新高地。以期经过三至五年改革探索，对接国际高标准投资贸易规则体系，力争建成高端产业集聚、创新创业活跃、金融服务完善、监管高效便捷、辐射带动作用突出的高水平高标准自由贸易园区，在实施中部崛起战略和推进长江经济带发展中发挥示范作用。[②] 结合了中部崛起、长江经济带两个国家级战略，据此武汉市提出打造创新驱动型沿江开放自贸试验区的目标。

通过湖北与河南自由贸易试验区定位和目标的对比，可以发现郑州和武汉两个中心城市都是在《促进中部地区崛起"十三五"规划》中提出的，但湖北自贸试验区的目标是"在实施中部崛起战略中发挥示范作用"，而河南自贸试验区的定位和目标中并未出现该战略；关于国际贸易规则体系，对河南的描述为"形成与国际投资贸易通行规则相衔接的制度创新体系"，而对湖北的描述比河南更进一步，为"对接国际高标准投资贸易规则体系"；关于内陆开放的提法，河南为"内陆开放型经济示范区"，湖北又高一个层次，为"内陆对外开放新高地"。对河南自贸试验区的描述偏重于"现代综合交通枢纽"，对湖北自贸试验区则更加侧重产业，为"中部有序承接产业转移示范区、战略性新兴产业和高技术产业集聚区"。整体来看，不论是定位，还是目标，湖北自贸试验区都比河南自贸试验区靠前一个身位。考虑到

---

① 国务院：《中国（河南）自由贸易试验区总体方案》，2017年3月31日。
② 国务院：《中国（湖北）自由贸易试验区总体方案》，2017年3月31日。

武汉和郑州在各自省份的首位度，郑州更应该依托自贸试验区和郑州航空港经济综合实验区的平台积极进行体制机制创新探索和对接，以最大化利用中国（河南）自贸试验区的相关政策和体制机制创新成果。

重庆市自由贸易试验区的定位相较湖北和河南自贸试验区更加宏观，为发挥重庆战略支点和连接点重要作用、加大西部地区门户城市开放力度，努力将自贸试验区建设成为"一带一路"和长江经济带互联互通重要枢纽、西部大开发战略重要支点。以期经过三至五年改革探索，努力建成投资贸易便利、高端产业集聚、监管高效便捷、金融服务完善、法治环境规范、辐射带动作用突出的高水平高标准自由贸易园区，努力建成服务于"一带一路"建设和长江经济带发展的国际物流枢纽和口岸高地，推动构建西部地区门户城市全方位开放新格局，带动西部大开发战略深入实施。[①] 其中提及了"一带一路"建设、长江经济带、西部大开发战略三个国家级战略。重庆市提出重庆自贸试验区将着力探索符合国际化要求的跨境投资和贸易规则体系，成为西部内陆地区融入全球经济一体化的重要载体。

（二）空间与产业布局对比

1. 湖北自贸试验区

湖北自贸试验区的实施范围为 119.96 平方公里，涵盖三个片区：武汉片区 70 平方公里（含武汉东湖综合保税区 5.41 平方公里）、襄阳片区 21.99 平方公里（含襄阳保税物流中心〔B 型〕0.281 平方公里）、宜昌片区 27.97 平方公里。按区域布局划分，武汉片区重点发展新一代信息技术、生命健康、智能制造等战略性新兴产业和国际商贸、金融服务、现代物流、检验检测、研发设计、信息服务、专业服务等现代服务业；襄阳片区重点发展高端装备制造、新能源汽车、大数据、云计算、商贸物流、检验检测等产业；宜昌片区重点发展先进制造、生物医药、电子信息、新材料等高新产业及研发设计、总部经济、电子商务等现代服务业

武汉自贸片区总面积 70 平方公里，一般农田面积 3.36 平方公里，城镇建设区用地面积 59.63 平方公里，是湖北自贸试验区面积最大的板块和最成

---

① 国务院：《中国（重庆）自由贸易试验区总体方案》，2017 年 3 月 31 日。

熟的区域。它以东湖国家自主创新示范区的核心区域中国光谷为主体，涵盖了东湖综保区、光谷生物城、未来科技城、光谷中心城、光电子信息产业园、光谷现代服务业园、光谷智能制造产业园等七个园区。其中，东湖综保区全部纳入自贸试验区范围，其他园区均为部分区域。其主要思路包括五个方面，即探索推进科技和高新技术产业领域的投资开放，探索推进跨境研发等便利化措施，探索推进科技金融融合创新，探索推进海外高端人才引进机制，探索建立适应科技创新的监管制度。

2. 重庆自贸试验区

重庆自贸试验区以国家级新区两江新区为核心区域，实施范围为119.98平方公里，涵盖3个片区：两江片区66.29平方公里（含重庆两路寸滩保税港区8.37平方公里）、西永片区22.81平方公里（含重庆西永综合保税区8.8平方公里、重庆铁路保税物流中心〔B型〕0.15平方公里）、果园港片区30.88平方公里。按区域布局划分，两江片区着力打造高端产业与高端要素集聚区，重点发展高端装备、电子核心部件、云计算、生物医药等新兴产业及总部贸易、服务贸易、电子商务、展示交易、仓储分拨、专业服务、融资租赁、研发设计等现代服务业，推进金融业开放创新，加快实施创新驱动发展战略，增强物流、技术、资本、人才等要素资源的集聚辐射能力；西永片区着力打造加工贸易转型升级示范区，重点发展电子信息、智能装备等制造业及保税物流中转分拨等生产性服务业，优化加工贸易发展模式；果园港[①]片区着力打造多式联运物流转运中心，重点发展国际中转、集拼分拨等服务业，探索先进制造业创新发展。[②]

重庆自贸试验区七大功能组团既各有特色，又互为补充，结合自身的产业基础，形成合力，更好地对接、践行重庆自贸试验区的使命。出台了建立畅通的海、陆、空三大国际物流通道，构建三大国际物流枢纽，培育国际物流经营主体，创新水铁、空铁等多式联运机制的四大举措，使重庆能真正发挥出"一带一路"和长江经济带联接点的作用（见图11－5）。

---

① 果园港自带"我国最大的内河水、铁、公联运枢纽港，国家发改委、交通部重点规划建设的第三代现代化内河港区"光环。

② http：//www.liangjiang.gov.cn/Content/2017－03/28/content_342278.htm.

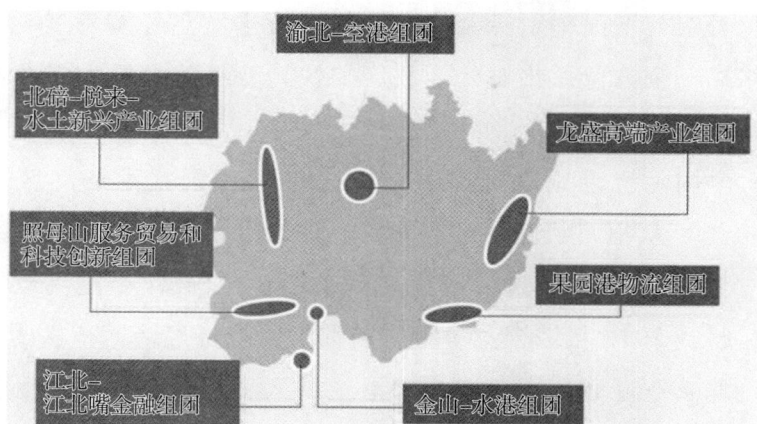

图 11 - 5　重庆自贸试验区两江片区七大组团示意

通过以上对比可以发现，虽然三个省份的自贸试验区设置在整体面积上不相上下，但在空间布局上，重庆市实现了极大化的处理，将两路寸滩保税港区的水港功能区、空港功能区、江北嘴金融区等重要的外向型功能组团连接起来，使同一片区尽量包括了更多的功能区，实现了在同一政策框架下的联通。这样的处理也是河南和湖北最初的设想，后因"每个片区不能拆分，有明确的边界闭合点"的规定而作罢，航空经济区未包含在自贸试验区范围内。在这种情况下，郑州更应该在打造自贸试验区与航空经济区的政策、物流、金融等连接通道上进行积极的管理制度创新。

二　航空经济区对比分析

自 2013 年 3 月至 2017 年 5 月，我国不同层次批复了 7 个国家级临空经济示范区。国务院于 2013 年 3 月批复了郑州航空港经济综合实验区。其余 6 个均为国家发改委和民航局联合批复，分别是：华东地区的青岛胶东临空经济示范区和西南地区的重庆临空经济示范区（2016 年 10 月）、华北地区的北京新机场临空经济区（2016 年 10 月）、华东地区的上海虹桥临空经济示范区和华南地区的广州临空经济区（2017 年 1 月）、成都临空经济示范区（2017 年 4 月）、长沙临空经济示范区（2017 年 5 月）。开展临空经济区试点示范，有利于发挥各地航空经济比较优势、挖掘内需增长潜力、促进产业转型升级、增强辐射带动作用，对于促进航空经济发展、优化我国经济发展格局、全方位深化对外开放、加快转变经济发展方式具有十分重要的意义。

复旦大学国际空港城市研究中心的《2017 中国空港经济区（空港城市）发展报告》从枢纽状况、开放功能、腹地经济、综合交通体系四个方面选取 19 个量化指标，通过公开资料和采样对全国 27 个空港经济区进行评估打分，得到 2016 年综合竞争力排名前十的空港经济区依次为：上海空港经济区、北京空港经济区、广州空港经济区、重庆空港经济区、成都空港经济区、郑州空港经济区、天津空港经济区、深圳空港经济区、武汉空港经济区以及杭州空港经济区。其中重庆、郑州和武汉的航空经济区发展情况对比见表 11 - 7。

表 11 - 7　重庆、郑州、武汉航空经济区发展情况对比

航空经济区	枢纽机场	综合交通体系	经济腹地	临空产业	总分	排名
重庆临空经济示范区	9.16	7	17.11	18.62	51.89	4
郑州航空港经济综合实验区	7.73	8	7.34	25.25	48.32	6
武汉临空经济区	6.95	7	10.69	17.65	42.29	9

资料来源：《2017 中国空港经济区（空港城市）发展报告》。

郑州航空港经济综合实验区是我国首个国家级航空经济区。历经 5 年，规划范围 415 平方公里的郑州航空港经济综合实验区通过一系列的体制机制探索，依托新郑综合保税区成立郑州航空港经济综合实验区管委会整体统筹该区域的发展。郑州机场得益于区域发展及省、市等层面的政策支持已经成为客运量全国第 15 位、货运量第 7 位的重要枢纽机场，尤其是货运超越上海虹桥比肩杭州萧山。2017 年 10 月 10 日，民航局、河南省发改委组织启动编制郑州国际航空货运枢纽战略规划，将为郑州航空港经济综合实验区的发展带来新的战略机遇。

2016 年 10 月，国家发改委、民航局联合印发《关于支持重庆临空经济示范区建设的复函》（发改地区〔2016〕2209 号），支持重庆临空经济示范区建设。重庆临空经济示范区成为西南地区首次申报成功的国家临空经济示

范区。2017 年 5 月，重庆市人民政府印发了《重庆临空经济示范区建设总体方案》，提出紧紧围绕国家赋予重庆的功能定位，将临空经济示范区建设成为中国（重庆）自由贸易试验区、中新（重庆）战略性互联互通示范项目落地实施的重要载体平台和集中展示区，成为产业结构转型升级的引领示范，努力建成内陆开放空中门户、低碳人文国际临空都市区、临空高端制造业集聚区、临空国际贸易中心和创新驱动引领区。

重庆临空经济示范区依托区域同样为国家级新区两江新区，以重庆江北国际机场为核心，包括空港工业园区、创新经济走廊、空港新城、重庆江北国际机场总体规划区、悦来会展城、保税港区空港功能区、两路老城区及其他区域，总面积 147.48 平方公里，其中重庆江北国际机场总体规划区 36.68 平方公里。按照核心引领、区域联动的发展思路，以十二个功能平台为支撑，着力构建"一核五区"① 的产业空间和"一主轴、三核心、九廊道"的生态空间格局。

武汉市政府 2008 年 11 月批复了《武汉临空经济区总体发展规划》。2015 年 5 月湖北省人民政府发布《关于加快推进武汉临空经济区建设的若干意见》，指出武汉临空经济区分规划区和协调区，优先发展航空货运、客运和物流仓储等航空运输及物流业。规划区以天河机场为中心，半径 12 公里以内区域，涵盖武汉市黄陂区部分地区（162 平方公里）、东西湖区部分地区（109 平方公里）、孝感临空经济区（100 平方公里），总面积 371 平方公里。协调区以天河机场为中心，半径 20 公里以内区域，涵盖武汉市黄陂区部分地区（453 平方公里）、东西湖区（498 平方公里）和孝感市部分地区（154 平方公里，含孝感临空经济区），总面积 1105 平方公里。根据功能分区，优化通航、适航等装备制造产业，珠宝、食品加工产业，电子信息、医药、生物技术、新材料、节能环保、新能源等高新技术产业的空间布局。加快发展航空综合服务、通航运营、总部经济、金融服务、商务会展、电子商务、休闲旅游、教育培训和信息服务业等高端服务业。

---

①　指临空经济示范核心区、临空制造区、临空商务区、临空物流区、临空会展区、临空保税区。

三 综合比较评述

重庆为三个城市中唯一的直辖市，处在"一带一路"、长江经济带等重大发展战略的节点上，承东启西、连接南北，是衔接和联动几大战略的重要枢纽。临空经济示范区的建成将充分释放重庆机场片区的发展潜力，有利于重庆市整合枢纽、口岸与自贸试验区资源，打通贸易通道，实现投资多元化与便利化，助推其航空经济发展，促进重庆内陆开放高地建设。重庆市实现了临空经济示范区与自由贸易区在空间上的套合，使其在对外开放资源的整合方面具备先发优势。

湖北省对临空经济区的协调力度有限，未能实现良好的行政管理统筹。规划中的武汉临空经济区跨"两市三区"，分别为武汉黄陂临空经济区（属于黄陂区）、武汉临空港经济技术开发区（由国家级吴家山经济技术开发区更名而来，属于东西湖区）、孝感临空经济区。三者分属不同的行政辖区，其各自分别成立有管理机构，[①] 长期处于分庭抗礼相互竞争的状态。在《武汉临空经济区总体发展规划》提出后相当长一段时间，并未成立省级领导小组。直到2015年5月湖北省人民政府才出台了相关意见，提出整合相关临空区域资源。而且武汉临空经济区也是三个城市中唯一一个非国家级临空经济区。[②] 三个城市中重庆为直辖市，武汉为副省级市，而郑州作为省会首位度不高，目前虽均处于国家中心城市这一平台，但发展基础差别仍然较大。重庆和武汉两个均处于长江经济带，具有水运优势。在河南这样不沿边、不靠海、不临江的省份，郑州航空港经济综合实验区对自贸试验区发展、对外开放的作用就更加凸显。郑州又未能像重庆一样将机场周边区域纳入自贸试验区范围，导致新郑机场与自贸试验区郑州片区空间上的联通存在先天缺憾，为后期机场区域对自贸试验区相关政策和机制创新成果的运用等带来障碍，更应该加强政策支持力度，积极推进自贸试验区成熟经验向机场

---

① 湖北省政府成立了湖北省武汉临空经济区建设协调领导小组，武汉市成立了临空经济办公室，组建了投融资平台，黄陂区成立了汉孝临空经济区管理委员会，东西湖区吴家山经济技术开发区更名为武汉临空港经济技术开发区，成立了临空产业管理处。
② 目前，湖北省发改委（省战略规划办）正在积极开展国家级临空经济示范区申报工作。

周边核心区域的推广。新郑机场应尽快落实"国外游客落地签"及"中转游客72小时免签制",简化出入境手续,为新郑机场在将来发展成为客运枢纽打下良好基础。郑州在货运、口岸经济、跨境电商的发展上较重庆和武汉具有明显优势,应该积极探索将这种优势与自贸试验区和国家中心城市相关政策进行对接,实现进一步提升。

第十二章
航空港实验区在郑州国家中心城市
建设中的地位和作用

第一节 国家中心城市与郑州国家中心建设

一 国家中心城市的内涵及特征

国家中心城市产生于国内，国外并没有此提法。目前，关于国家中心城市的概念、特征和功能等还未形成一个系统的理论体系，对于建设国家中心城市的标准和要求还没有一个明确的判别与界定，但其并不是一个新的概念。综合来看，国家中心城市是现代化的发展范畴，是居于国家战略要津、体现国家意志、肩负国家使命、引领区域发展、跻身国际竞争领域、代表国家形象的特大型都市，在全国城镇体系中具有核心控制作用，在全球城市网络体系中具有重要的功能节点作用，其兼具国内与国际的双重使命，是全国政治、经济、文化、环境、服务等综合发展水平的最高代表，对周边地区的发展有着长远的带动和辐射作用；同时，国家中心城市是全球资源的集散地和决策中心，是国家对外开放的门户，在推动国际经济发展和文化交流方面发挥着重要的门户作用。

综合各方观点，可将国家中心城市的功能特征定位为以下三个方面。

（一）经济"增长极"辐射带动功能

主要体现：一是经济增长功能。国家中心城市是区域发展的"龙头"城市，具备较强的经济实力、较优的产业结构、高效的资源配置能力，是区域协调发展的中心极点城市。二是辐射带动功能。国家中心城市是全国性的核心城市，具有中心引导作用，在自身发展的同时，通过资源外溢来辐射带动周边地区的发展。

（二）对外开放门户功能

主要体现：一是支撑国家战略。国家中心城市是全国范围内优先选择、重点考虑的中心城市，必须是能够实现国家战略意图的先遣城市、能够支撑国家战略的骨干城市、能够肩负起国家使命千斤重担的核心支点城市。二是国际贸易能力和国际交流能力。国家中心城市是代表国家实施对外开放参与国际竞争的"窗口"城市，是在某一或某些方面具备较强国际竞争能力，能够参与全球范围内的资源配置、主导世界话语权的关键节点城市，是以全球城市网络节点和国际经济文化交流为核心要素的区域开放门户，成为地区与全球交互的平台，促进地区资源整合。

（三）行政管理与公共服务中心功能

主要体现：一是高效的体制机制。能够充分发挥市场的决定性作用和政府的调控作用，充分激发创新活力，顺利实现产业结构升级，发展动能转换，是经济持续向好的先发起点城市。二是显著的行政管理和社会服务能力。具备较强的行政管理能力和完善的社会服务体系，是城市发展的重要基础。三是资源节约能力和环境保护能力。生态环境为城市的发展创造更多的有利条件，是国家中心城市发展所必备的。四是文化功能。国家中心城市是能够向国外展示本国先进文明的重要城市。

二　国家中心城市的发展历程

（一）世界中心城市的发展历程

国外没有"国家中心城市"提法，但它们的一些特大中心城市事实上发挥着国家中心城市的功能。如美国的纽约、芝加哥等世界城市控制着全球金融命脉；德国的法兰克福是金融与交通中心；日本的东京、大阪、名古屋等分别是其东京地区、大阪地区和中京地区的核心城市。这些城市处于各自国家城市体系的顶端，是名副其实的"国家中心城市"。国外学者使用世界城市或全球城市来描述纽约、伦敦、东京等少数发达国家在世界或全球具有重要影响力和控制力的核心城市，较少顾及新兴发展中国家处于上升阶段和成长时期的具有"全球城市"潜力的中心城市。

世界城市的形成和发展一般依托的是经济区或者城市群，从经济区的生产布局以及城市群功能划分的表现形式来看，都是具有聚散、服务、创新等功能的区域经济中心。纽约依托的美国东北部区域，伦敦依托的英国英格兰区域，东京依托的日本东海道区域，均是具有全球控制能力的地区。与世界城市类似，国家中心城市是重点城镇群的核心城市，以国家中心城市为核心的城镇群是重点城镇群，它们互为依托。

（二）我国国家中心城市的发展历程

2005 年，当时原建设部（现住房和城乡建设部）编制《全国城镇体系规划》时，首次提出建设"国家中心城市"这一概念，处于城镇体系最高位置的城镇层级，在全国具备引领、辐射、集散功能，这种功能表现在政治、经济、文化、对外交流等多方面。它改变了中国传统的直辖市、省会城市、地级市、县级市的城镇体系格局，使"中心城市"成为全国城镇体系金字塔的"塔尖"。

2005 年，我国原建设部编制的《全国城镇体系规划》（2006～2020 年）明确指出：国家中心城市是全国城镇体系的核心城市，在我国的金融、管理、文化和交通等方面都发挥着重要的中心和枢纽作用，在推动国际经济发展和文化交流方面也发挥着重要的门户作用，国家中心城市已经或将要成为亚洲甚至世界的金融、管理和文化中心。国家中心城市应当具有全国范围的中心性和一定区域的国际性两大基本特征。并将北京、上海、广州、天津四个城市列为国家中心城市。

2008 年，国家中心城市正式出现在《珠江三角洲改革发展规划纲要》中，被用来描述广州的城市定位。

2010 年，住房和城乡建设部发布的《全国城镇体系规划》确立了五大国家中心城市——北京、上海、广州、天津、重庆，自此国内几个特大区域中心城市都将建设国家中心城市定位为未来城市发展的战略方向。

2016 年 5 月，国家发改委和住建部联合发布《成渝城市群发展规划》，将成都定位为国家中心城市。重庆和成都也先后成为西部内陆地区城市开发的高地。

2016 年 12 月，经国务院正式批复，国家发改委发布《促进中部地区崛起"十三五"规划》，支持武汉、郑州国家中心城市建设。

2017 年 1 月国家发改委印发关于支持郑州、武汉建设国家中心城市的指导意见。

至此，已经有北京、天津、上海、广州、重庆、成都、武汉、郑州等 8 座城市被明确定位为国家中心城市。

（三）郑州国家中心城市建设的使命

2017 年 1 月《国家发展改革委关于支持郑州建设国家中心城市的复函》（发改规划〔2017〕154 号）中明确，郑州国家中心城市建设要坚持改革创新、提升功能；开放引领、区域联动；生态优先、文化传承的原则。五项主要任务如下。

第一，着力夯实产业基础，全面提升综合经济实力。壮大先进制造业集群，提升服务业发展水平，加快培育发展新经济。

第二，着力突出改革创新，加快培育壮大新动能。深入推进政府职能转变，改革优化创新政策制度，加快聚合创新要素资源，打造创新创业发展平台。

第三，发挥区位优势，打造交通和物流中枢。着力增强航空枢纽作用，巩固提升全国铁路枢纽功能，建设多式联运国际航空物流中心。

第四，坚持内外联动，构筑内陆开放型经济高地。提升"一带一路"节点作用，构筑双向开放大平台，大力发展口岸经济，增强辐射带动功能。

第五，彰显人文特色，建设国际化现代都市。引领大都市区建设，营造美丽宜居环境，彰显中原文化魅力，推动城乡统筹发展。

（四）郑州国家中心城市建设的功能定位与发展目标

2017 年 8 月中共郑州市十一届四次会议决议，明确了郑州建设国家中心城市的六个定位：国际综合枢纽、国际物流中心、国家重要的经济增长中心、国家极具活力的创新创业中心、国家内陆地区对外开放门户、华夏历史文明传承创新中心。确定郑州国家中心城市的发展目标如下。

近期到 2020 年，全面推进国家中心城市建设，基本确立国际枢纽地位，基本形成现代化国际化大都市的框架体系，进入全国经济总量万亿城市行列，实现人民生活水平、生活环境、生活质量的全面提高。

中期到2030年，全面建成国家中心城市，综合实力位居全国主要城市前列，基本实现现代化，达到中等发达国家水平，人民生活更加殷实，国际枢纽地位更加突出，建成国家重要的创新创业中心，成为现代化大都市，向全球城市迈进。

远期到2049年，建成联通全球的国际枢纽中心，世界一流的内陆商贸物流中心，国家重要的金融中心，极具活力的创新创业中心，开放包容的国际交流中心，生态多元、社会公正的国际宜居大都市，实现由生产型城市向高端消费型城市的转变，成为在全球有影响力的世界城市。

第二节　航空港实验区是郑州国家中心城市建设的"增长极"

一　航空港实验区支撑郑州国家中心城市建设

郑州国家中心城市建设面临的突出问题是郑州经济首位度不高，高端要素资源集聚力不强，区域辐射带动作用发挥不足，与郑州定位于国际综合枢纽、国际物流中心、国家重要的经济增长中心、国家极具活力的创新创业中心、国家内陆地区对外开放门户、华夏历史文明传承创新中心的差距较大。《郑州航空港经济综合实验区发展规划（2013～2025年）》中关于航空港实验区的定位是国际航空物流中心、以航空经济为引领的现代产业基地、内陆地区对外开放重要门户、现代航空都市、中原经济区核心增长极，并着力以建设国际竞争力强的国际航空货运枢纽，带动建设高端航空港经济产业体系，从而推动建设绿色智慧航空都市、建设内陆开放型航空港区，最终形成中原经济区核心增长极。缩小差距、补齐短板，郑州完成产业发展、动力转换、物流枢纽建设、对外开放高地打造等任务的重要载体在航空港实验区，航空港实验区在郑州国家中心城市建设中处于战略支撑地位。

2016年，航空港实验区地区生产总值622.5亿元，是2010年的22.5倍，年均增长38%；在全市经济增量中的贡献率从2010年的1%左右跃升至 2016 年 11.7%；手机产量达到 2.58 亿部，约占全球手机产量的 1/7，年均增长 4000 万部以上，全球智能终端制造基地地位初步确立；外贸进出口总额 482 亿美元，是 2010 年的 3430 倍，年均增长 288.3%，全市、全省占比分别达到 67.6%、88.3%；建成区面积超过 60 平方公里，年均增长近 10 平方公里，2017 年 9 月第十一届国际园林博览会在航空港实验区隆重举行，一座航空都市正在快速崛起；旅客吞吐量 2076 万人次，是 2010 年的 2.4 倍，年均增速 15.4%，全国排名由 2010 年的第 21 位跃升至第 15 位；航空货运量 45.7 万吨，是 2010 年的 5.2 倍，年均增速 34.7%，全国排名由 2010 年的第 22 位跃升至第 7 位。相继建成电子口岸、口岸作业区、肉类口岸、活牛口岸、鲜果口岸、食用水产品口岸等口岸设施，我国内陆对外开放门户地位初步确立。

（一）航空物流支撑

航空港实验区具有较大的辐射半径，可以辐射到全国主要的经济区域，包括京津冀、长三角、珠三角、成渝等。从郑州新郑国际机场出发，一个半小时航程内可以覆盖我国 2/3 的主要城市和 3/5 的人口、3/4 的 GDP，两小时航程内覆盖了我国 95% 经济总量和 98% 进出口总额的地区。

航空枢纽处于"一带一路"中的重要节点，对全市、全省的支撑引领作用日益凸显。机场二期工程全面投用，郑机城铁、城郊铁路投入运营，郑州机场进入"双跑道＋双候机楼＋双铁"的"三双"时代，实现了"机公铁"无缝衔接。

航空港实验区应进一步发展连接世界重要枢纽机场和主要经济体的航空物流通道，完善陆空衔接的现代综合运输体系，提升货运中转和集疏能力，逐步发展成为全国重要的国际航空物流中心。郑州机场成为一个拥有城铁、地铁、高铁"三铁"，且"机公铁"一体的航空枢纽，集疏能力大幅提升。郑州高铁南站开工建设，郑万、郑合和郑济、郑太高铁加快建设，"米"字形高铁大格局基本形成。机场高速改扩建，机西高速、商登高速等外联道路建成投用，省道 S102 改扩建项目建成通车，G107、四港联动大道与新增京港澳高速出入口等外联道路与设施建设快速推进，航空港实验区对全市、全省的辐射能力进一步提升。

（二）产业发展支撑

航空港实验区重点发展具有临空指向性和关联性的高端产业，培育临空高端服务功能和知识创新功能，构筑具有明显特色和竞争力的空港产业体系。目前，为航空港实验区进行产业配套的项目已布局到郑州的多个区县，以及南阳、济源、焦作、洛阳等多个省辖市。航空港实验区对全市、全省产业升级转型的推动作用和辐射带动能力快速提升。

（三）经济发展支撑

航空港实验区强化产业集聚和综合服务功能，增强综合实力，延伸面向周边区域的产业和服务链，推动与郑州中心城区、郑汴新区联动发展，建设成为中原经济区最具发展活力和增长潜力的区域，最近几年经济一直保持着两位数增长。

（四）对外开放支撑

2010 年 10 月 24 日，郑州新郑综合保税区获国务院批复，成为中部地区第 1 个、全国第 13 个获批的综合保税区，规划面积 5.073 平方公里，2011 年 11 月 4 日正式封关运行，是我国目前开放层次最高、政策最优惠、功能最齐全的特定经济功能区域。

2016 年综保区三期封关运行，完成进出口总值 3161.1 亿元，跃居全国综保区第一名。已拥有水果、冰鲜水产品、食用水生动物、鲜活水产品、肉类、澳牛六个进口指定口岸，植物种苗等口岸正在申报，河南省食品、药品、医疗器械检验检测中心项目正在建设。目前，通过实验区口岸进口货物种类涵盖 10 大类、30 余个品种。郑州已成为我国入境高档水果、水产品和肉类等鲜活产品的主要集散地。

河南电子口岸"单一窗口"2016 版上线运行，通关时间缩短 1/3 以上，口岸作业区实现"区港联动"，我国内陆对外开放重要门户地位进一步提升。

（五）现代都市支撑

航空港实验区树立生态文明理念，坚持集约、智能、绿色、低碳发展，优化实验区空间布局，以航兴区、以区促航、产城融合，建设具有较高品位和国际化程度的城市综合服务区，形成空港、产业、居住、生态功能区共同支撑的航空都市。

二　航空港实验区引领带动郑州国家中心城市建设

（一）引领带动郑州产业结构升级和发展方式转变

航空港实验区通过发展与航空有关的服务、科技、生产、电子信息等产业吸引高端研发、商业总部、仓储、物流、金融、会展等现代产业，从而形成高端高效的产业体系，有效应对产业结构升级和发展方式转变的重大挑战。由于航空港实验区的发展，郑州乃至河南将不断拉长、拓宽其产业链，将周边丰富的资源进行优化配置，配套建设的科技、仓储和金融体系会强有力地带动郑州产业升级。

（二）引领带动郑州内陆腹地对外开放门户

位于内陆的中原，地缘劣势使其在国际市场上缺乏有力的竞争力，导致经济发展的相对落后，无法第一时间分享国家在对外开放这一战略平台上最基本的利益。发展航空经济，已成为很多内陆地区打破传统发展方式模式，快速提高区域经济发展的一个新的突破点，郑州航空港的建设，利用航运网络，使实验区内的生产要素在世界各地快速流动，最大限度地弥补了中原地区自身的区位和地理劣势。

（三）引领带动中原城市群的一体化发展

郑州航空港实验区将发挥交通、产业和开放优势，推进郑州整体经济的发展，提升郑汴一体化发展水平，与长江中游、珠三角、长三角和成渝等地区联动发展，加强与周边城市的合作和交流，引领郑州国家中心城市建设，使郑州航空港实验区成为带动中原城市群一体化发展的核心增长极。

（四）引领带动郑州国际综合交通枢纽建设

郑州由于其在全国特殊的地理位置，使其成为国家干线公路、高速公路的重要枢纽，国家传统铁路、高速铁路的重要枢纽，而航空运输一直是郑州综合交通的重大短板。航空港实验区的建设，提高了郑州机场同国际国内各机场之间的通达性，进一步加强了机场与周边地区的联系，完善了中原城市群的运输网络，从整体上带动了郑州国际综合交通枢纽建设。

第三节 建设郑州航空港实验区"增长极"的主要任务

一 建好"大枢纽"，增强新动能

主动融入和承接"一带一路"建设，加快航空、铁路、公路"三网融合"，构建"四港一体"多式联运综合交通枢纽，带动形成全省综合交通体系。一是强力推进航空枢纽建设，加强机场重点基础设施建设。二是重视多式联运，建设空地换乘中心、多种运输方式对接中心，降低物流的总体消耗，促进四港联动。三是提升航空物流服务能力，引进大型航空货运代理、快递企业，提升综合运输能力。四是加强信息技术平台建设，完善航空港物流信息系统。五是完善中介咨询相关服务，在航空港实验区积极引进会计、法律、银行、保险和评估等中介机构，为其发展提供全方位的服务。

二 培育"大产业"，发展新兴枢纽经济

持续实施"产业带动战略"，坚持以"八大产业集群"为抓手，着力聚焦高端产业，发挥航空港实验区航空产业的虹吸效应，集聚一批通航品牌制造业、通航专业服务业、零配件加工业，以及相关配套产业，加速构建现代产业体系，依托郑州的区位优势、交通枢纽，发展内陆枢纽经济，助推全市产业结构转型升级，全面提升郑州国家中心城市建设的综合经济实力。

三 塑造"大都市"，建设航空新城

在优化产业结构和空间布局的前提下，强化高新技术的引领，形成以航空物流、现代商贸和临空制造业等为主的现代航空都市。进一步提升城市建设的强度、力度和标准，以"四大片区"为载体，以双鹤湖公园、园博园、高铁南站、综保区三期"四点"为支撑，尽快形成以产兴城、以城带产、产城并进的发展格局，着力提升城市承载力，将航空港实验区打造成郑州国家中心城市建设的航空新城、国际新城。

四　打造"自由贸易港"，构筑国际门户

给予政策引导与支持，充分整合资源，促进产业结构转型升级，打造形成以自由贸易、高端航运服务为特色，以带动中部地区经济发展、辐射中西部内陆地区为目标的自由贸易港。

以综合保税区为突破，着力增强口岸开放平台的辐射带动力。一是着力推进综保区扩区工作，深入探索综保区和机场联动发展，加快区港联动、围网内外互动，实现区港一体发展，进一步提升对外开放门户功能。二是不断促进口岸平台与枢纽、物流、贸易联动发展，带动金融服务和产业集聚，提升口岸吸引力、辐射力，为大力发展口岸经济奠定基础。三是进一步完善口岸查验、存储、物流功能，研究解决肉类、活牛等口岸运营成本过高等问题，加快推进冷链物流产业园区核心区的规划建设，不断延长投用口岸上下游产业链条。四是积极开展境外旅客购物离境退税试点申报，适时申请设立口岸进境免税店。

五　实施改革推动、创新驱动战略，打造发展特区

积极借鉴国内外成功航空港区建设的经验，在社会管理、海关监管、口岸建设、财政金融、用地管理、人才引进等方面改革创新，先行先试。并根据实验区的战略定位和目标任务，向国家积极争取在航权、通关、金融、财税等方面的政策支持。从有利于扩大开放、产业发展、要素保障和提升区域竞争力出发，完善各项政策机制，为实验区建设提供有力支撑。同步做好中国（河南）自由贸易试验区政策实践复制，加大简政放权、放管结合、优化服务力度，全面建立权力清单、责任清单、负面清单，全面实施政府办事"单一窗口"模式，加强事中事后监管。一是深化体制机制改革。进一步理顺航空港实验区管理体制，加快机场管理体制改革，构建适应国际化发展要求、规范高效的机场管理机制。二是加强政府服务，简化行政审批手续，推进电子政务建设，真正建立起公平、竞争、透明和可预见的市场环境，提高政府的服务效率。三是用好双创示范基地创新平台、郑洛新自主创新示范区等国家战略平台的政策优势，加快提升创新能力，增强经济社会发展的新动能。

六　实施人才强区战略，打造人才高地

一是培养引进物流金融人才。通过校企联合，加大在职人员关于物流、金融、法律等专业技能培训，聘请国内外该领域专家到企业和联合高校进行指导，加强与广州、深圳等物流金融发达地区的交流学习，更新金融知识结构。二是谋划建设海外人才离岸创新创业基地，建设引智试验区展示中心，设置专家服务基地站点，申建博士后工作站，打造人才平台，引进高层次人才或团队。三是不断完善社会服务体系，提高引进人才生活质量。四是汇聚科技领军人物，推动人才队伍建设。注意引进高科技领军人物，把人才引进战略作为一项长期规划来谋划和实施。

附录一

郑州—卢森堡 "空中丝绸之路"
建设专项规划 （2017～2025 年）

为全面贯彻落实习近平总书记重要指示精神，加快建设郑州—卢森堡 "空中丝绸之路"，提升河南服务 "一带一路" 建设支撑能力，制定本规划。

一 规划背景

（一）建设基础。郑州位于我国大陆中心，卢森堡地处欧洲中心，一头是活跃的东亚经济圈，一头是发达的欧洲经济圈，双方具备相似的区位条件、较为成熟的航空运输体系，合作领域不断拓展，合作潜力持续释放。

郑州航空港辐射带动作用日益显现。2013 年 3 月，国务院批复《郑州航空港经济综合实验区发展规划》，郑州航空港经济综合实验区（以下简称航空港实验区）成为全国唯一一个以航空港经济为引领的实验区。发挥国家战略平台优势，郑州航空港初步形成横跨欧、美、亚三大经济区，覆盖全球主要经济体的枢纽航线网络；郑州新郑国际机场（以下简称郑州机场）客、货运行业全国排名分别由 2012 年的第 18 位和第 15 位，上升至 2016 年的第 15 位和第 7 位；郑州新郑综合保税区进出口额跃居全国第一位，为建设郑州—卢森堡 "空中丝绸之路" 提供了载体支撑。郑州现代综合交通枢纽功能持续提升。郑州是国家确定的国际性现代综合交通枢纽，处于全国铁路网、高速公路网和航空网的中心，陆空衔接、多式联运优势突出。郑州机场二期工程建成投用，具备客运 4000 万人次、货运 70 万吨的年吞吐能力。开行直达德国汉堡的中欧班列（郑州），实现每周 "去程八班、回程六班" 高频次常态化运营。以郑州为中心的米字形高速铁路网建设格局加快形成。民航、铁路、公路 "三网融合" 和航空港、铁路港、公路港、出海港（国际陆港）"四港联动"的集疏运体系基本形成，为建设郑州—卢森堡"空中丝绸之路"提供了基础支撑。

郑卢"双枢纽"合作空间不断拓展。卢森堡是欧洲重要的航空、陆路枢纽，卢森堡货航是欧洲最大的货运航空公司。2014 年河南航投与卢森堡货航开展国际资本合作，郑州—卢森堡航线目前已覆盖德国、英国、比利时、美国、智利等欧美主要国家，卢森堡货航航班量达到每周 15 班，货运量占郑州机场货运量的四分之一以上。2017 年 6 月，双方相继签订成立合资货运航空公司、开展签证便利业务谅解备忘录和专属货站战略合作框架等一系列合作协议，双方在航空运输、跨境电商、金融服务、经贸交流等领域合作不断深化，为建设郑州—卢森堡"空中丝绸之路"奠定了坚实的合作基础。

（二）战略机遇。2017 年 6 月 14 日，国家主席习近平在会见卢森堡首相贝泰尔时提出支持建设郑州—卢森堡"空中丝绸之路"，为我省明确参与"一带一路"建设重点，打造"空中丝绸之路"核心区指明了方向。"一带一路"建设深入推进，"六廊六路多国多港"主体框架加快形成，特别是统筹推进陆、海、空、网四位一体的设施联通，为我省搭建开放型合作平台、探索与欧美发达经济体合作打开了新空间。以航空经济为代表的新经济快速发展，高时效、高质量、高附加值产品和服务需求持续扩大，为我省发挥航空经济先行优势，参与国际产能合作，带动产业转型升级提供了新动能。国家批复中国（河南）自由贸易试验区（以下简称河南自贸试验区），明确了加快建设贯通南北、连接东西的现代立体交通体系和现代物流体系，打造服务于"一带一路"建设的现代综合交通枢纽战略定位，对我省参与"一带一路"建设提出了新要求，我省有能力、有条件在更高层次、更高水平上服务全国大局。

（三）重大意义。郑州—卢森堡"空中丝绸之路"贯通欧亚、辐射全球，在"一带一路"建设中发挥着重要支撑作用，对推动内陆地区构建开放型经济新体制，吸引更多国家参与共建"一带一路"，打造全方位对外开放新格局具有重大意义。加快郑州—卢森堡"空中丝绸之路"建设，是增强"四个意识"、贯彻落实习近平总书记治国理政新理念新思想新战略的具体实践；是丰富拓展"一带一路"框架体系，全方位、多维度推进"一带一路"建设的重要支撑；是创新参与"一带一路"建设模式，打造特色优势品牌、形成示范带动效应的重要探索；是增强服务"一带一路"建设交通物流枢纽功能，促进区域发展优势与落实国家战略相结合的重要体现；是推动我省加快对外开放、优化产业结构，在更大范围、更宽领域、更高层次上融入全球经济体系的重大举措。

二　指导思想和发展目标

（一）指导思想。全面贯彻落实党的十八大和十八届三中、四中、五中、六中全会精神，深入贯彻习近平总书记系列重要讲话精神和治国理政新理念新思想新战略，统筹推进"五位一体"总体布局和"四个全面"战略布局，牢固树立和贯彻落实新发展理念，突出特色、厚植优势、扩大影响，把贯彻落实习近平总书记支持建设郑州—卢森堡"空中丝绸之路"重要指示精神作为河南省参与"一带一路"建设的中心任务，与推进"三区一群"国家战略规划实施紧密结合，以深化郑州—卢森堡"双枢纽"合作为基础，着力拓展枢纽航线网络，构建连接世界重要航空枢纽和主要经济体、多点支撑的航线网络格局；着力拓展合作领域，全面加强以政策沟通、设施联通、贸易畅通、资金融通、民心相通为主要内容的交流合作；着力拓展服务功能，形成引领中部、服务全国、连通欧亚、辐射全球的空中经济廊道，打造全国"一带一路"建设的重要支撑和我省对外开放的重要纽带，建成和平、繁荣、开放、创新、文明的"空中丝绸之路"，在国家"一带一路"建设中发挥更大作用。

（二）战略布局。以航空网络为依托，拓展覆盖区域和合作领域，构建"双枢纽、多节点、多线路、广覆盖"的发展格局。"双枢纽"：主要是完善郑州和卢森堡枢纽功能，提升集疏能力，构建以郑州为中心的亚太集疏分拨基地、以卢森堡为中心的欧美集疏分拨基地；"多节点"：主要是以国际枢纽节点城市为重点，加强经贸人文交流，形成莫斯科、莱比锡、芝加哥、悉尼、亚的斯亚贝巴等多点支撑的网络框架；"多线路"：主要是依托"双枢纽"和主要节点城市，开辟航线、加密航班，构建连接世界主要枢纽机场的若干空中骨干通道；"广覆盖"：主要是通过多式联运，增强枢纽和节点的辐射功能，构建覆盖亚太、连接欧美、辐射非洲和大洋洲的航空网络体系和陆空联运高效、空空中转便捷的集疏体系。

（三）发展目标。

1. 近期目标。到 2020 年，郑州—卢森堡"空中丝绸之路"建设取得重大阶段性成果，网络框架基本形成，重点领域合作实现突破，双方合作机制逐步健全。

郑州国际性现代综合交通枢纽功能显著提升，以航空港为龙头的四港联动、多式联运体系基本形成，郑州机场货运量突破 100 万吨、客运量突破 3000 万人次，其中国际地区货运量突破 60 万吨、客运量突破 300 万人次。

航线网络持续拓展，郑州机场新增至欧、美、澳洲际客运航线，开通全货机国际航线 35 条、国际通航城市 30 个以上，卢森堡货航相关航线、通航点、周航班量实现翻番。重大合作项目建成投用，合资货航公司投入运营，专属作业区和飞机维修基地基本建成，卢森堡飞行签证中心常态化开展业务。

特色航空产业快速发展，建成全国重要的航空物流和冷链物流中心，飞机租赁业务形成规模，航空偏好型高端制造业加快集聚，跨境电子商务形成完整的产业链和生态圈。

人文交流更加密切，文化、教育、旅游等领域合作深入推进，郑州机场出入境人数实现翻番，郑州、卢森堡成为中欧经贸往来和人文交流的重要门户。

2. 远期目标。到 2025 年，郑州—卢森堡"空中丝绸之路"与航空港实验区同步全面建成，郑州、卢森堡成为亚太和欧美物流集散分拨基地，在支撑国家"一带一路"建设中发挥核心作用。卢森堡货航及合资货航公司航空货运量超过 100 万吨，航空维修、航空租赁、金融服务、跨境贸易等关联产业形成集聚发展态势，郑州—卢森堡"空中丝绸之路"成为引领中部、服务全国、连通欧亚、辐射全球的空中经济廊道。

三　主要任务

（一）夯实基础，提升"双枢纽"功能。深化郑州—卢森堡"双枢纽"

战略合作，建设郑州国际性现代综合交通枢纽，推进郑州、卢森堡枢纽对接，构建多式联运体系，提升服务"一带一路"建设的物流枢纽功能。

1. 提升现代航空枢纽功能。研究编制《郑州机场国际航空货运枢纽战略规划》，加快郑州机场三期工程建设，建成北货运区及卢森堡货航（及其成员企业）专属作业区，打造卢森堡货航亚太地区分拨转运中心。开展国际资本战略合作，引入国内外知名物流集成商和货代企业，积极推进具有全球资源的国际物流集成商兼并重组工作。探索与国际主要枢纽机场合作，成立机场货运联盟，建立国际化航空物流网络。

2. 完善多式联运体系。围绕构建高效衔接的集疏运体系，加快建设便捷顺畅的空铁、陆空联运设施。高标准建设郑州南站及高铁快运物流基地，同步建设郑州南站至郑州机场的铁路联络线，实现高铁与航空无缝对接。引进卢森堡战略合作伙伴，创新郑州卡车航班服务模式，拓展卡车航班覆盖范围。推动卢森堡货航参与我省多式联运体系构建，打造服务多物流渠道、多运营模式、多贸易形态的一体化多式联运智能平台，推进郑州机场多式联运中心规模化运营，形成全国性"空空＋空地"集散中心。拓展中欧班列（郑州）运输网络和腹地范围，探索将运行线路延伸至卢森堡，建成卢森堡二级操作场站，开展卢森堡与汉堡间的空铁、公铁等多式联运业务。

3. 促进郑卢枢纽对接。推进双方多式联运模式创新和标准对接，加强空铁联运航空物流体系建设，实现统一运输箱体、统一安检标准、统一操作流程、统一管理体制等标准对接。促进物流信息共享，实现货运航空公司及相关货代企业与郑州机场国际物流多式联运数据交易服务平台数据对接，实现"一单到底、物流全球"的贸易便利化。

（二）拓展布局，构建国际航线网络。以连接全球重要枢纽机场为重点，完善通航点布局，加密国际货运航线航班，新开直飞洲际客运航线，形成覆盖全球的国际客货运航空网络。

1. 拓展货运航线网络。吸引更多集疏能力强、覆盖范围广的货运航空公司开辟和加密货运航线，扩大全货机航班运营规模，构建骨干航空物流通道。欧洲方向，重点开通至莱比锡、科隆、华沙、马斯特里赫特等航线；美洲方向，重点开通至达拉斯、迈阿密、哈利法克斯、亚特兰大、洛杉矶、辛辛那提、圣地亚哥等航线；亚洲方向，重点开通至曼谷、东京、河内、阿布扎比等航线；大洋洲方向，重点开通至悉尼、墨尔本等航线；非洲方向，重点开通至吉布提、内罗毕、约翰内斯堡、亚的斯亚贝巴等航线。

2. 增开国际客运航线。加密欧美航线，开通至莫斯科、卢森堡、洛杉矶等航线，辐射欧美发达经济体；拓展澳洲航线，开通至墨尔本、悉尼、奥克兰等航线，辐射南太平洋广阔地区；对接非洲客运网络，以迪拜为中转点，连接开罗、开普敦等非洲主要机场；串飞亚洲航线，以仁川、东京、吉隆坡等枢纽机场为主要通航点，完善日韩、东南亚中短程国际航线网络及港澳台地区航线网络，开辟暹粒、西港、斯里巴加湾等重点旅游航线。

3. 积极引进培育基地航空公司。加快推进与卢森堡货航合资组建货运航空公司，提升卢森堡货航、合资货航及成员企业郑州机场直航覆盖率，推动卢森堡货航成为郑州机场主要货运基地航空公司。加快组建本土货运航空公司，增加南航河南分公司运力投放，引进西部航空、祥鹏航空等国内航空公司在郑州设立基地公司，扩大机队规模。

（三）强化合作，培育航空特色产业。利用全球资源和国际、国内两个市场，带动高端制造业、现代服务业集聚发展，构建以航空物流为基础、航空关联产业为支撑的航空经济产业体系，将航空港实验区打造成为郑州—卢森堡"空中丝绸之路"产业合作的先导区，带动我省产业结构转型升级。

1. 建设航空冷链和快递物流基地。依托郑州机场、进口肉类口岸、水果口岸等平台，吸引欧洲大型生鲜冷链集成商在郑州集聚，加快冷链物流基地建设，扩大冷鲜货物经郑州机场进出口规模，打造辐射全国、连接世界的郑州冷链产品交易中心和冷链物流集散分拨中心。加快发展优质农产品加工、出口、配送，扩大欧洲市场份额，打造我省农产品国际品牌。大力开展航空快递运输业务，积极推进与大型快递企业合作，完善分拨转运、仓储配送、交易展示、信息共享等配套服务，全面提升快递物流中转和集疏能力，建设郑州全国航空快递集散交换中心。

2. 促进航空偏好型高端制造业集聚。突出高端、智能、融合、绿色发展方向，积极承接欧洲产业转移，与卢森堡等欧洲国家合作建立产业创新中心，重点引进新一代智能终端、精密机械制造、生物医药、人工智能、飞机及零部件制造等轻量型、高价值高端制造业，将郑州打造成为欧洲企业在内陆地区的总部基地，带动全省加速融入全球制造业供应链和销售链体系。

3. 积极发展飞机租赁业。发挥航空港实验区国家战略平台优势，完善财税支持政策和通关等配套支撑条件，引进和培育一批大型租赁企业，支持阿维亚（中国）融资租赁、中原航空租赁公司等飞机租赁企业发展壮大，积极开展飞机经营性租赁收取外币租金业务，降低租赁企业融资成本和汇率风险，集中要素资源促进飞机租赁业集聚发展。探索在卢森堡、爱尔兰等地设立航空租赁平台，开拓国际航空租赁业务。

4. 培育发展飞机维修业。积极引进国内外航空制造维修企业，引导本地装备制造和电子电气企业向航空制造领域拓展，重点发展机载设备加工、航空电子仪器、机场专用设备以及航空设备维修等产业，推进飞机维修基地建设。促进南航河南分公司扩大维修规模和范围，建成投用河南航投飞机维修合资公司，打造国内一流的航空维修综合体。

5. 建设航空培训基地。积极发展航空人才培训、航空商务咨询和认证评估等相关服务业，推动河南航投与中国民航飞行学院、卢森堡货航及阿维亚租赁集团等国内外战略合作伙伴共同在我省建立航空培训基地，开展飞行、模拟机、机务、航务等培训业务，培养航空管理人才和专业技术人才。

（四）扩大开放，推动经贸交流合作。依托河南自贸试验区、航空港实验区和中国（郑州）跨境电子商务综合试验区等载体平台，聚焦重点经贸合作领域，构建"优进优出"发展格局。

1. 开展自由贸易先行先试。依托河南自贸试验区，争取国家支持，在交通物流融合、口岸平台建设、航空服务开放、多式联运示范、产业体系构建、投资贸易便利化等方面开展制度创新和改革试验。推动航空港实验区参与河南自贸试验区建设，争取在河南自贸试验区扩区时纳入实施范围，形成战略叠加优势。规划建设国际经贸合作产业园，打造中卢航空经济合作示范区，创新贸易模式，积极引进欧洲航空服务、信息服务、跨境电商、金融服务等现代服务业企业集聚，成为中欧联动发展、双向开放的合作典范。

2. 发展壮大跨境电子商务。依托中国（郑州）跨境电子商务综合试验区，积极引进欧洲知名品牌商、电商平台企业和物流集成商，拓展"跨境电商+空港+陆港+邮政"运营模式，双向设立国际商品展示交易中心、海外仓，建设双向跨境贸易平台和电商综合运营中心。创新"互联网+全渠道"的业态模式，完善国际营销网络和物流体系，参与制定跨境电商规则，持续推进交易、监管、服务创新，优化生产链、供应链、贸易链、价值链，推动郑州跨境电子商务模式和标准体系向欧洲延伸，规划建设中欧跨境电子商务综合产业园，形成生产制造、平台营销、金融信保、仓储物流、综合服务等为一体的跨境电子商务生态圈。

3. 完善口岸功能。加快申建药品进口口岸，实现与卢森堡药品口岸运营体系标准和运作模式对接；推动进口肉类、水果、冰鲜水产品、汽车整车和邮政国际邮件经转等一批功能性口岸扩大与卢森堡等欧盟国家的业务规模；完善郑州国际邮件经转口岸功能，建设国际邮件经转中心，争取向德国等欧洲主要国家开展国际邮件业务；加快形成我省高效运营的"1+N"功能口岸体系和辐射全球主要经济体的口岸开放新格局。

4. 提升通关能力。创新口岸监管方式，实行安全准入与税收征管作业相对分离以及属地管理、前置服务、后续核查、信息共享、执法合作等，将口岸通关现场非必要的执法作业前推、后移，把口岸通关现场执法内容减到最低限度。依托电子口岸公共平台，建设国际先进水平的国际贸易"单一窗口"，逐步实现企业通过"单一窗口"一站式办结所有通关手续，进一步提高国际贸易便利化水平。探索开展口岸查验机制创新和口岸管理部门综合执法试点，推动口岸联检单位进一步简化流程，提高通关效率。完善综合保税区保税加工、保税分拨、保税物流等功能，进一步拓展国际贸易、商品展销、维修、研发、结算等新业务，推动海关、出入境检验检疫、税务、外汇管理等口岸管理相关部门共用数据标准、共享数据信息、协同监管服务。

（五）促进融通，强化金融服务保障。借助卢森堡国际金融中心，加强与欧盟金融领域合作，吸引国际金融机构在豫设立分支机构，引进大型跨国公司设立财务中心、结算中心，构建国际化金融服务支撑体系。

1. 推进金融业务合作与创新。建立郑州—卢森堡金融合作发展平台及长效沟通机制，定期举办郑州—卢森堡专项金融交流活动。推动与卢森堡国际银行等欧盟金融机构合作，共同设立"空中丝绸之路"基金。拓展与欧盟在跨境电子商务金融服务、跨境证券经纪、跨境股权投资、出口信用保险、多式联运保险等业务方面的合作。争取合作设立物流金融中心。大力发展租赁业，探索设立航空港融资租赁服务平台，支持创新开展保税租赁、离岸租赁、出口租赁、联合租赁等业务，培育、引入金融租赁公司、融资租赁公司。

2. 深化金融服务业开放。引入欧洲商业银行、保险公司、证券期货公司、投资基金及其他金融机构，推动国外银行业金融机构在豫设立分支机构，支持设立中外合资银行和合资证券公司。支持符合条件的中资金融机构"走出去"，充分利用卢森堡欧盟单一牌照制度优势加快欧洲网点布局，鼓励我省企业到卢森堡证券交易所、纽约泛欧证券交易所等欧美交易机构上市、发行债券。争取增加证券、保险、基金等金融牌照，加快第三方跨境支付平台建设，支持其在市场竞争中发展成为国内主流的跨境支付机构。

3. 积极发展离岸金融。推动在河南自贸试验区内发展离岸金融业务，逐步开展离岸银行、离岸保险、离岸证券期货和衍生品交易等业务，支持符合条件的企业通过境外放款、跨境贷款等方式开展双向人民币融资。稳妥推进本土金融机构和企业在欧洲进行融资，发行人民币债券和资产证券化产品，吸引欧盟国家央行、主权财富基金和投资者投资境内人民币资产。

（六）沟通民心，深化人文交流合作。搭建合作交流平台，深化与卢森堡等欧洲国家在旅游、文化、教育、人才、科技等领域的合作交流，建设中欧人文交流重要门户。

1. 开展签证便利业务。加强与卢森堡大使馆沟通，推进签证便利业务常态化，建成投用卢森堡飞行签证中心。规划建设"河南卢森堡中心"，同步推进卢森堡"豫卢交流中心"建设，搭建双向交流合作平台。

2. 推动旅游互惠合作。依托郑州至卢森堡直达客运航线，大力开拓欧洲客源市场，推动成立航空旅游联盟。加强与欧洲国家行业协会及旅游企业合作，建成豫卢双向旅游平台。举办"中华源"、中欧旅游年河南系列旅游推广活动。

3. 推进文化交流合作。积极开展形式多样的中欧文化交流活动，推广少林、太极、甲骨文等特色传统文化。互办文物展览，在欧洲举办河南文物展，促进欧洲著名文物展品来豫展出。

4. 推动教育科技交流合作。加强与卢森堡等欧洲国家和地区的人文交流与教育合作，推进高校间师生交流互访，促进两地人才资源流动。推动我省高校与欧美高水平大学开展中外合作办学活动，引进国外优质教育资源。支持我省高校及职业院校依托自身优势"走出去"，稳妥开展境外办学，共建海外学院、特色专业、培训机构等，为"空中丝绸之路"提供智力和技术支撑。加强豫卢、豫欧科技人员交流合作，在航空物流、现代金融等领域引进欧洲高水平专家，搭建科技合作交流平台，合作共建实验室和科技合作基地。

四 合作机制

（一）合作共建机制。推动中卢双方开展高层互访，共同推进相关协议落实和丰富拓展，促进"空中丝绸之路"建设在更多领域、更广范围内获得更多成果。争取国家发展改革委、外交部、商务部、中国民航局等部门支持，建立豫卢双方定期会商机制，及时协调解决工作推进中出现的问题。

（二）航权协作机制。积极落实中卢两国航权协议，争取国家在航权开放、航线开辟、航班配额等方面加大对卢森堡货航的支持力度。支持卢森堡货航充分利用已开放的第五航权，根据郑州—卢森堡"空中丝绸之路"建设需要，进一步向国家争取更多第五航权开放，增加卢森堡货航经郑州至其他国家的航点。

（三）通关合作机制。建立大通关协作机制、强化协作交流，推动我省与卢森堡及欧盟跨境通关协作，优化双方通关流程，在郑州、卢森堡建设通关效率最优区域。建立健全郑州—卢森堡"空中丝绸之路"便捷通关协作机制。创新通关通检人员保障机制，提升"7×24 小时"预约通关水平，逐步实现"7×24 小时"通关，争取国家支持开展 72 小时过境免签。

（四）签证合作机制。简化卢森堡签证业务流程，减少签证费用，实行面签结果当场告知制度，开展一站式签证服务，为向商务往来、文化旅游、探亲互访的双方公民颁发多次入境、多次有效签证提供便利。推动在郑州设立卢森堡欧盟申根签证中心，研究实施签证便利政策，将签证业务规模和经营范围扩大到所有欧盟国家。

（五）项目推进机制。共建郑州—卢森堡"空中丝绸之路"项目库，推动有关项目纳入国家推进"一带一路"重大项目库优先推进清单，争取享受河南自贸试验区外资领域优惠政策。鼓励引进大型物流集成商及龙头型项目，推动与欧盟优势技术领域开展合作。

五　组织实施

（一）加强组织推进。建立与国家推进"一带一路"建设工作领导小组办公室汇报衔接机制。发挥省参与建设"一带一路"工作领导小组统筹协调作用，加强指导郑州—卢森堡"空中丝绸之路"建设工作。省参与建设"一带一路"工作领导小组办公室要会同相关单位建立工作联动推进机制。航空港实验区管委会、河南机场集团、河南航投作为主体责任单位，要加强配合联动，共同推动规划确定的重大事项落实。

（二）强化政策支持。省直相关部门要按照职责分工密切配合，围绕目标任务健全政策支持体系。加强与对口国家部委沟通衔接，在航线开辟、航权开放、合资公司设立、签证便利化、人才引进等方面积极争取国家支持。持续优化发展环境，强化规划实施的财力保障，争取丝路基金、亚洲基础设施投资银行等机构加大支持力度，推广运用政府和社会资本合作模式，吸引更多社会资本参与"空中丝绸之路"建设。

（三）推进规划实施。研究制定推进郑州—卢森堡"空中丝绸之路"建设工作方案。各责任单位要根据本规划和工作方案，细化措施，建立工作台账和合作项目库，共同推动规划落实。省参与建设"一带一路"工作领导小组办公室要加强对本规划实施情况的跟踪分析和形势研判，做好重点事项督查督办工作，重大问题及时报告。

（四）加强宣传推介。通过电视、报纸、政府网站和主流媒体等各类新闻媒体资源，大力宣传郑州—卢森堡"空中丝绸之路"建设工作。拓宽对外传播交流渠道，加强与海外媒体合作，创新思路、主动谋划，培育和打造郑州—卢森堡"空中丝绸之路"文化品牌。

附录二
郑州航空港经济综合实验区
"十三五"发展规划

"十三五"时期是郑州航空港经济综合实验区（以下简称实验区）夯实基础、提升优势，增强区域带动力和国际影响力，加速实现国务院赋予战略定位的关键时期。本规划根据《河南省国民经济和社会发展第十三个五年规划纲要》编制，主要阐述规划期内政府的战略意图、工作重点和重大举措，描绘实验区"十三五"时期发展的宏伟蓝图，是推进实验区更好更快发展的行动指南，是制定实验区各领域专项规划的重要依据。

第一章　乘势而上，开创实验区建设新局面

第一节　发展基础

2013年3月7日国务院批复《郑州航空港经济综合实验区发展规划（2013~2025年）》以来，全省上下按照省委、省政府确定的"建设大枢纽、发展大物流、培育大产业、塑造大都市"总体思路，把实验区作为引领区域经济发展的战略突破口和核心增长极，完善基础设施，拓展航线网络，促进产业集聚，圆满完成"三年打基础"的阶段性目标任务，推动实验区建设站在了新的起点上。

主要经济指标快速增长。2015年实验区地区生产总值达到520.8亿元，三年年均增长21.4%；规模以上工业增加值达到429.9亿元，比2012年翻了两番多；固定资产投资达到521.8亿元，三年累计超过1100亿元；一般公共预算收入达到29.5亿元，净增22.3亿元；进出口总额完成483.3亿美

元,增长1.7倍,占全省的65.5%。郑州新郑国际机场(以下简称郑州机场)旅客吞吐量达到1729.7万人次,货邮吞吐量达到40.3万吨,货邮吞吐量年均增速居全国大型机场首位,货运行业排名由2012年的第15位上升至第8位,实验区战略带动效应日益显现。

大枢纽带动大物流成效显著。郑州机场二期工程如期建成投用,成为全国第二个实现民航、铁路、高速公路零换乘的机场;郑万、郑合高铁开工建设,郑州南站规划建设,郑机城际铁路投入运营;实验区外部高速路网和内部路网体系加快形成,现代综合交通枢纽地位基本确立。郑州机场基本形成覆盖全球主要经济体的货运航线网络;中欧班列(郑州)综合运营指标保持全国领先,空铁国际国内"双枢纽"建设深入推进,一批知名物流企业落户实验区,为国际物流中心建设奠定坚实基础。

产业集聚和城市建设协同推进。智能手机生产基地建设加快推进,手机产量突破2亿部,占全球出货量逾1/7,精密机械、生物医药、商贸会展等产业加快集聚,跨境电子商务、云计算、大数据等新业态快速发展。城市功能区建设全面启动,基础设施和公共服务设施日益完善,城市建成区面积达到50平方公里,集聚人口超过60万人。

开放带动作用显著增强。郑州新郑综保区服务功能和辐射范围进一步拓展,进出口总值位列全国综保区第二位。对外开放口岸体系建立健全,建成投用进口肉类、水果、冰鲜水产品、澳大利亚屠宰肉牛、进境食用水生动物、汽车整车进口等指定口岸和国际邮件经转口岸,河南电子口岸上线运行,我省成为功能性口岸数量最多、功能最全的内陆省份。新业态、新模式快速发展,在全国率先建立跨境电商保税备货模式,跨境电子商务日处理能力达到100万单。

体制机制创新成效明显。建立"两级三层"和市管为主、省级扶助的管理体制,赋予实验区省辖市级经济管理权限,实验区与省直部门实现直通。体制机制创新示范区建设加快推进,投融资、贸易、物流、监管"四个便利化"改革深入实施,成功复制上海等自贸区20项海关创新制度和8项检验检疫创新制度,商事制度改革走在全省前列。实验区获批成为我国内陆首个跨境人民币创新试点。郑州航空港引智试验区成为我国第三个引智试验区。

实验区获批建设以来，在枢纽建设、物流发展、产业培育、都市塑造、体制机制创新等方面取得重大阶段性成果，展现出广阔前景。尤为重要的是，省委、省政府领导各有关方面合力攻坚克难、狠抓大事要事，积累了宝贵经验。坚持遵循规律谋发展，抢抓航空经济发展机遇，超前谋划、科学运作，引导实验区建设始终沿着正确的路子阔步前进。坚持战略目标不动摇，建立完善规划体系和政策支持体系，把战略目标细化成年度目标任务，推动实验区建设势能不断累积。坚持重点突破带全局，牢牢把握关键环节，突出重点项目落地和重大举措落实，达到了举纲带目的效果。坚持改革创新增优势，突出目标导向和问题导向，最大限度激发市场主体活力，通过改革创新破解发展难题，厚植发展优势。坚持协同攻坚聚合力，加强组织领导和协调督查，强化部门配合，凝聚全省上下共同推进实验区建设的强大合力。

第二节 机遇挑战

从外部环境看，新一轮科技革命蓄势待发，以智能制造为核心的产业变革趋势加快，以互联网为依托的新经济快速发展，要求实验区必须强化创新驱动，形成自身发展动力。"一带一路"战略深入实施，民航运输市场格局面临深度调整，要求实验区进一步发挥开放门户作用，加速融入全球经济分工体系。国内经济发展进入新常态，供给侧改革全面推进，要求实验区既要保住态势，实现持续快速增长，又要提高质量效益，增强有效供给能力。

从自身发展看，实验区正处于加速实现国务院确定战略定位的关键时期和爬坡过坎、提升突破的紧要关口。发展机遇前所未有，实验区建设纳入国家"十三五"规划纲要，为巩固提升在全国发展大局中的地位提供了政策支持；国家实施自由贸易区战略、创新驱动发展战略、中国制造2025、"互联网＋"行动计划，为打造新经济发展高地提供了重大机遇；实验区综合交通、政策资源、发展载体等优势持续提升，为增强影响力和带动力奠定了基础。发展挑战前所未有，经济增速放缓，保持快速发展的难度加大；产业基础相对薄弱，新兴产业尚未形成有效支撑；创新能力不足，高层次人才缺乏；航空货运需求不足，高效率、低成本物流优势尚未形成。

总的来看，实验区发展的良好态势没有变也不能变，在全省发展大局中的地位和作用没有变也不能变。"十三五"时期，必须准确把握实验区发展的阶段性特征，充分发挥自身优势，破解瓶颈，弥补短板；必须以世界眼光和战略思维，抢抓机遇，应对挑战；必须以高度的政治责任感和强烈的历史使命感，坚定信心，凝聚共识，努力开创实验区建设新局面。

第三节　指导思想

全面贯彻党的十八大和十八届三中、四中、五中、六中全会精神，深入学习贯彻习近平总书记系列重要讲话和调研指导河南工作时的重要讲话精神，认真落实省第十次党代会决策部署，牢固树立和贯彻落实创新、协调、绿色、开放、共享发展理念，以发挥优势打好"四张牌"为统领，以提升功能和增创优势为核心，坚持建设大枢纽、发展大物流、培育大产业、塑造大都市的发展思路，夯实基础、厚植优势，着力完善现代综合交通枢纽功能，着力促进多式联运发展，着力推进产业集聚和城市功能提升，着力创新体制机制，着力构建内陆高端开放平台，基本建成国际航空物流中心、以航空经济为引领的现代产业基地、内陆地区对外开放重要门户和现代航空都市，打造服务"一带一路"建设的现代综合交通枢纽，在引领区域发展、服务全国大局和融入世界经济体系中发挥更大作用。

第四节　发展目标

到 2020 年，实验区继续保持快速发展态势，地区生产总值、固定资产投资、企业主营业务收入和建成区面积等主要指标实现翻番，创新驱动力、辐射带动力和国际影响力显著增强，全国航空港经济发展先行区地位持续提升，成为内陆地区最具活力的发展区域。航线网、快速铁路网、高速公路网更加完善，郑州机场迈进全球主要货运枢纽机场行列。航空港与铁路港、公路港、出海港互通互融，多式联运效率达到国内领先水平，中欧班列（郑州）、跨境电子商务业务规模全国领先。全球智能终端研发生产基地地位进一步确立，高端制造业和现代服务业快速集聚。城市功能区开发建设形成规模，形成空港、产业、居住、生态功能区共同支撑的现代化航空都市。

专栏1　"十三五"实验区主要发展指标

指标名称		2015 年基数	2020 年目标	年均增长（%）	属性
经济发展	1. 地区生产总值（亿元）	520.8	1000	13	预期性
	2. 全社会固定资产投资（亿元）	521.8	1100	16	预期性
	3. 财政一般公共预算收入（亿元）	29.5	62	16	预期性
	4. 进出口总额（亿美元）	483.3	710	8 左右	预期性
	5. 服务业增加值比重（%）	13.3	16.3	—	预期性
	6. 企业主营业务收入（亿元）	3010	8000	21.6	预期性
	7. 航空旅客吞吐量（万人次）	1729.7	3000	11.7	预期性
	8. 航空货邮吞吐量（万吨）	40.3	100	20	预期性
	9. 高技术产业增加值（亿元）	321.4	630	14.5	预期性
	10. 科技进步贡献率（%）	55	65	—	预期性
	11. 互联网普及率（%） 固定宽带家庭普及率	56	85		预期性
	移动宽带用户普及率	44	95		预期性
可持续发展	12. 常驻人口（万人）	60	110		预期性
	13. 建成区面积（平方公里）	50	130		预期性
	14. 建成区绿化覆盖率（%）	—	40		约束性
	15. 主要污染物排放（%）	—	完成省、市下达目标		约束性
民生福祉	16. 居民人均可支配收入（元）	24867	40050	10	预期性
	17. 城镇新增就业人数（累计）（万人）	0.69	2	—	预期性

注：主要污染物包括化学需氧量、二氧化硫、氨氮、氮氧化物等，此外严格执行省、市下达的空气质量、水环境质量、土壤环境质量、环境风险等约束性指标。

第二章　陆空衔接，提升现代综合交通枢纽优势

坚持枢纽建设先行，加强与郑州国家中心城市建设配套衔接，促进航空枢纽、铁路枢纽、公路枢纽一体化，统筹推进航空国际干线网络和以快速铁路、高速公路为主的集疏网络建设，形成以航空枢纽为主体，陆空衔接、公铁集疏、内捷外畅的综合枢纽新优势。

第一节　提升现代航空枢纽功能

以打造国际航空货运枢纽和国内大型航空枢纽为目标，坚持客货并举，

拓展客货运航线，形成覆盖全球主要货运枢纽机场的货运航线网络，加密国内客运航线和短程国际航线，增开远程洲际航线。增强运力保障，增加南航河南分公司运力投放，引进培育客货运基地航空公司，积极组建本土航空公司，加强与国际知名航空公司合资合作。完善枢纽基础设施，引入高速铁路、城际铁路、城市轨道交通、高速公路等多种交通方式，打造全国领先的"空地中转"机场。提升货运集疏能力，建设卢森堡货运航空公司亚太地区分拨中心集散基地、温控物流中心和先进制造业供应链基地，打造大型物流集成商货物集散中心。

专栏 2　航空枢纽建设重点工程

客运航线：开通至欧、美、澳直飞洲际航线，新增 4 个以上通航点；完善港澳台地区航线网络以及日韩、东南亚中短程国际航线网络，加密国内重点商务、旅游城市航线，国内外通航城市超过 110 个。

货运航线：加密至北美、欧盟、东南亚航线，开辟至澳大利亚、南美、东欧、非洲等国际航线，累计新增 11 个通航点，开通 40 条以上国际货运航线。

航空公司：增加南航河南分公司运力投放，完成与卢森保货运航空公司合资组建本土货运航空公司，新引进 6 家以上外籍低成本航空公司，在郑州机场运营的客货运航空公司超过 70 家。

枢纽设施：适时启动郑州机场三期工程前期工作，开工建设第三跑道，建成北货运区及飞行区配套工程；完成机场二期后续工程建设，开工建设南飞行区二平滑、垂直滑行道等项目；建成郑州应急投送保障基地军民融合、机坪塔台、国际西货站综合业务用房及配套设施、T1 客机坪扩建等项目。

第二节　提升郑州南站客货集疏能力

围绕加快米字形高速铁路网建设和促进陆空衔接，高标准建设郑州南站及配套的公路客运站、公交枢纽站和轨道交通换乘站，密切与郑州机场联系，实现快速铁路与航空旅客零距离换乘；同步规划建设高铁快运物流基地，配套建设物流基地至机场货站联络线，实现高铁与航空物流无缝对接，打造客货功能兼备、高铁和城际铁路融合的综合枢纽。

专栏 3　铁路重点项目

调整铁路：建成郑万、郑合高速铁路项目。

城际铁路：建成新郑国际机场至郑州南站、郑州南站至登封至洛阳城际铁路，规划研究郑州南站至开封城际铁路。

市效铁路：南四环至郑州南站。

场站设施：建成郑州南站站场、站房设施，配套建设检查库、存车线、动车所。

第三节　打造内捷外畅的公路网络

按照"环形＋放射"路网框架，建成"三纵两横"高速公路网、"三横两纵"干线公路网。加快推进连接主城区及各城市组团的快速路网建设，构建"四纵五横半环"路网布局，实现对实验区各功能片区及重要枢纽节点全覆盖。建成开封至港区、许昌至港区快速通道，为开港、许港产业带发展提供支撑。

专栏 4　公路网络重点工程

"三纵两横"高速公路网："三纵"，即京港澳高速、机场高速、机西高速；"两横"，即郑民高速、商登高速。

高速公路互通式立交：京港澳高速航空港区双湖大道互通式立交新建工程、京港澳高速航空港区志洋路互通式立交新建工程、京港澳高速航空港区新港十一路互通式立交新建工程、郑民高速航空港区前程路互通式立交新建工程、郑民高速航空港区广惠街互通式立交新建工程、四港联动大道与S102互通式立交暨京港澳高速薛店互通立交新建工程。

"三横两纵"干线公路网："三横"，即 G310 中牟境改建工程、S317（中牟开封交界至新郑机场）改建工程、S102 新郑郭店镇至嵩家段改建工程；"两纵"，即 S225 改建工程、G107 郑州境东移（一期、二期改建工程，三期新建工程）。

"四纵五横半环"快速路网："四纵"，即四港联动大道、富航路、G107东移线、广惠街；"五横"，即双湖大道、S317、迎宾大道、S102、炎黄大道；"半环"，即滨河西路。

第四节　强化枢纽高效协同

优化交通网络布局，完善运输通道，促进航空港、铁路港、公路港、出海港"四港"联动发展。推进城际铁路公交化，强化机场、铁路货场、公路货站、物流园区便利化衔接，提高区内物流服务能力和配送效率。发挥郑州机场综合交通换乘中心功能，促进高铁、城际铁路、地铁、公交运行时刻、运行班次与机场航班紧密对接，满足旅客便捷换乘需求。强化与郑州东站、郑州站、铁路集装箱中心站、郑州北站、公路客货运站等枢纽场站联系，实现"铁路、公路、民航、海运"集疏联动。

专栏5　枢纽高效协同重点项目

"四港"联动衔接工程：规划建设"四港"联动货运通道，开工建设南阳寨至郑州至小李庄至郑州南站联络线，打通郑州南站至郑州站高铁联络通道。

实验区交通枢纽微循环系统：建设多层级客货运中心，合理规划衔接各中心的运输通道网络，覆盖各枢纽场站和产业园区。

货运铁路联络线：研究高速铁路、京广铁路与机场的铁路联络专用线。

第三章　多式联运，建设国际物流中心

坚持大枢纽带动大物流，以拓展完善物流网络为基础，以整合共享物流要素资源为重点，创新物流发展模式，大力发展智慧物流，打造网络通达、

衔接高效、费用低廉、方式多样的多式联运国际物流中心，提升服务"一带一路"建设的物流枢纽功能。

第一节 构建国际干线物流网络

构建航空干线物流网络。依托郑州机场贯通全球的货运航线网络，突出重点区域，优化货品结构，培育航空物流新的增长点。深化与卢森堡货运航空公司合作，推进以郑州为亚太中心、卢森堡为欧洲中心的货运网络建设，加强与国际航空公司合作，谋划构建中亚、东欧、美洲等航空"双枢纽"，设立物流园区及投融资平台。推动与仁川、迪拜等枢纽机场建立货运联盟，开通高频货运航班，拓展货源市场。

构建铁路干线物流网络。依托中欧班列（郑州），拓展国际铁路集装箱运输线网络和腹地范围，增加现有线路开行班次和密度，加强与卢森堡、保加利亚、土耳其等国铁路部门对接，开行中欧班列（郑州）南欧、北欧线路。提升国际合资合作水平，完善国际陆港功能布局和配套设施，谋划建设双向合作园区，增设海外物流枢纽和集疏中心，完善国际、国内集疏网络。推动铁路物流优势向国际贸易优势转变，实现以运带贸、运贸一体、多元发展。

专栏6 国际干线物流网络重点工程

航空干线物流网络：以连通国际货运枢纽机场为重点，加密航线、航班，构建以郑州为亚太中心、以重要海外枢纽航点为对应中心，覆盖全球的物流网络。美洲方向以芝加哥、洛杉矶为主要枢纽航点；欧盟方向以阿姆斯特丹、卢森堡、法兰克福为主要枢纽航点；东欧方向以莫斯科、巴库为主要枢纽航点；亚洲方向以香港、迪拜、首尔、东京为主要枢纽航点；澳洲方向以悉尼、墨尔本为主要枢纽航点。

铁路干线物流网络：加密中欧班列（郑州）阿拉山口、二连浩特出境线路班次，打通郑州至东南欧、北欧的物流新通道。构建以郑州为中心，汉堡、阿拉木图、扎门乌德、华沙等为海外枢纽，巴黎、米兰、布拉格、马拉舍维奇、布列斯特等为集疏中心，覆盖欧盟、俄罗斯、中亚的物流网络。新增韩国、日本、白俄罗斯、北区等集疏网络覆盖站点。

第二节　畅通国内物流集疏网络

依托高速铁路网、高速公路网，统筹航空港、国际陆港集疏运规划，扩大集疏腹地范围，促进多种运输方式衔接，构建服务国际干线物流网络的铁路集疏圈、公路集疏圈和长距离航空集疏圈，形成国际转国内、国内转国际的集疏运体系。

专栏7　国内物流集疏网络重点工程

高铁集疏圈：依托米字形高速铁路网，打造以郑州为核心的 3~4 小时核心集疏圈、6~7 小时延伸集疏圈。

普铁集疏圈：依托中欧班列（郑州）国内铁路线网，通过中转集结方式，覆盖全国四分之三的省份。

公路集疏圈：依托高速公路和国家干线公路，打造公路运力平台，构建以郑州为中心的 500 公里范围的公路集疏圈。

长距离航空集疏圈：开通郑州至广州、深圳、昆明、乌鲁木齐、厦门等热点城市"空中快线"，加密至沿海、沿边开放城市航线，完善空空集疏网络。

第三节　完善物流服务支撑体系

高标准建设物流基础设施。按照统筹布局、协同推进、适度超前原则，推进航空港、铁路港、公路港以及货运场站、物流园区建设，完善与国际运输相适应的通关通检、仓储配送、信息服务等设施，配备现代化作业装备。

拓展物流服务平台功能。按照"政府引导+市场化运作"的方式组建一体化物流信息平台公司，对不同运输方式信息统一收集、分析、交互。支持社会资本有序建设物流资源交易、大宗商品交易服务等专业化经营平台，加强与一体化物流平台对接。推行"平台+"物流交易、供应链、跨境电子商务等合作模式。推动跨境物流平台拓展海外服务网络，加强与贸易平台合作，提升跨境电子商务服务能力。不断提升电子口岸功能，建成完善国际贸易"单一窗口"，推动通关、检验检疫、结汇、退税等环节信息互换、监管互认、执法互助。建立政府之间、企业之间、政企之间、区域之间信息资源共享机制，推进政务信息公开和跨平台数据交换。

引进培育经营主体。深入推进与国际物流集成商、货运代理商战略合作，积极引入国内知名物流集成商，建设大型物流中转中心。扩大与国际货运航空公司的合作，不断提升郑州国际航空货运枢纽地位。整合省内物流资源，按照股份制组建服务物流一体化的运营公司，搭建一体化综合平台。吸引国际、国内货代企业及保障服务企业向航空港、铁路港集聚，推行多种运输方式"一票制"服务。

专栏8　物流服务支撑体系重点项目

航空物流设施：建成郑州机场二期货站、国际快件监管中心、二级海关监管仓库、保税物流中心、郑州投送基地，配套建设航空物流信息平台、联检单位业务服务设施，规划建设航空物流园区。

铁路物流设施：建成运营铁路集装箱中心站二期、郑州国际陆港二期工程，完善海关检验监管设施，适时启动港区集装箱站、郑州铁路货运环线及相关车站布局建设。规划建设圃田、薛店、关帝庙等铁路物流基地。

公路物流设施：以郑州国际物流园区为主体，加强与航空港、铁路港物流功能对接，积极推进顺丰公司、申通公司等国内知名快递企业入驻，建成全国性快递集散交换中心。

信息服务平台：建成一体化物流信息平台，拓展信息查询、线上交易、金融服务等增值功能，实现多种运输方式和运输主体运力、运价、时刻等信息互联互通，完成河南电子口岸后续工程。

第四节　创新多式联运实现方式

探索推进空铁联运，争取开展空铁联运试点，加强与中国铁路总公司合作，推动空铁联运信息共享平台建设，配合完善高铁货运组织形式；促进航空港与国际陆港业务衔接，争取铁路舱单与海运、公路、航空舱单共享及舱单分拨、分拆、合并，建设航空口岸与铁路口岸高效衔接的多式联运监管体系。提升陆空联运水平，打造适合航空货运的公路运输产品，组建本土卡车航班公司，推动现有卡车航班公司创新服务模式，拓展业务范围。扩大铁海联运规模，强化郑州国际陆港中转调度、仓储分拨、多式联运功能，开通铁海联运通道，提升与沿海港口合作水平，探索铁路自备箱下海、水陆滚装运输等联运新模式。

专栏9　多式联运重点工程

空铁联运：与航空公司及铁路部门合作，开展"一票购买""高铁站值机托运""行李直挂"等服务；扩大日韩至郑州至欧洲空铁联运业务规模；依托高铁和城际铁路，推动航空公司研究开发旅客空铁联运产品。

陆空联运：建设卡车航班运营平台，积极吸引全球知名卡车航班企业入驻，建设郑州航空港卡车航班转运中心，实现至长三角、环渤海和中西部地区主要城市的卡班航线全覆盖。

铁海联运：开通或加密至青岛、连云港、上海、广州等沿海城市的"五定"班列，扩大郑州—海港班列—日韩地区的铁海联运业务规模；全面建成多式联运海关监管中心。加快"一干三支"（以中欧班列〔郑州〕为"干"，以陇海、京广通道"五定"班列和郑日韩海公铁联运三条精品示范线路为"支"）铁路、海运、公路多式联运示范工程建设。

第四章　创新驱动，完善航空港经济产业体系

强化产业支撑，瞄准产业链、价值链高端，促进互联网与产业发展、制造业与服务业深度融合，做大做强航空物流、高端制造、现代服务业三大主导产业，大力发展新技术、新产业、新业态、新模式，建设高端制造业基地、现代服务业基地和新经济发展高地。

第一节　建设全球新一代智能终端产业基地

坚持龙头带动、集群配套、创新协同、链式发展，实施智能终端产业提

升工程，依托产业园区，突出发展具备智慧感知交互功能的新型智能手机和面向网络化、智能化、融合化的新型智能终端，深化与富士康集团的战略合作，着力引进一批知名整机研发生产、核心组件生产、应用开发、维修服务、商贸物流类企业，促进新型智能终端、视线互联网终端龙头企业集聚，丰富产品体系，增强配套能力，打造全球领先的新一代智能手机研发生产、展销推广、人才培育中心和国内零部件生产基地。

第二节　建设高端制造业基地

突出高端、智能、融合、绿色发展方向，推进以精密机械制造、生物医药、人工智能、通用飞机为重点的高端制造业发展，提升终高端消费品供给能力，积极创建新型工业化产业示范基地，实施精密机械制造产业培育工程、生物医药产业集群培育工程、航空设备维修产业培育工程，形成国内一流的产业创新高地。提升实验区开放门户和人才集聚优势，吸引国内外前端研发设计和后端销售服务"两头在区"、中间加工环节在外的企业集聚，打造中西部高端制造业总部。

第三节　建设现代服务业基地

做大做强以现代物流、现代金融、航空维修、商贸会展等为重点的生产性服务业，大力发展医疗健康、养老等高端生活性服务业，培育发展科技服务、中介服务、会展服务等专业服务业，引进国际性专业咨询机构集聚发展。突出新业态发展、新热点培育和新技术应用，培育壮大重点产业，实施现代物流提升工程、金融创新工程、商贸会展培育工程，构建特色鲜明的现代服务业产业体系。

第四节　建设新经济发展高地

抓住新一轮科技革命带来的机遇，把握产业跨界融合、产业链整合新趋势，大力发展新业态、新模式，在"互联网＋"、电子商务、大数据、云计算等领域形成一批特色优势产业，建设跨境网购物品集散分拨中心、全国重要的智能制造中心、互联网融合创新应用高地。探索发展数字创意、基因技术应用及健康服务，在创意设计、基因检测、精准医疗等方面实现突破。

专栏10　产业发展重点工程

智能终端产业提升工程：扩大富士康集团智能手机产能，加快智能手机产业园建设，推动非苹手机提质上量，大力发展智能手机整机及芯片设计、后端模组、液晶面板等，建设智能终端检测公共服务平台，打造新型智能手机全产业链。积极发展智能穿戴设备、嵌入式智能系统、智能家居终端等新产品。

精密机械制造产业培育工程：依托友嘉集团等行业龙头企业，大力发展大型、精密、高速、专用数控机床设备，建成数控机床加工中心，积极引进航空航天、智能制造、机器人、增材制造（3D打印）等产业，打造世界级数控机床加工中心，形成百亿级精密机械产业集群。

生物医药产业集群培育工程：建设一批生物医药产业园和产业公共服务平台，重点发展附加值、技术含量较高的生物技术药物、化学创新药物、现代中药等，积极引进高端医疗设备、新型医疗器械等生物医学工程技术和产品，形成百亿级生物医药产业集群。

航空设备维修产业培育工程：加强与国内外知名航空制造和维修企业合作，大力发展飞机维修和飞机租凭业，与卢森堡货运航空公司合资组建飞机维修基地，建设洲际飞机维修中心。建成航材供应中心和航空设备制造产业园，促进与全省其他通用航空产业园联动发展。

现代物流提升工程：依托骨干企业，发挥口岸优势，着力引进、培育大型物流集成商，做大生鲜、药品及医疗器械等物流规模，建设一批综合和专业物流园区，大力发展快递物流、冷链物流、特色产品物流、保税物流，打造国际航空物流中心、全国重要的冷链物流服务基地和全球重要的产品交易展示中心。

金融创新工程：推动银行业金融机构率先在实验区发起设立消费金融公司，开展离岸结算、离岸金融等创新业务，培育发展金融租赁、融资租赁、消费金融、商业保理等金融服务业，加快建设第三方跨境支付平台。

商贸会展培育工程：建成大宗商品供应链等项目，形成一批以大型商业综合体为核心的新商圈。高标准建设会展基础设施，承办全球性论坛以及国际知名品牌产品发布会、博览会和展销会，举办保税产品国际性展会，打造具有国际影响力的高端展会品牌。

新业态新模式培育工程：积极引进电子商务企业的实验区设立总部，推进开展"互联网＋"行动，建设实验区云服务平台、中部国际电子商务产业园，培育跨境电子商务集散分拨中心，规划布局物联网感知设施，发展体验经济、社区经济、分享经济，建成一批标志性、引领型重点项目。

第五章　改革先行，开展体制机制创新示范

抓住国家"双创"示范基地、跨境电子商务综合试验区、引智试验区、大数据试验区建设和融入自贸试验区有利契机，突出问题导向、聚焦重点领域，吸引创新要素集聚，创造更多以制度创新为引领的发展优势。

第一节　建设国家级"双创"示范基地

加强顶层设计和统筹推进，以三级孵化体系和"双创"综合体建设为重点构建"双创"载体，以人才创业扶持和初创型企业培育为中心壮大"双创"主体，以强化政府引导和服务能力提升为主线打造"双创"生态环境，加快发展新技术、新产品、新业态、新模式，实施十大重点工程，全面提升示范基地的创业创新水平、产业发展能力和示范带动能力，建设成为我省改革创新先行区、创业创新引领区、"双创"服务示范区、"双创"生态优化区，打造具有国际竞争力的区域"双创"示范中心。积极开展模式创新，重点在创新创业综合体、三级孵化、"双创"与产业融合、服务型政府和科技金融结合等模式创新上形成示范，为内陆地区"双创"基地建设提供可借鉴、可推广的模式经验。

专栏11　"双创"示范基地建设十大重点工程

服务型政府建设工程：探索破解"双创"发展的体制机制约束、政策

瓶颈的方法和途径，建设"一站式""双创"服务大厅、示范基地"双创"服务云平台，推进商事制度改革，创新财政支持方式，营造公平开放的市场环境。

"双创"载体建设工程：优化"双创"载体建设布局，加快推进创新创业综合体建设，实施创新创业综合体提升计划，采用源头孵化、专业孵化、增值孵化的三级孵化模式构建网络化、专业化载体，实现示范基地与创新源头链接互动。

"双创"支撑服务工程：建设一批产业技术创新平台、开放共享的公共技术平台、示范基地"双创"服务集群中心，构建科技中介服务体系，提高创业孵化机构的服务水平，实现对主导产业和新兴产业的技术支撑和服务支撑。

"双创"主体培育工程：围绕三级孵化，实话苗圃计划，培育以创客团体为主体的初创型科技企业群体；实施雏鹰计划，培育小微型科技企业群体；实施小巨人计划，培育规模以上科技企业。

新兴产业发展工程：围绕产业链部署创新链，推动智能终端（手机）产业全链创新，建设国家级信息安全产品研发生产基础、国家高技术生物产业基地，提高跨境电子商务产业发展水平，推动新能源汽车、精密制造等产业实现创新突破。

科技金融结合工程：引进一批创投、产业基金，建立政府项目资助计划与创投基金联动机制，开展多种形式的科技金融专项活动，扩大社会融资总量，强化信用体系建设。

"双创"人才汇聚工程：实施实验区创业创新人才领航计划，将符合条件的各类高端人才统一纳入领航计划管理和支持，落实人才支持政策，建设高端人才社区，设立人才专项资金，打造区域人才高地。

柔性协同链接工程：建设一批技术转移转化机构，吸引研究型大学、重点科研院所和世界500强研发中心在实验区设立分支机构和成果转化基地，与城内大学联合共建协同创新平台、众创空间、小型孵化器和河南省大学生创新创业实践基地等，柔性汇聚"双创"资源。

"双创"文化建设工程：实施"双创"示范基地创新领导力提升计划、

"双创"文化宣传计划，定期举办实验区创业创新大赛，举办创业创新系列活动。

生态环境优化工程：推进示范基地大型公共基础设施、公共保障项目建设，打造"宜居、宜业、宜商、宜学和生态化"的创新型城市功能区，为各类创业创新人才提供完善的居住、生活和工作环境。

第二节　建设跨境电子商务综合试验区核心区

围绕破解跨境电子商务发展中的体制性、机制性障碍，统筹推进制度创新、管理创新、服务创新，加快建设"单一窗口"综合服务、综合园区、人才培养和企业孵化平台，建立完善跨境电子商务信息共享、金融服务、智能物流、信用管理、质量安全、统计监测和风险防控体系，构建跨境电子商务完整的产业链和生态圈，打造新型产业贸易服务链。发挥郑州互联网国际通信专用通道和实验区综合交通枢纽、综合保税、机场口岸等方面的优势，以扩大出口作为主攻方向，以 B2B（企业对企业）模式作为发展重点，以 B2C（企业对消费者）模式作为有益补充，在跨境电子商务交易、支付、物流、通关、检验检疫、税收、外汇等环节的技术标准、业务流程、监管模式和信息化建设等方面先行先试，探索跨境电子商务新规则、新标准，努力形成可复制、可推广的经验。

第三节　打造国家级引智试验区

创新人才政策，推动人才管理体制、培养支持、评价激励等方面改革，破除影响人才发展的体制机制障碍，打造人才智力高度密集、创新创业高度活跃的人才管理改革试验区。开展外国人才统一归口管理、高层次外国人才创新创业和交流合作、国际人才交流机制试验，打造海外人才引进"绿色"通道，吸引优秀留学人员回国发挥作用，创新引进海外智力机制，加快推进中国郑州航空港引智试验区建设。创新专家服务模式，探索双向挂职、短期工作、项目合作、交流讲学等柔性引才模式，加快国家级专家服务基地建设。围绕实验区主导产业，推行"人才＋项目""人才＋课题""人才＋产业"等培养开发模式，引进一批高端人才团队，提升区域创新能力。推进航空经济高端智库建设，引进国内外高水平大学和科研院所开展合作办学或设立分支机构。

专栏12　引智试验区建设五大重点工程

重点产业引智工程：围绕航空物流、高端制造、现代服务业三大主导产业，引导一批掌握国际先进技术、能够在关键领域实现突破、带动主导产业集聚发展的海外领军人才、团队和项目。重点实施实验区高端外国专家（团队）引进计划、海外高层次人才百人计划和海外人才特聘岗位计划。

高层次和高技能人才国际化培养工程：以高层次和高技能人才为培养重点，向企业一线和青年科技人才倾斜，加快培育一批具有全球视野、精通国际规则、具有国际市场竞争能力的国际化、复合型、高素质的创新人才和团队。重点实施高层次人才国际化培养和技能人才国际化精准培养两大专项，建立国际人才培训基地。

引智政策机制创新工程：完善海外高层次人才引才引智激励机制，建立海外人才创新创业便利机制，创新海外人才管理机制，开辟高级职称评审"绿色"通道等，打造国家引进国外人才智力重点改革措施的先行先试区、我省引进集聚培育国内外人才智力重大政策的改革创新试验区。

引智平台载体提升工程：依托重大工程、重大科研项目和国际交流合作项目，整合资源，构筑人才国际合作交流平台，打造全省人才改革开放的前沿阵地。重点做好郑州航空港国际人才交流中心建设、区域性国际人才项目对接交流合作平台建设、海外人才离岸创新创业基地建设等工作。

引智环境综合优化工程：充分发挥政府扶持、引导作用，破解人才在创新创业中的公共性、基础性难题，营造良好的海外人才工作、生活环境。

第四节　建设国家大数据综合试验区核心区

坚持改革创新和市场需求导向，深化大数据应用，在数据汇聚共享、重点领域应用、大数据产业集聚发展方面先行先试。建设大数据创新创业基地，布局大数据基础平台，推动交通物流、电子商务等各类数据汇聚交互，引进培育一批具有行业领先地位的优势大数据企业和创业团队，大力发展新业态和新模式。建设国家交通物流大数据创新应用示范区，推动交通物流要素的网络化共享、集约化整合、协作化开发和高效化利用。开展跨境电子商务大数据应用示范，促进生产消费对接，扩大出口规模。探索政务服务和社会公共服务大数据开放共享新机制，开展"一号、一窗、一网"政务服务、健康医疗等大数据应用。

专栏 13　实验区大数据应用示范工程

多式联运现代物流大数据应用示范工程：加快建设一站式多式联运公共服务平台，发展综合运输信息、物流资源交易、大宗商品交易服务等专业化经营平台，提升物流园区自动化作业和仓储运管智能化水平，开展物流交通管理服务大数据应用，提高综合运输服务能力，降低交通物流成本。

跨境电子商务大数据应用示范工程：建设基于大数据的跨境物流智能信息系统、仓储网络系统和运营服务系统等，加强跨境电子商务大数据挖掘分析，大力发展 C2F（顾客对工厂）等创新模式，促进跨境电子商务创新创业。

"一号、一窗、一网"政务服务示范工程：重点在社保、医疗、房产等领域，优化服务事项业务流程，升级改造业务系统，推动政务数据开放共享，创新开展大数据政务服务，逐步实现"一号申请、一窗受理、一网通办"。

第五节　引领郑洛新国家自主创新示范区建设

发挥实验区高端产业集聚、创新要素汇集的优势，统筹推进科技体制机制创新和管理体制创新，推进电子商务、航空物流、精密机械、生物医药等重点园区建设，发挥在郑洛新国家自主创新示范区建设中的支撑作用。加快培育创新型龙头企业和"科技小巨人"企业，引进一批高端化、专业化、市场化的技术服务机构，建设一批高水平的创新平台。聚焦高端装备、电子信息、生物医药等重点领域，突破一批关键核心技术，转移、转化一批技术成果，促成一批跨区域协同创新合作项目。开展科技服务业、科技金融结合、承接技术转移和创新开放合作等方面的试点示范，支持实验区享受郑洛新国家自主创新示范区政策。

第六节　融入中国（河南）自由贸易试验区建设

突出内陆地区特色和枢纽物流优势，围绕加快建设贯通南北、连接东西的现代立体交通体系和现代物流体系，重点开展以航空服务开放、多式联运示范、投资贸易便利化改革等为主要内容的制度创新，在交通物流融合、口岸平台建设、贸易转型升级、产业体系构建等方面与中国（河南）自由贸易试验区全面对接，打造服务"一带一路"建设的现代综合交通枢纽。推动进境邮件"一点通关、分拨全国"。完善保税物流网络，扩大保税维修业务范围，打造具有国际竞争力的高技术产品售后维修中心。发挥国际航空网络和文化旅游优势，积极吸引国际高端医疗企业和研发机构集聚，创新国际医疗旅游产业融合发展新业态。积极复制推广上海等自贸试验区成功经验，积极实行准入前国民待遇加负面清单管理模式，完善投资者权益保护制度。深入推进商事制度改革，形成对标国际投资贸易通行规则的政府服务管理新模式，营造国际化营商环境。

第六章　内外联动，建设内陆开放门户

坚持开放带动，发挥航空港内陆开放门户作用，搭建全省利用全球资源和国际市场的高端平台，促进区域联动发展，提升在全球经济产业链、价值链、供应链中的地位。

第一节　大力发展口岸经济

拓展航空、铁路国际枢纽口岸功能，健全功能性口岸体系，申建一批功能性口岸，持续扩大各类指定口岸运营规模，提升海关特殊监管区域发展水平，加强口岸与海关特殊监管区域联动发展。整合优化口岸资源，完善监管

设施和查验设施，促进货物贸易优化升级、服务贸易提质增量、跨境电子商务跃升发展，推动口岸开放优势向物流、贸易、产业优势转化。扩大国际邮件经转口岸覆盖范围，争取开通至北美、欧盟新邮路，打造国际邮件集疏分拨中心。完善电子口岸平台功能，建成完善国际贸易"单一窗口"，探索建立与自贸试验区建设相适应的"大通关"体制机制，推动跨部门、跨区域、跨境通关协作，优化通关流程。

专栏14　口岸经济发展重点

郑州航空国际枢纽口岸：争取72小时过境免签、境外旅客购物离境退税及设立口岸进境免税店，推进国际货物转运中心、进口冷链食品批发交易中心、跨境电子商务物流中心、大型物流集散中心、航空邮件处理中心建设。

郑州铁路国际枢纽口岸：拓展特种集装箱、冷链物流、跨境电子商务、商品展示体验等增值服务，推动铁路口岸转型升级。

国际邮件经转口岸：开通至全球主要城市的直航邮路，打通至中亚、欧洲的陆运邮路，开发国际邮件新产品，建设国际邮件集疏分拨中心。

汽车整车进口口岸：建成汽车整车进口口岸二期项目，完善配套检测设施，争取汽车平行进口口岸资质，拓展展示体验、检测评估、保养维修、汽车金融等功能，打造内陆地区进口汽车服务基地。

进口肉类指定口岸：加强业务推广，尽快形成国际采购—查验仓储—保税加工—冷链配送产业链条，建成全国性进口肉类贸易物流中心。

进口澳洲活牛指定口岸：完善隔离场、屠宰场等配套设施，形成活牛隔离检疫—屠宰—肉类深加工—销售产业链条，提升产品市场占有率和品牌影响力。

进口水果、食用水生动物、冰鲜水产品指定口岸：完善仓储等配套设施和国内配送体系，进一步扩大业务规模，打造全国性分拨配送中心。

进境粮食指定口岸：加快建设进度，开展粮食配额交易、期货保税现货交割、粮食跨境电子商务贸易等业务，建设全球粮食食品交易中心。

郑州药品进口口岸：建成投用并不断扩大业务规模，形成进口产品—检验检测—流通加工—物流配送产业链，促进进口药品产业提质发展。

进境植物种苗指定口岸：加快隔离检疫苗圃、独立查验场地、除害处理设施和检测实验室等基础设施建设，打造花卉、观景树等进口植物种苗产业基地。

郑州新郑综保区：建成郑州新郑综保区三期工程，推进综保区扩区发展，拓展国际贸易、商品展销、物流配送、维修、研发、结算等新的业务功能，推动综保区由加工型向混合型发展。

郑州出口加工区（A区、B区），河南保税物流中心：推动资源整合，大力发展跨境电子商务，建设郑州经开综保区，促进加工贸易向服务贸易转型。

电子口岸平台：按照构建国际贸易"单一窗口"方向，完善便捷通关功能，扩大应用覆盖范围，拓展增值服务，促进口岸监管模式创新，形成网络化协同监管模式和大通关"一站式"服务体系。

第二节　持续推进开放招商

大力引进以分享经济、数字经济、生物经济、创意经济为重点的新业态，打造中西部地区新经济高地。围绕实验区重点产业，绘制产业链图谱和重点企业招商名录，深化与制造业龙头企业、大型物流集成商和供应链管理企业合作，促进产业融合发展，培育壮大产业集群。创新招商方式，突出功能区块整体开发运营招商，探索与沿海发达地区共建产业园区，拓展"贸易＋投资""技术＋产业"等招商方式，坚持引资与引智相结合，提高招商精准率、成功率、履约率。

第三节　完善国际化营商环境

围绕提升国际影响力，全面推进人才国际化、企业国际化、功能国际化、公共服务和社会管理国际化。搭建经贸产业国际合作窗口，引导大型骨干企业集团积极开展与航空港经济相关的国际并购、跨国经营，拓展海外生产、销售、研发、服务网络。搭建高水平国际交流合作平台，加强与知名国际组织合作，筹划搭建世界级经贸、文化交流平台，围绕航空货运、临空经济、电子商务、智能终端、通用航空等领域举办专业化高峰论坛。提升政府服务效能，引入国际通行的行业规范、管理标准和营商规则，打造法治化、国际化、便利化的营商环境。全面实行外商投资准入前国民待遇加负面清单管理模式，推广"清单化审核、备案化管理"的外商投资企业设立快速审批方式，推动企业注册登记、融资、跨境交易等与国际规则和国际惯例全面接轨。

第四节　促进区域互动合作

发挥实验区战略引领和辐射带动作用，开展多层次区域合作，构建区域协调互动发展格局。将实验区纳入郑州市城市总体规划，为实验区依法合规建设提供规划支撑和保障。促进与主城区和各城市组团交通一体、产业链接、服务共享、生态共建。加强与郑州大都市区合作对接，在产业发展、信息共享、基础设施规划建设等方面密切合作，依托实验区至开封、许昌快速通道，加快建设开港、许港产业带，强化与新乡、焦作等毗邻区域对接，打造全球智能终端、高端制造、航空物流产业发展密集区。提升对全省发展的引领带动能力，按照利用关口、借助交通、产业链接的思路，构建连接各地的综合交通廊道，推动各地企业与实验区高效对接，实现与实验区分工协作、协同发展。发挥内陆开放重要门户作用，加强与"一带一路"沿线国家以及长江经济带、京津冀地区、泛珠三角地区合作，构建贯通全球的空中通道和东联西进的陆路通道，建设内陆开放战略枢纽，打造服务"一带一路"建设的现代综合交通枢纽。

第七章　产城融合，建设现代航空都市

坚持"产城融合、集约紧凑"发展原则，统筹产业布局、人口分布、资源利用和基础设施建设，高水平推进城市功能区连片综合开发，打造绿色宜居的生活环境、集约有序的城市空间，形成空港、产业、居住、生态功能区共同支撑的国际化绿色智慧航空都市。

第一节 建设高水平城市功能区

推进城市功能区连片综合开发，高标准建设四大功能片区，推动空港片区建设公共文化、航空金融中心，率先形成航空都市样板区；古城片区建设生产性服务中心，形成中部领先的电子信息产业基地；双鹤湖片区建设智能终端（手机）生产、研发设计、交易基地和总部经济基地，形成高端产业集聚中心；东部会展物流片区建设集大型会展、物流集散为一体的临港型商展交易中心，形成现代服务业集聚区。高标准开展城市设计，严格落实控制性详细规划指标，加强对重点区域和重要地段城市风貌、建筑及其外部环境的规划管控，加快迎宾大道与四港联动大道"T字型"区域城市形象的改造提升，塑造国际化城市形象。

第二节 高标准推进新型城市建设

完善与功能和空间布局相协调的道路交通体系，加快推进内部路网建设，畅通"七纵九横"主干路网，加密次干道和支线路网，大幅提高路网密度，推进多层次枢纽场站建设；构建轨道交通、公交等公共交通体系，实现网络全覆盖。全面提升基础设施承载能力，建设保障有力的供排水系统，推进电网改造升级，争取开展实验区核心区增量配电业务试点，扩大光纤接入和移动宽带网络覆盖面，优化天然气利用结构，优先保障居民生活用气，构建多热源联网供热体系，完善城市生活垃圾分类处理、消防体系。大力推进地下综合管廊建设，编制地下综合管廊建设专项规划。全面落实国家和省海绵城市建设要求，加快海绵型建筑、海绵型居住区、海绵型道路和广场建设。

专栏15 城市综合承载力提升工程

"七纵九横"主干路网：畅通主干路网，建成梅河东路、航兴路、富航路、滨河东路、雁鸣路、规划一路、会展路，龙中公路、郑港三路、郑港四路、郑港六路、晴空路、规划二路、中兴大道、志洋路、人民东路。

供排水：加快南水北调受水设施、水厂及管网建设，规划建设应急备用水源，完善雨污分流排水管道系统和雨水收集、处理、回收系统；建成第二水厂一期及配套管网、供水规模 10 万吨/日河西南区永久泵站，第一污水处理厂再生水配套工程、第三污水处理厂（10 万吨/日）等。

电力：建成两座 220 伏变电站、4 座 110 伏变电站、150 公里电力排管等。

供暖：统筹推进集中供热管网工程建设，建成北区热源厂扩建（290 兆瓦）、分布式能源站（150 兆瓦）等。

消防：加强消防站和消防设施建设，建成实验区消防应急救援指挥调度中心、后勤保障基地、训练培训基地及特勤消防站、郑港六路消防站、郑港十路消防站、会展城消防站等 21 个消防站；根据城市建成道路管网铺设情况，配套建设市政消火栓。

邮政通信：建成中国移动（河南）数据中心、联通通信综合楼、移动通信综合楼、邮政综合生产楼、数字化应急监督指挥中心等。

燃气输配：建成中石化新港大道加油（气）站，开工建设 30 万方/日 CNG（液化天然气）母站等。

综合管廊：建成双鹤湖片区地下综合管廊、停车场及附属工程，对市政、电力、通讯、燃气、给排水等各种管线实施统一规划、统一设计、统一建设和管理。到 2020 年，城市道路配建地下综合管廊力争超过 15 公里。

海绵城市：推进海绵城市建设，开展屋面雨水收集设施建设试点，到 2020 年，城市建成区 20% 以上的面积实现 70% 的降雨就地消纳和利用。

第三节　打造智慧人文航空都市

坚持统一规划、集约建设、资源共享、规范管理原则，加强宽带网络基础设施建设，实现无线网络全覆盖，推动下一代互联网、物联网、云计算等新技术应用，建设功能配套、安全高效的智慧实验区。加速推进信息服务平台建设，整合公共管理信息资源，提升政府公共服务和城市管理信息化水平，实现城市管理网格化、精细化、智能化。提升城市文化品位，梳理城市文化要素，建设兼具中原文化特色和航空都市文化特色的人文城市，完善城市高端服务功能，塑造时尚、开放、包容的魅力都市。

第四节 完善城市高端服务功能

突出空港片区高端服务功能，发展高端生活服务业，建成中部设计中心、国际企业中心等地标式商务中心，推进"三街一圈"特色商业街区建设，规划建设特色融合创新小镇，打造集商贸、金融、文化、旅游为一体的航空都市CBD（中央商务区）。积极创建开放公平的宜商服务环境，引进和培育国际化教育与医疗机构、国际化高档生活社区，吸引高素质人才集聚。积极引进科研、信息服务、管理咨询、研发设计等商务服务机构，提升航空金融、商务商贸、中介服务、文化创意等综合服务功能。

第八章 绿色发展，打造蓝天碧水新空间

加强生态建设和环境保护，推进资源节约集约利用，提供更多优质生态产品，倡导绿色发展方式和生活方式，塑造现代生态城市风貌。

第一节 完善生态网络

加快园林绿地系统建设，依托南水北调、小清河生态廊道，完善城市绿地类型，推进综合公园、带状公园、防护绿地建设，严格保护南水北调干渠、森林公园、林地绿地、苑陵古城等生态敏感地带，加强现有林业生态用地保护，规划建设生态园林绿地系统。提升生态景观建设水平，依托区内河流水系、道路、公园，构建绿色生态景观体系，促进人工景观与自然景观和谐共生、林水城相互交融。落实"绿线"管制，实施"绿色图章"制度，提高全民生态意识。

第二节 加强环境保护

加强水源保护，推进环境监测、预警和应急能力建设，完善污水处理设施及其配套管网，提高区域污水处理率和再生水利用率。降低粉尘排放，加

强大气污染源监控和大气污染预警应急能力建设，确保空气质量明显改善。开展机场噪声区治理，分类采取降噪措施。加强重金属污染防治和危险化学品环境监管，实现无害化、资源化处置。

第三节　促进资源节约集约

推广节能技术，鼓励清洁生产和工业节能。全面推行用水分类分级管理，推进再生水利用。强化水资源消耗总量和强度双控，实行严格的水资源管理制度，严守"用水总量、用水效率、水功能区限制纳污"三条红线，坚持以水定产、以水定城，强化水资源、水生态、水环境承载能力刚性约束，合理配置水资源。支持完善土地供应和管理机制，推进建设用地多功能开发、地上地下立体开发综合利用，提高土地利用效率。提倡绿色消费观念，倡导低碳生活方式，推广绿色建筑，发展成品住宅和装配式建筑。推广使用清洁能源公交车，发展以公共自行车服务网络为代表的绿色交通体系。

第四节　开展环境影响评价

本规划实施可能对环境质量、生态保护、资源利用、社会与经济环境等方面产生一定影响，特别是重大基础设施建设、城市综合连片开发、产业项目建设等，将消耗土地、能源、工程物质等资源，向周边环境排放废气、粉尘、污水和固体废物等污染物。经与《中共中央国务院关于加快推进生态文明建设的意见》《河南省主体功能区规划》等规划衔接，本规划坚持绿色发展理念，按照节约集约的原则，切实提升资源、能源综合利用水平。规划的项目严格按照环境影响评价要求，对气环境、声环境、水环境及土壤环境影响均在可控范围内，能够满足规划环境影响评价技术要求。在规划执行过程中，将合理规划选址，加强项目节能、节地设计，高效实施土地综合开发利用；合理安排工期、工序，大力推广节能环保新技术、新工艺，促进污水、废气和固体废弃物循环使用和综合利用；严格遵守环境保护相关法律、法规，逐步开展运营工程的环保后评估工作，加大对建设项目环境保护"三同时"制度执行情况的监督力度。

专栏 16 绿色发展重点工程

生态网络建设：建成园博园、双鹤湖中央公园、青年公园、运动公园等项目，创建生态园林示范区；完成梅河综合治理工程，加快建设梅河干流及支流生态水系项目，推进丈八沟治理。

水污染防治：推进智慧排水系统、污水处理厂及配套管网建设，到2020年，单位工业增加值新鲜水耗降至10万元/立方米，建成第三污水处理厂，新增污水处理管网突破300公里。

大气污染防治：加强道路施工扬尘治理，开展表面涂装、包装印刷、石化等行业挥发性有机物综合整治。

土壤污染防治：建立土壤污染数据库及污染地块清单，建立土壤污染档案；实施农药、化肥减施工程。

噪音防控：推进工业企业、建筑施工与社会生活噪声污染防治；对交通主干道、快速路、城际铁路、高铁等穿越或临近居民区地带，采用声屏障进行防护；推进智能交通管理体系建设，提高交通运行效率，降低交通噪声。

资源节约集约利用：建立节能产品认证和市场准入制度，培育一批生态工业园区和生态示范企业，建成一批再生水示范工程。

绿色生活方式：积极推广新能源汽车，建立以建筑能效测评与标识为主要内容的节能准入制度，加强新建建筑节能监管，推进绿色工业建筑技术、建筑信息模型技术应用，提升工业建筑总体节能水平和数字化管理水平。

第九章 增进福祉，共享和谐发展新成果

坚持以人为本，转变居民就业和生活方式，提升基本公共服务水平，创新服务供给模式，加强和改进社会治理，不断提高人民生活水平，共享发展新成果。

第一节 推进幸福港区建设

促进产业培育与扩大就业容量相结合，培育技能型就业群体，发挥劳动

密集型企业作用，扩大就业规模。落实拆迁安置政策，调整收入分配结构，实现社会养老保险和医疗保险人群全覆盖。加快社会保险体制改革步伐，为跨区域转移接续和相关领域衔接提供政策保障。大力发展社会福利事业，健全社会救助体系。加强住房供给侧结构性改革，有序推进商品房和保障性住房建设，将村庄改造优先纳入棚户区改造计划，实行直通车管理，不断完善基本住房保障制度。完善医疗卫生服务体系。

第二节　推进文明港区建设

以提高教育质量和倡导公共文明为核心，大力发展教育、文化、体育等社会事业。整合各类教育资源，普及学前教育，大力发展普惠性幼儿园；提升义务教育水平，规划建设一批公办中小学；扩充高中和中高等职业教育资源，引进国内外优质教育资源，鼓励高水平教育机构设立托管学校或合作办学。完善公共文化服务体系，推进公共文化服务中心建设，实施文化惠民工程，建设一批公共文化设施，积极开展群众性文化活动，增强公共文化产品供给能力。

第三节　推进和谐港区建设

推动管理重心下移，探索基层自治新机制，完善网格化管理长效机制，提升城市精细化管理水平。建立社会矛盾纠纷监测、预警和排查机制，促进社会矛盾纠纷有效化解。维护公共安全，深化重点行业、重点区域的安全整治工作，构建综合性应急救援体系。

第四节　推进法治港区建设

加快建设法治政府，研究制订实验区条例，推进机构、职能、权限、程序、责任的法定化。加快建设法治社会，建立健全公共法律服务体系，理顺公安管理体制机制，完善服务功能。推进司法制度创新，创建省级示范法院和检察院，探索建立跨区域国际司法协助机制。

专栏17　社会事业发展重点任务

就业：开发公益性就业岗位，完善公共服务体系，建立劳动仲裁机构，建成河南省人力资源和社会保障综合服务中心，开工建设实验区人力资源市场。

教育：率先对建档立卡经济困难学生实施普通高中免除学杂费政策，免除全日制中等职业教育学费；建成航虹路初级中学、新港九路小学、第九幼儿园等项目，开工建设郑州市第一中学航空港校区、郑州外国语学校航空港校区等项目，实施高等院校合作办学项目。

医疗卫生：建成郑州市第一人民医院港区医院，开工建设公共卫生综合服务中心、郑州中医骨伤病医院、社区卫生服务中心等项目，实施医疗卫生人才工程，建设实验区、办事处和社区三级医疗卫生服务中心，形成 15 分钟医疗服务圈。

文化：推进全民健身组织网络建设，建成以奥体中心为标志的一批体育设施，增加旅游产品供给，建成老家小镇等项目，开发航空体验、生态观光、绿色园林等旅游产品。

社会福利：新建和扩建一批社会福利机构，扩大失业和工伤保险覆盖面，完善低收入家庭认定机制，实施健康扶贫工程。

保障住房：加快推进实验区商品房和保障性住房建设，建成后宋安置区北区二、四、五等标段项目，航南新城和南区六号、八号、十五号等地块项目，开工建设河东四至九号安置区项目。

第十章 强化保障，确保实现发展蓝图

在省、市党委和实验区党工委的领导下，推动各级、各部门更好履行职责，凝聚全省上下推动实验区建设的工作合力，确保各项目标任务顺利完成。

第一节 加强组织协调

坚持"两级三层"管理体制和市管为主、省级扶助的开发原则，加强组织领导和配合联动。省航空港经济综合实验区建设领导小组发挥统筹协调

作用，完善工作推进机制，广泛调动各方面积极性。省有关部门按照职责分工，在政策实施、项目建设、资金投入、体制创新等方面对实验区给予支持。郑州市、实验区细化工作举措，切实推进本规划实施。积极引导社会各界共同参与实验区建设，汇聚民智民力，实现共建共享。

第二节　落实主体责任

郑州市、实验区、省机场集团要强化主体责任，依据本规划制定完善专项规划和年度计划，分解落实战略目标和重大任务。对规划确定的主要指标、重大工程、重大项目、重大政策和重要改革任务，明确责任主体和进度计划，确保如期完成。对重大问题和关键任务进行专题研究、专项筹划，组建专门队伍推动。

第三节　加强政策支持

根据本规划提出的目标任务，落实完善财税、金融、投资、产业、土地、环保等方面的支持政策，健全政策支持体系。省有关部门要加强与对口部门沟通衔接，积极争取国家政策支持，及时调整出台各领域专项支持政策。郑州市和实验区管委会要围绕重点领域建立配套政策储备库，持续优化发展环境。本规划所涉及的财政资金投入项目，要与三年滚动财政规划相衔接，省、市和实验区财政要结合实际统筹安排，强化规划实施的财力保障。

第四节　加强督导落实

完善规划指标统计制度，组织开展规划实施中期和期末评估，分析检查规划实施效果。省航空港经济综合实验区建设领导小组对规划实施情况进行动态督查，对实施中出现的重大问题及时向省委、省政府报告。

附录三
大事记（2016～2017 年前三季度）

1. 2016 年 3 月 2 日，由郑州海关、省发改委、省财政厅、河南出入境检验检疫局等十家单位组成的联合预验收小组，一次性通过对郑州新郑综合保税区（三期）的预验收。

2. 2016 年 4 月 8 日下午，在第十届中国（河南）国际投资贸易洽谈会召开的专项活动——2016 海外高层次人力智力引进暨项目对接洽谈会上，郑州航空大都市研究院揭牌正式成立。郑州航空大都市研究院致力于建设成为集航空港大都市人才教育培训、高层次人才聘用、科学研究、行业合作和规划建设为一体的综合性机构，也将成为实验区与国内外高等院校、科研机构开展合作的重要平台。郑州航空港实验区首席顾问约翰·卡萨达任郑州航空大都市研究院院长。

3. 2016 年 5 月 8 日，郑州航空港经济综合实验区获批成为我国 17 个"创新创业示范基地"之一，也是河南省唯一一个"双创示范基地"。

4. 2016 年 6 月 21 日，郑州航空港实验区进口澳大利亚活牛口岸第一批次 158 头屠宰用牛乘坐大型货机运抵郑州机场，标志着郑州航空港实验区进口澳大利亚活牛口岸正式投用。

5. 2016 年 6 月 25 日，由河南大学中原发展研究院主办的中原经济高峰论坛暨《郑州航空港经济综合实验区发展报告（2016）》发布会举行。

6. 2016 年 8 月 1 日，省委书记、省人大常委会主任谢伏瞻，省委副书记、省长陈润儿，省政协主席叶冬松与省四大班子部分领导同志到郑州航空港经济综合实验区调研，检查工作进展情况，研究解决存在的困难和问题，勉励有关方面保持定力、加压鼓劲、创新有为，推进航空港经济综合实验区更好更快发展。

7. 2016 年 8 月 23 日下午，郑州市委常委、航空港实验区党工委书记张延明主持召开郑州航空港经济综合实验区经济社会发展三年行动计划动员部署工作会。印发了《郑州航空港经济综合实验区经济社会发展三年行动计划（2016～2018 年）》。这是航空港实验区未来三年的行动纲领和发展路线图，明确了全区未来三年发展的思路、目标、主要任务和保障措施等。

8. 2016 年 9 月 6 日，河南省首家为国际创业创新者构建的双创平台——集聚创客汇正式揭牌运营，包括《老杨会客厅工作室》在内的一批新型创业孵化加速器、B&BKOREA 等 15 家机构、企业和项目签约入驻。

9. 2016 年 9 月 20 日，以"创新推动转型升级，智造引领中原崛起"为主题的中国（郑州）智能制造产业发展创新论坛在郑州航空港经济综合实验区成功举办。产业智库领军人物、智能制造方面的权威学者和智能制造领域中外知名厂商、产业园区代表等演讲嘉宾，就智能制造产业的发展趋势、产业政策、关键技术与解决方案、创新型初创企业孵化等议题进行了深度讨论。

10. 2016 年 11 月 5 日，北京常春藤医学高端人才联盟与郑州航空港实验区管委会签署了成立北京常春藤医学高端人才联盟河南分部合作协议。北京常春藤医学高端人才联盟河南分部的成立将会为航空港实验区汇聚更多的优质医疗资源和产业资源，进一步提高航空港实验区医疗机构的健康保障和医疗救治水平，推动全省生物医药产业的发展。

11. 2016 年 11 月 30 日，中国民用航空局局长冯正霖率队来豫考察郑州航空港经济综合实验区建设，督导民航安全生产工作，共商河南航空产业经济发展。

12. 2016 年 12 月 12 日，第二届中国创客领袖大会在郑州召开。会议期间，郑州航空港经济综合实验区管委会与中国创客领袖大会组委会签署合作建设中国创客城项目框架协议。双方将联合在航空港实验区打造"中国创客城"，建设创客博物馆、中国创客大学、中国创客研究院、中国创客投资机构、中国创客众创空间；打造创业孵化平台、创业投资平台、创业资源共享平台、金融创投基地，打造国内一流的创新创业综合服务平台。

13. 2016 年 12 月 16 日，中国（河南）国际贸易"单一窗口"2016 版上线运行。今后通过河南"单一窗口"平台办理进出口业务的企业可以实现通关无纸化、一体化、自动化应用，享受到"单一窗口"提供的"一个平台登录、一次提交申报、统一数据标准、统一办理反馈和一站式通关"服务。

14. 2016年12月31日，全年郑州机场年旅客吞吐量突破两千万人次，共完成2076.32万人次，在全国民航机场排名第15位。

15. 2017年2月28日，省委书记、省人大常委会主任谢伏瞻，省委副书记、省长陈润儿等省四大班子领导到郑州航空港经济综合实验区调研，实地察看项目进展，指导航空港实验区建设和发展，表示要一如既往地重视和推动航空港实验区加快发展，发挥其对全省改革创新发展的示范带动作用。

16. 2017年3月3日，河南省政府政务云项目正式确定落户位于郑州航空港实验区的中国移动（河南）数据中心。中国移动（河南）数据中心是中国移动在中原地区最大的通信生产基地和信息服务基地，也是打造国际通信业务的中转枢纽站。

17. 2017年3月22日，由郑州航空港实验区主办的中国（河南）—新西兰经贸交流洽谈会暨中新合作项目签约仪式在新西兰奥克兰朗廷酒店隆重举行。河南省委副书记、省长陈润儿，新西兰初级产业部第一副部长BenDalton等领导出席会议，中新企业家代表共计110人参加。

18. 2017年4月13日，美中医药开发协会中国分会（SAPA－China）第一届年会在中国总部（郑州）成功举办。大会主题是秉承协会理念，利用协会人才资源，通过创新和全球合作，建设一个成功的制药和生物技术行业，来自医药界的企业家和专家学者近400人参加了年会。美中医药开发协会中国分会助力航空港实验区生物医药产业发展。

19. 2017年4月19日，马来西亚皇室公主费思华（TengKufaizwa）一行到郑州航空港实验区参观考察，并代表马来西亚商会与河南首弘电子科技有限公司签订30亿元大宗采购合同。

20. 2017年4月27日，航空港实验区地标性建筑——绿地双塔项目在双鹤湖中央公园项目现场举行开工仪式。该项目紧邻第十一届中国（郑州）国际园林博览会，是一个集甲级办公、五星级酒店、高端商业等功能为一体的辐射整个航空港实验区的智慧型综合示范地标项目。

21. 2017 年 5 月 9 日，李克强总理再来郑州航空港实验区，考察富士康科技园。

22. 2017 年 5 月 16 日，郑州航空港经济综合实验区举行 2017 年政、银、企对接会暨银企签约仪式活动，3 家银行业机构为全区 11 家企业投放信贷资金 35.25 亿元，有力支持了企业的加快发展。

23. 2017 年 5 月 16 日，郑州航空港实验区与加拿大数字媒体中心在加拿大签订了战略合作协议，双方将在郑州航空港实验区共建 VR（虚拟现实）实验室、设立研究生分院、合作办学、开展学术交流和人才培养等领域进行深度合作。为进一步引进国际高端教育资源，实现优势互补、要素互通，为郑州航空港实验区产业发展提供人才支撑。

24. 2017 年 6 月 14 日，习近平总书记在会见卢森堡首相格扎维埃·贝泰尔时指出，要深化双方在"一带一路"建设框架内金融和产能等合作，中方支持建设郑州—卢森堡"空中丝绸之路"。

25. 2017 年 6 月 22 日，郑州航空港实验区召开《郑州航空港经济综合实验区领事馆片区城市设计》专家评审会。该设计将规划区域打造为国际化高端领事馆片区、城市公共服务中心、智慧型创意研发片区、生态型开发宜居片区。

26. 2017 年 7 月 27 日，郑州合晶硅材料有限公司年产 240 万片 200 毫米硅单晶抛光片计划总投资 53 亿元生产项目建设动员大会在郑州航空港实验区举行。

27. 2017 年 7 月 29 日，郑州高铁南站破土动工。一个客货并用、"空铁一体"的高铁站即将诞生，必将进一步紧密中原城市群与全国、与全球的关系。

28. 2017 年 8 月 1 日，河南省（郑州）口岸食品检验检测用房项目建设动员大会在郑州航空港实验区举行。该项目建成后将为航空港实验区的食品检验检测提供强大的技术支撑，进一步完善航空港实验区的口岸功能建设，同时也标志着河南省口岸食品药品医疗器械检验检测中心项目工程已进入全面快速建设阶段。

29. 2017 年 9 月 11 日，新西兰首批海运冰鲜牛肉在郑州航空港实验区通过河南进口肉类指定口岸进入中国。这标志着：新西兰向中国供应冰鲜肉协议的常态化实施；河南进口肉类指定口岸实现了口岸功能多样化和运输方式丰富化；河南进口肉类指定口岸的平台规模效应不断扩大化。

30. 为贯彻落实习近平总书记重要指示精神，河南省人民政府于 2017 年 9 月 12 日出台《推进郑州—卢森堡"空中丝绸之路"建设工作方案》（豫政办〔2017〕107 号），计划到 2020 年，基本建成郑州—卢森堡"空中丝绸之路"，在航线网络拓展、合资航空公司运营、特色产业集聚、多式联运发展、旅游文化交流等领域实现突破；实现航线、通航点、周航班量由目前的 3 条、9 个、15 班增加到 9 条、20 个、40 班；开通至卢森堡客运航线，新增至欧、美、澳直飞洲际航线；实现卢森堡飞行签证中心常态化运营，争取欧盟签证中心落地。

31. 2017 年 9 月 20 日，河南首批十家 SPV 飞机租赁公司在郑州新郑综合保税区注册成立，正式落户郑州航空港实验区。

32. 2017 年 9 月 29 日，第十一届中国（郑州）国际园林博览会在郑州航空港实验区开幕。本届园博会由河南省人民政府、住房和城乡建设部共同主办，以"引领绿色发展，传承华夏文明"为主题，突出"百姓园博、文化园博、海绵园博和智慧园博"的特色。园区总面积达 119 公顷，有 74 个国内城市（含港澳台地区）、18 个国外城市、2 个国际风景园林设计大师参建的 94 个展园，集中展示了国内外风景园林设计艺术，意在立足中原地区深厚的历史文化底蕴，发挥郑州全国综合交通枢纽的区位优势，为地方文化、国际文化和园林文化的充分融合搭建交流的平台，为参展各方搭建共享资源、相互合作、共谋发展的平台。河南将把中国（郑州）国际园林博览会办成一届理念科学、特色彰显、内容精彩、印象深刻的园林博览盛会。

后　记

　　本报告的编撰工作于 2017 年 9 月启动，由我提出编撰思路、拟定专题、组织团队、厘定各个部分内容及分工，并安排调研，统一技术路线和写作规范，然后分头撰稿。经过多次讨论、反复修改，历时数月，终成此稿。

　　本报告是一本集体完成的著作。一直工作在第一线、对郑州航空港经济综合实验区谋划及建设进展情况较为熟悉的河南省政府民航办副处长王文光博士、郑州市发改委主任助理王国安博士作为副主编，在梳理思路和框架、确定编撰原则及内容等方面提供了许多有价值的见解，为资料搜集及相关调查做了大量协调工作，具体指导了多个章节的撰写，并分工通览、修订了全稿；河南省发展研究中心财政金融处处长刘战国研究员、河南民航发展投资有限公司总经理助理范勇博士分别提供了前沿专题；郑州航空港经济综合实验区管委会党政办王丹同志专门负责协调，及时提供了高质量的各类数据；我的硕士研究生柴森作为学术秘书，承担了稿件处理和出版等行政事务。

　　中原发展研究院及新型城镇化与中原经济区建设河南省协同创新中心、航空经济发展河南省协同创新中心、河南大学经济学院、郑州航空工业管理学院，以及来自河南省内各有关学术机构和政府部门的多位学者参与了本报告的研究撰写工作。具体分工如下：第一章张国骁，第二章范勇、孙璐，第三章纪鸿超，第四章李少楠，第五章邵阳子，第六章金真、许刚，第七章杨建涛，第八章杨震，第九章赵志亮、高汇，第十章秦敏花，第十一章刘琼，第十二章刘战国、王命禹，附录由柴森整理。

　　本报告相关内容的研究与编撰工作得到了多个部门和多位领导的关怀与支持。原河南省人大常委会副主任、中国国际交流中心副理事长兼秘书长张大卫高度肯定了此项工作的意义和价值，并在理论和实践上多次给予指导；河南省发展和改革委员会、河南省政府民航办、郑州航空港经济综合实验区等方面领导，也对本报告的编撰非常关心，亲自过问，安排相关方面全力配合，在相关问题的研究、资料搜集整理、实地考察等方面提供了很多帮助。可以说，没有他们的关怀、支持和帮助，本报告不可能顺利完成。在此一并向他们表示感谢！

本报告是新型城镇化与中原经济区建设河南省协同创新中心、航空经济发展河南省协同创新中心、河南省人文社会科学重点研究基地和河南省高校重点智库中原发展研究院系列研究成果之一。

耿明斋

2018 年 2 月 11 日

图书在版编目（CIP）数据

郑州航空港经济综合实验区发展报告.2018／耿明
斋主编.－－北京：社会科学文献出版社，2018.3
　　（中原发展研究院智库丛书）
　　ISBN 978－7－5201－2289－4

　　Ⅰ.①郑…　Ⅱ.①耿…　Ⅲ.①航空运输业－经济发展
－研究报告－郑州－2018　Ⅳ.①F562.861.1

　　中国版本图书馆 CIP 数据核字（2018）第 037953 号

· 中原发展研究院智库丛书 ·

郑州航空港经济综合实验区发展报告（2018）

主　　编／耿明斋
副 主 编／王文光　王国安　金　真

出 版 人／谢寿光
项目统筹／邓泳红
责任编辑／张　超

出　　版／社会科学文献出版社·皮书出版分社（010）59367127
　　　　　　地址：北京市北三环中路甲 29 号院华龙大厦　邮编：100029
　　　　　　网址：www. ssap. com. cn
发　　行／市场营销中心（010）59367081　59367018
印　　装／三河市东方印刷有限公司

规　　格／开　本：787mm×1092mm　1/16
　　　　　　印　张：14.25　字　数：225 千字
版　　次／2018 年 3 月第 1 版　2018 年 3 月第 1 次印刷
书　　号／ISBN 978－7－5201－2289－4
定　　价／180.00 元

本书如有印装质量问题，请与读者服务中心（010－59367028）联系